晏智杰 文集

北京大学经济学院教授文库

晏智杰 著

通过这些著述和文稿，我们不仅可以分享教授们的研究成果，领略他们的学术风格，而且可以把握不同历史时期我国经济学研究的思想脉络，反思特定历史阶段的特殊经济实践以及经济学理论发展和研究方法的进程。

经济价值论再研究

北京大学出版社
PEKING UNIVERSITY PRESS

图书在版编目(CIP)数据

经济价值论再研究:晏智杰文集/晏智杰著. —北京:北京大学出版社,2005.9
(北京大学经济学院教授文库)
ISBN 7-301-09624-0

Ⅰ.经… Ⅱ.晏… Ⅲ.经济学-文集 Ⅳ.F0-53

中国版本图书馆 CIP 数据核字(2005)第 100743 号

书　　　　名：	经济价值论再研究——晏智杰文集
著作责任者：	晏智杰　著
责 任 编 辑：	陈莉
标 准 书 号：	ISBN 7-301-09624-0/F·1195
出 版 发 行：	北京大学出版社
地　　　　址：	北京市海淀区成府路 205 号　100871
网　　　　址：	http://cbs.pku.edu.cn　电子信箱:em@pup.pku.edu.cn
电　　　　话：	邮购部 62752015　发行部 62750672　编辑部 62752926
排 版 者：	北京高新特打字服务社　82350640
印 刷 者：	北京原创阳光印业有限公司
经 销 者：	新华书店
	650 毫米×980 毫米　16 开本　15.25 印张　258 千字
	2005 年 9 月第 1 版　2005 年 9 月第 1 次印刷
定　　　　价：	32.00 元

未经许可,不得以任何方式复制或抄袭本书之部分或全部内容。

版权所有,翻版必究

编委会

主　编：雎国余
副主编：黄桂田
编　委：何小锋　胡　坚　黄桂田　雎国余
　　　　李庆云　李心愉　刘　伟　刘文忻
　　　　孙祁祥　王大树　王跃生　王志伟
　　　　萧　琛　萧国亮　萧灼基　晏智杰
　　　　叶静怡　郑学益

前　言

这本文集大体分为三部分。

第一部分是关于经济学价值论的研究论文或笔记，它们是《劳动价值学说新探》(2001年)和《灯火集——劳动价值学说研究论文集》(2002年)的延续和补充。其中有对劳动价值论的新反思，有对近期讨论中不同观点的回应或反驳，还有关于经济学价值论的新探索。这些新探索涉及的问题比较广泛，从自然资源有没有价值，到怎样认识劳动在价值创造中的地位以及如何看待资本，科学技术是第一生产力与劳动价值论的关系，等等。

第二部分是关于西方经济学史的一部分研究论文，主要涉及对西方经济学史中一些学派或人物学说的重新评价，也涉及某些史实的考证和辨析。都是原文照印，以反映当时的思想成果。这些论文中的一些观点，连同收入《灯火集——劳动价值学说研究论文集》中的一部分论文，为我后来撰写《亚当·斯密以前的经济学》《古典经济学》《劳动价值学说新探》和《边际革命和新古典经济学》作了准备。

第三部分主要收集了这些年来我在研究和评价陈岱孙教授的学术生涯和思想方面发表的一些文章，其中包括陈岱孙教授逝世后我应报刊之约连续撰写的数篇纪念文章中的三篇，这次以"深切怀念陈岱孙教授"为题进行了选登。所有这些文章都是原文照印，以反映不同时期我对一些问题认识的真实面貌和发展过程。

承蒙北京大学经济学院和北京大学出版社领导和同事的关照和努力，使本书得以在北京大学经济学院成立20周年之际，作为《北京大学经济学院教授文库》之一问世，我对此心存感激；文责当然是要自负的。由于文章发表于不同报刊上，格式，尤其是引文格式有些地方不统一，收入本书时为保持原貌，未做变动，欢迎读者对书中缺点、错误和不足之处不吝指正。

晏智杰
2004年8月20日
北京·海淀·百旺家苑

序 言

北京大学经济学院成立于 1985 年 5 月,其前身是北京大学经济学系。经济学系始建于 1912 年,是中国高等学校建立最早的经济系科,源于 1898 年戊戌维新运动中创办的京师大学堂商学科。

在近百年的北京大学经济学系、经济学院发展进程中,不同历史阶段的教授们以崇高的敬业精神和执著的经世济民的职业操守为北京大学经济学科的发展作出了自己的卓越贡献。这些教授不仅包括学术泰斗和学界先贤,而且包括活跃于经济学舞台的先贤传人和后起之秀。他们是北京大学经济学系及迄今为止有 20 年历史的经济学院发展中的开拓者、建设者。在北京大学经济学院成立 20 周年庆典之际,我们对历代北京大学经济学系、经济学院的教授们表达诚挚的敬意和衷心的感谢!

《北京大学经济学院教授文库》选录了经济学院部分教授公开发表的有代表性的著述。虽然这些著述由于文稿作者的年龄、阅历、所处时代背景不同,学术视野、价值取向各异,甚至文稿所反映的某些学术观点和理论判断值得进一步斟酌和商榷,但是通过这些著述和文稿,我们不仅可以分享教授们的研究成果,领略他们的学术风格,而且可以把握不同历史时期我国经济学研究的思想脉络,反思特定历史阶段的特殊经济实践以及经济学理论和研究方法的发展进程。有些论文的思想和方法按今天的某种"学术规范"或"学术前沿"衡量,可能显得"陈旧"和"过时",但它们却是属于"当时"的学术前沿和符合"当时"的学术规范的。从动态的、历史的、发展的眼光审视经济类学科的发展,不仅是过去,而且在现在和将来,都不存在一成不变的"学术规范"和永恒的"学术前沿",因为经济活动现象和经济发展过程太具有嬗变性、多样性和生动性,以解释和解决现实经济问题为出发点的经济学成果怎么可能保持它的不变性?尊重历史、尊重反映各个阶段历史的学术成果,从历史史实和"历史性"成果中吸取养分,借以站在前人成果的肩膀上"创造"我们所处阶段的"学术前沿",才是学术发展永恒的道理。可以说,这是我们出版《北京大学经济学院教授文库》的宗旨之一。

我们希望通过这套文库的出版,进一步推进经济学院未来学科的建设,吸引北京大学经济学院未来的教授们以更精彩的篇章进入《北京大学经济学院教授文库》。

真诚地感谢北京大学出版社的合作及相关工作人员的辛勤劳动!

《北京大学经济学院教授文库》编委会
2005年5月

目　录

经济学价值论研究

劳动价值论：反思与争论 …………………………………………（3）
应当承认价值源泉与财富源泉的一致性 ………………………（14）
价值源泉和财富源泉"两分法"质疑
　　——对一种流行观点的评论 ………………………………（18）
恩格斯与价值转形理论 …………………………………………（26）
自然资源没有价值吗？ …………………………………………（52）
劳动在商品价值创造中的地位
　　——新劳动价值论问答 ……………………………………（64）
今天，我们如何看待资本？ ………………………………………（70）
"科学技术是第一生产力"两题 …………………………………（75）
为什么"拓展论"不足取？ ………………………………………（79）
"总体工人"的提法能说明什么？ ………………………………（83）
张珺著《深化分配制度改革的理论基础》序言 …………………（86）
郑克中著《客观效用价值论
　　——重构政治经济学的微观基础》序言 …………………（92）
靳毅民著《经济学新原理》简评 …………………………………（96）
访台讲演：大陆经济体制改革的前景 …………………………（98）
"三个代表"重要思想与中国经济学建设 ……………………（103）

西方经济学史新论

威廉·配第的价值论是二重的 …………………………………（109）
重评亚当·斯密的价值—价格论 ………………………………（114）

魁奈经济学研究的新成果
　　——瓦吉《魁奈经济学》评介 ………………………………（129）
评析德·昆西《三位法学家的对话》 …………………………（140）
W.S.究竟是谁?
　　——关于1581年《论英王国公共财富》作者的阅读札记 ………（156）
对李嘉图评论斯密价值论的再评论 ………………………………（164）
为《中国大百科全书》(第二版)撰写条目选 ………………………（171）

陈岱孙学术思想探讨

陈岱孙的学术生涯与成就 ……………………………………（179）
陈岱孙著《从古典经济学派到马克思》评介 …………………（188）
陈岱孙学术精要之解读(节选) …………………………………（199）
批判与借鉴
　　——读《陈岱孙文集》 …………………………………………（217）
深切怀念陈岱孙教授 …………………………………………（220）

经济学价值论研究

劳动价值论:反思与争论*

今天我想就劳动价值论的反思及我国学术界近几年来在此方面出现的争论谈几点意见。

一、劳动是商品价值的惟一源泉吗?

大家知道,劳动价值论是马克思主义经济学的基础,具有非同寻常的意义和地位。这是不难理解的。作为一个基本理论,它所要回答的核心问题是社会财富和商品价值的源泉。不消说,对这种问题作何回答不仅关系到一个国家经济发展的大政方针,而且关系到社会各个阶层甚至每个人的切身利益,这是该问题之所以会引起社会广泛关注的原因之一。

劳动价值论的基本论点人们耳熟能详。按照马克思主义经济学说,商品价值是人类无差别抽象劳动的凝结,是一个实体范畴,所反映的是商品生产者的关系;商品价值的源泉只是人类的抽象劳动;商品价值的数量则决定于社会必要劳动量或劳动时间。

人们根据自己的生活实践常会对这种价值论的正确性感到疑惑。例如,如何看待财富和商品价值的概念。人们通常认为商品价值的含义应当是指商品与人的需求之间的关系,是一个关系范畴,可是按照劳动价值论,价值却被看做一个体现商品生产者之间关系的实体范畴。又如,如何看待财富和商品价值的源泉,按理说财富源泉和商品价值的源泉应当是统一的,然而按照劳动价值论它们却是分开的。按理说价值源泉除了涉及生产,还会涉及需求;而就生产要素来说,除了劳动,还应有其他,包括以土地为代表的自然资源、资本、经营管理和科学技术等;在现代社会经济发展中,科学技术已经上升为第一生产力。可是按照劳动价值论,劳动以外的各种要素都不是价值的源泉。再如,如何看待市场价格的决定和变化规律。按理说商

---

* 据 2003 年 11 月 7 日在北京大学经济学院举办的学术讲座上的讲演整理,发表于《经济评论》(2004 年第 3 期)时作了一些删节。收入本书时作了一些增补和修改。

品价格的决定是一个多元的系统的工程或体系,然而劳动价值论却将价格决定最终单一地归结为劳动。

随着社会主义市场经济体制的建立和不断完善,随着社会生产力的巨大发展和整个社会生活的深刻变化,人们越来越感到传统的劳动价值论同现实生活显得格格不入和不相适应,弄得不好,它甚至会成为改革开放和社会发展的一种"理论瓶颈"。

近年来我国许多学者就此发表了很好的见解,他们的努力对推动建立适应中国新时代的经济学基础理论作出了积极贡献,得到了越来越多学者和社会公众的理解和赞同。可是探索新经济学价值论的主张和尝试,也引起了一些人刺耳的批判和愤怒的讨伐。他们认为对劳动价值论"不能动",否则政治后果不堪设想;他们认为马克思劳动价值论在理论上完全正确,无懈可击,甭想在这里挑毛病!他们认为,如果一定要对劳动价值论加以深化和发展,也只能按马克思原有的思路,在马克思原来的框架内,用马克思原有的语言和名词术语来进行,具体地说就是将"劳动"概念的内涵和外延加以"拓展",搞成一种扩大了的劳动价值论,如若不然,就是离开马克思主义,甚至是反马克思主义。

这就是摆在我们面前的两种尖锐对立的主张和观点,介于这两者之间,还有不少"中间形态或色彩"的观点,主张回避计较劳动价值论的是非曲直,可以说是其中最有代表性的一种。他们以就事论事为满足,认为不必也不要触及劳动价值论。

这种认识分歧在我国学术界久已存在,但只是到今天才达到十分尖锐和完全公开化的地步,这当然是形势发展使然。我国社会主义市场经济体制改革的深入发展,我国社会生活(包括精神和思想等)各个方面的巨大和深刻的变化,是推动反思和探索的强大动力,也是引起激烈论争的深刻背景。

二、劳动价值论的缺陷与局限性

劳动价值论为什么会同经济发展现实之间出现这么大的抵触和矛盾呢?在我看来这是劳动价值论本身的局限和缺陷所致。研究表明,劳动价值论所揭示的商品价值惟一地由劳动决定的规律是一种特殊规律,而不是普遍规律,是一种相对的、有条件的真理,而不是绝对的、普遍的、放之四海而皆准的真理,这主要是由以下几个方面的原因决定的。①

第一,马克思得出劳动价值论的前提条件是有限的,因而从中得出的劳动决定商品价值的结论的适用范围也必然有限,然而长久以来,它的适用范围却被不适当地普遍化了。劳动价值论的前提条件是:原始实物交换;劳动以外的要素无偿获得;简单劳动。这就决定了它的适用范围:实物交换和简单商品生产,按照恩格斯的说法,这个范围在历史上存在过五千年到七千年之久。② 如果我们完整准确地理解马克思的劳动价值论,以及这种劳动价值论在其整个学说中的地位,就应当承认马克思的其他某种似乎不同含义的提法,例如关于"整体工人"或"生产性劳动"的提法,并没有也不可能改变上述的分析前提条件。③

第二,劳动价值论的理论内核,即两个"二重性学说"存在偏颇。商品二重性学说将财富或商品的两种不同的然而又是"等价的"的"形式"或"要素",即实物形式和价值形式,不适当地认定为商品的两种不同"属性",即使用价值和交换价值,并将它们截然加以区隔,这就为断定它们的创造源泉各有不同提供了分析前提,结果是:在不能否认"使用价值"源泉多元化的同时,却排除了"价值"源泉多元化的可能性。劳动二重性学说的偏颇在于,对"抽象劳动"这个原本属于思维范畴的概念不适当地赋予了实体范畴的意义,并将其视为劳动的独立属性。我们知道,实际存在的是各种不同形式和内容的劳动,不存在没有具体形式和内容的劳动,也就是说劳动总是具体的,不是抽象的。当然,这不妨碍对这些具体劳动的共同点加以概括,得出一种与"非劳动"相区别和相对应的"劳动"或"抽象劳动"概念,不过,应当明白这个概念只是人的思维对实际存在的劳动的一种把握和认识,并不意味着它是一种可以脱离具体劳动而独立存在的实体,更不意味着它居然还能

---

① 详见晏智杰著:《劳动价值学说新探》,北京大学出版社 2001 年初版,同年 12 月增订版;《灯火集——劳动价值学说研究论文集》,北京大学出版社 2002 年版。
② 有人说:"这(暗指我的观点)是没有一点根据的,马克思主义劳动价值论确实是有条件的,但它的前提是商品经济而不是物物交换。作为商品经济最原始的一种形态,物物交换只是劳动价值论分析的起点。"既然承认物物交换是劳动价值论分析的起点,又不认为这种交换是劳动价值论分析的条件,何以自圆其说? 按照作者的逻辑:"前提是商品经济",而物物交换又是"商品经济最原始的一种形态",那么物物交换至少也应该是前提之一才对! 作者想把前提说成是包括所有阶段的一般的商品经济,然而这既不符合商品经济发展呈现不同阶段的实际,也不符合马克思力求历史分析和逻辑分析相统一的要求。认为商品经济没有历史发展过程,从古到今一个样,是英国资产阶级古典经济学伟大代表者李嘉图劳动价值论的一大特点,也是造成其劳动价值论矛盾和混乱的原因之一,马克思对此了然于胸且从中汲取了教训,这是马克思不从一般的商品经济出发来研究价值论的一个重要背景。请不要忘记这个背景和教训。
③ 关于这一点请参阅收进本书的《"总体工人"的提法能说明什么?》一文。

作为一种独立实体同"具体劳动"共同构成"劳动"。劳动的存在及其性质，同人们是否有此种认识和把握是不相干的，它不以人的认识为转移，然而劳动二重性学说却将"抽象劳动"视为商品的另一个实际属性，并惟一地赋予它创造价值的功能。①

第三，劳动价值论的分析逻辑是有缺陷的。断定两种不同的商品能够交换即表明在两者之中必有某种共同物，这是对的；指出这种共同物必须是性质相同而数量各异的东西，这也是对的；但断定这种共同物只能是抽象劳动而不能是其他，这就有问题了。各种商品的共同点不止是抽象劳动，一般的抽象的效用也是其中之一，如果可以将商品交换的基础归结为抽象劳动（且不说将抽象劳动视为商品实际属性是否合理），那么为什么不可以归结为一般的抽象的效用呢（同样，且不说将抽象效用这个概念视为商品实际属性是否合理）？前人已经指出过，这是犯了混淆类概念和这种类概念的具体形式的错误，以为商品交换的基础同各种具体效用无关，也就是和一般的效用无关。

以上原因决定了劳动价值论必然同生产力论相脱节，不能说明（更准确些说，它本来就没有这个使命）社会生产力和财富的决定要素和发展规律；必然同市场价格论的脱节，不足以说明市场价格的各种决定要素及其变动的普遍规律。

三、简评"拓展论"

近期讨论中出现的一种相当流行的观点认为，深化对劳动和劳动价值论的认识的正确途径在于将劳动概念的内涵和外延加以拓展，将科学技术工作和经营管理工作纳入"劳动"这个范畴；他们还认为，马克思著作中早就对此类问题作过明确论述，可是我们长期没有认识到，现在的任务就是要重读马克思著作，将有关思想"挖掘"出来并加以发挥。在这些作者看来，这样做既满足了现实生活的某种需要，又坚持了马克思主义。然而，我认为这种"拓展论"既不能反映经济生活的现实和规律，甚至也不符合马克思学说的原意，因而是不足取的。

---

① 有人声称："价值和使用价值是两码事，和交换价值也是两码事，讨论马克思的劳动价值论，就得从劳动价值论的本意出发，而不是篡改了基本的定义和前提妄加评说。"照这样说，根本就不允许对其"本意"有不同看法，不允许对其基本定义和前提有质疑，否则就是"篡改"和"妄加评说"，这是什么逻辑?! 可以肯定地说，这种逻辑同坚持和发展马克思主义的要求风马牛不相及。

"拓展论"不能反映经济生活的实际,主要表现在这种"拓展论"要继续否定各种非劳动要素在价值创造中的源泉地位和作用。我们知道,劳动价值论的初衷和实质就是对资本的批判和否定,① 但资本在价值创造中的源泉作用却是公认的不可否认的事实。同样,土地和其他自然资源在劳动价值论中也没有创造价值的地位,而只是作为人类创造价值的"条件和手段"出现的,然而,承认自然价值和自然伦理在今日世界已是大势所趋。② 至于科学技术和经营管理显然也不能被拓展和纳入劳动价值论的轨道,因为它们尽管同劳动密切相关,但毕竟不是劳动本身。

"拓展论"甚至违背马克思著作的原意,这恐怕更是拓展论者始料不及的。首先,按照马克思劳动价值论的原意,创造价值的劳动(者)是指简单生产劳动(者),即传统意义的受剥削的"劳苦大众"及其所从事的劳动,而不是指科技工作者和经营管理者。这两种人在传统理论中的定位,前者是附在劳动者这张"皮"上的"毛";后者则是管理和监督劳动者的人,是劳动者的对立面,他们怎么会同工农民众一样也是价值创造者呢?大家知道,多少年来我们都是这样理解的,而这个理解是符合劳动价值论原意的。什么时候发现这种理解不对了呢?怎么能够为了现实需要就曲解马克思理论的原意呢?科技(劳动)和经管(劳动)不能见容于马克思的劳动价值论,但这并不意味着它们真的不是价值源泉,只是它们的这种地位必须在新的价值论范畴之内才能得到认可,关于这一点,需要专议。

其次,"复杂劳动是倍加的简单劳动"的说法也帮不了他们什么忙。按照劳动价值论,价值量取决于商品中物化的社会必要劳动量,而不是指该劳动量所生产的使用价值量即劳动生产率,可是科学技术工作者的劳动和经营管理者的劳动的特点,恰恰就在于能在同样长时间内比单纯的简单劳动生产更多更好的产品,即提高劳动生产率,但是这在马克思看来是使用价值的增加而不是价值的增加。既然如此,这算是什么价值源泉呢?诚然,从事复杂劳动需要付出更多的教育和培养费用即成本,这会使从事复杂劳动的人可以将更多的劳动物化到产品中,这好像可以增加所谓价值了,可是如果这种价值增加的同时没有伴随生产率的提高即使用价值的更多的增加,这种价值的增加又有什么积极的、正面的、合理的经济意义呢?

---

① 有人摘引马克思仿佛肯定资本也是价值创造者的话,断定马克思的价值论不是劳动价值一元论,这是一种误解,否则马克思的《资本论》就要重新写过,马克思也就不是马克思了。

② 参阅晏智杰著:《自然资源价值刍议》,《北京大学学报》2004年第6期,即收入本书的《自然资源没有价值吗?》一文。

再次,马克思恩格斯的确重视科学技术和经营管理,但是请注意,他们的着眼点不在于其如何增加了社会必要劳动量,从而增加了所谓价值,相反,在于其如何提高了生产率,增加了使用价值,发展了生产力,所以在他们看来科学技术在资本主义条件下是一种革命的力量,即加剧了社会生产力与资本主义生产关系的矛盾。

"拓展论"之不足取,也许还可以从李嘉图劳动价值论的破产和李嘉图学派解体的历史经验中得到印证。19世纪初英国伟大古典政治经济学家李嘉图的劳动价值论同现实之间的矛盾日益显露之时,李嘉图的门徒(特别是麦克库洛赫)正是想通过将"劳动"概念加以扩大的办法来解决矛盾,结果导致了原本还有一定科学意义的劳动价值论的完全破产,使在一段时期内"征服了英格兰"的李嘉图学派归于解体,这种结局深刻地影响了西方经济学后来的发展。历史的教训应当注意,否则它就会在一定条件下重演。[①]

四、重建现代经济学价值论的几个问题

应当说,劳动价值论是西方经济思想发展史中的一项伟大成果,作为西方资产阶级的古典经济学和无产阶级的马克思主义经济学的理论基础,它在反对封建主义和反对资本主义的革命斗争中发挥过一定的教育、鼓舞和动员作用,对此应加以充分肯定;然而必须看到,随着时代条件的变迁,特别在革命之后进入发展经济的建设时代,该理论的缺陷和历史局限性必然显露出来,这种情况在现代西方国家的历史上出现过,在今日中国再次出现了;西方经济学以自己的方式克服和超越了古典经济学的劳动价值论的缺陷和局限性,同样,中国现代经济学也必须以自己的方式,实现对古典经济学和马克思主义经济学的劳动价值论的超越和突破,重建经济学价值论。能否成功地实现这种突破超越和重建,在理论和实践上都具有重大意义。当然这是一项长期的艰巨任务,企图一蹴而就是不现实的,但又必须立即起步,积极探索。

经济学价值论的中心课题是揭示市场价值和价格的决定和变动规律,以便为发展社会生产和实行合理分配制度提供一般的理论依据。就重建中国经济学的价值论基础来说,我以为应当强调一切从实际出发即实事求是

---

① 参阅晏智杰著:《李嘉图学派解体的历史教训》,载《灯火集——劳动价值学说研究论文集》,北京大学出版社2002年版。

的原则,注意汲取中外经济学价值论的一切科学成果,更要立足于反映中国国情,着眼于为解决现代中国经济改革和发展问题提供经济学一般理论基础,其形式还要力求为中国人所喜闻乐见。

我认为,由于传统价值论的局限和缺陷始于对价值定义的不当规定,所以价值论的重建应从重新规定经济学价值概念开始,然后及于价值源泉、价值规律的实现条件,以及依据新价值论对新分配制度的论证等。

第一,商品价值概念的定义和性质。经济学中的价值概念应是一般意义的价值概念,即主体与客体关系的具体化,就是说,商品价值是指财富和商品同人的需求的关系,价值有无及其大小,均以是否能够满足需求以及满足的程度为转移。可见价值是一个关系范畴,不是实体范畴;既不是单纯的客体概念,也不是单纯的主体概念,更不是纯粹的主观概念;它是一个包含供给和需求在内的综合概念,而不是一个单纯的生产领域的概念。有的学者不同意对价值概念作不同于传统政治经济学价值概念的理解,他们认为:"这里所谈的'价值',不是哲学意义上的价值概念。它仅仅是指经济学意义上的商品的价值。离开商品,就不是马克思《资本论》中所论述的价值概念。"[①] 在我看来,经济学意义的价值概念同哲学意义的价值概念应当是特殊与一般的关系,而不是互不相干。这是经济学价值概念能否成立的一个前提,如果经济学的价值概念、商品的价值概念,离开了哲学意义的价值概念,不能同哲学意义的价值概念相吻合,那它就脱离了价值论的一般轨道,也就脱离了社会经济生活的一般实践,这样的价值概念还能有什么一般的科学依据呢?当然,我们对商品价值概念的上述界定,最根本的依据还是实践,是商品经济和市场经济社会的实践。离开价值论的一般科学依据,是不可能同实践相吻合的。

第二,商品价值形式的决定及其源泉,也就是商品实物形式的决定及其源泉,两者是一致的,即决定于市场供给和市场需求的均衡或统一,而市场供给和市场需求又分别受到多元要素的制约和决定,从而使价值决定表现为一个多层次的多元要素的互动的系统或链条。首先,商品价值决定是一个市场供给和市场需求逐步实现均衡的过程,这种均衡可以是动态的,也可以是静态的;可以是局部的,也可以是一般的;实现这种均衡的市场条件,有完全自由竞争,也有完全垄断,还有介于两者之间的其他各种市场结构,不

[①] 李铁映:《关于劳动价值论的读书笔记》,见何秉孟主编:《劳动价值论新论》,社会科学文献出版社2003年版,第19页。

同市场结构会对供求均衡条件发生不同影响。这种观念承认供给和需求是市场经济的实质性存在形式,承认价值规律就存在于供求关系之中,而不希求在供求关系之外还去找什么能够说明价值和价格决定的第三者,第三者是多余的。其次,商品的供给价值或价格决定于各种生产要素,这些要素包括:土地、劳动、资本、科学技术和经营管理等。这里以土地代表整个自然界和各种经济资源,它们同人类劳动一起构成商品价值的最初源泉和决定因素,这意味着自然界也是商品价值创造的源泉和主人,而不仅仅是为人所利用的对象和手段;承认人类对自然界的每次胜利,自然界都以自己的方式进行了报复(如果人类违背了自然界固有在内规律的话),从根本上扭转了不讲条件的"人定胜天"及"征服自然"一类的错误观念。这种经济价值观同"天人合一"的价值观是一致的,也符合实现人类社会与自然界的和谐,实现社会可持续发展的要求。这里的劳动是一个不断发展和充实的概念,涵盖了简单劳动和复杂劳动,体力劳动为主到脑力劳动,操作和服务劳动、经营管理劳动以及科学研究劳动等等。再次,商品的需求价值或价格也要受到一系列要素的制约和影响,这些要素包括:社会生产力水平、社会需求水平、社会收入水平、社会阶级和阶层结构、风俗习惯和消费倾向等。所有这些要素在商品价值和价格决定中的地位、作用和彼此的相互关系,不是固定不变的,而是不断变化的。

劳动是价值和价格决定链条中的要素之一,但它不是惟一;也就是说,劳动价值论是价值决定的特例,而不是通则。这个特例在古典政治经济学家和马克思分析的那些条件下是必然的和适用的,但要将它扩而大之,用于说明现代资本主义商品生产和新型的社会主义市场经济,或者像某些理论家所要求的那样,让其具有普遍的适用性,显然是勉为其难了。

第三,依据上述财富和商品价值论,实行按照生产要素贡献分配论是必然的。这种分配论承认人们有权按照自己的劳动取得收入,也承认按照其他非劳动要素及合法产权取得收入的合理性,并认为将"要素的贡献"作为尺度是实现公平分配制度的起码的和基本的要求,同时主张对分配尺度同一条件下出现的收入差距过大的状况,应由国家采取措施加以调节,以使收入差距保持在一定的合理的范围之内。这种分配理论不承认一切不按要素贡献与合法产权而获得收入的合法性,坚决批判那些凭借垄断性占有资源(经济的、政治的或行政的资源等)而无偿占有社会财富和别人应得成果的行为,认为这是新时期中国社会出现的一种最值得重视、需要下大力气加以惩治的剥削行为。也就是说,要素贡献分配论绝不否定剥削,只是要求结合现实情况对剥削重新加以界定。可以预计,在这种分配制度下逐渐会出现一个中产阶级,他们凭借自己的聪明才智在对社会作出贡献的同时,自己也得到较多的回报,享受着较为富裕的生活,这没有什么不好。事实证明,这样的中产阶级或阶层占相当大比例,从而形成一种橄榄型的社会结构,既是社会繁荣昌盛的一种成果,又是社会持续稳定健康快速发展的一种保障。再说,无产阶级革命的目标,毕竟不应是制造更多的无产者,不应是促成少数人极富和大多数人贫穷的金字塔型结构,共同富裕才是中国社会主义事业的题中应有之意。

五、如何看待劳动价值论的"政治后果"?

现在我们可以就重新认识劳动价值论的"政治后果"问题发表一点意见了。前面说到有的学者警告说,如果动摇了劳动价值论,势必动摇剩余价值论,这样一来马克思主义经济学还能剩下什么呢?马克思主义经济学如果站不住了,马克思主义的整个大厦岂不是就要动摇吗?[①] 所以劳动价值论是必须坚持的,否则政治后果不堪设想。

不能设想发出这种吓人警告的论者,会像非专业的一般民众那样,对马克思主义经济学的内涵及其历史诉求缺乏深入理解,因而我们不能不对他们发出此类警告的真实用意深表疑问。这是因为,了解马克思劳动价值论以及以该理论为基础的经济学的人应该知道,马克思经济学认为商品生产和市场经济是私有制条件下生产力发展到一定阶段的产物;认为资本主义商品生产和市场经济制度是商品生产和市场经济的最高和最后形式;还认为取而代之的社会主义制度的本质特征是计划经济制度,对马克思主义创始人来说,社会主义也可以搞商品生产和市场经济制度是不可想像的。既然如此,那么在现代条件下仍然坚持传统的劳动价值论及以其为基础的理论,对市场经济制度必定就要采取否定态度,对我们正在进行的以建立社会主义市场经济体制为目标模式的改革也要加以否定,请问这是一种怎样的政治后果呢?

不仅如此,坚持上述立场必然要对中国改革发展进程中已经涌现出来的新的阶层也持批判和否定立场。大家知道,这新阶层中的许多人,尤其是其中的私营企业家,依据传统劳动价值论及以其为基础的经济学理论,属于

---

① 例如,参阅何秉孟主编:《劳动价值论新论》序,社会科学文献出版社 2003 年版。

社会主义革命的对象,如果说在现阶段还必须对之加以利用,也只是一种权宜之计和无奈之举,待到国营事业壮大之时,便是他们灭亡之日。请问这是否就是现时坚持传统理论认识的人所要追求的政治后果?

至于坚持传统劳动价值论及以其为基础的经济学理论,能否正确认识和对待其他更广阔领域的根本问题,也不难得出结论。例如,如何正确看待世界资本主义的历史进程和社会主义的历史进程,就是不能回避的重大原则问题。依据马克思主义创始人关于资本主义生产方式运动规律的学说(我们知道劳动价值论是这种分析的基础),欧美主要资本主义国家的社会主义革命早就爆发并同时取得了胜利;而实行计划经济和按劳分配制度的社会主义国家也早已取得了世界范围的胜利,并正在高歌猛进地向共产主义推进,世界发展格局绝不会是今天这个样子。马克思主义创始人的大无畏革命精神和追求理想社会的美好愿望是应当加以肯定的,然而历史和现实生活业已证明,他们的思想仍包含着许多空想的成分,他们的许多主张也显得过于激进了。他们当然不应因此受到责备,更不应为此负责,否则还要后来者干什么呢?人们有理由向那些以马克思主义者自居的现代人发出一个小小的疑问,他们不顾历史和现实,不从实际出发看问题,反而一昧坚持传统理论,他们究竟怎样看待这种历史进程呢?

在我看来,关于劳动价值论的争论的真正分歧不在于是否顾及政治后果,而在于要怎样的政治后果,要怎样的社会主义,以及怎样建设社会主义。应当肯定地说,正是为了追求真正的社会主义的前途或"政治后果",才必须对传统劳动价值论予以突破和超越。

六、回答几个问题

有人问我对党的"十六大"文件相关内容怎样看?我以为"十六大"文件吸收了此前学术界关于劳动价值论讨论中得出的一些研究成果,在相关问题上表现了明确的倾向性,但同时又回避了价值论的提法,无论是多元价值论还是一元价值论的提法都没有出现。"十六大"文件提出了一系列重大的新判断和新观点,例如:(1)提出"新阶层"是中国特色社会主义事业的建设者。(2)提出"四个尊重":劳动、知识、人才、创造。(3)提出要保护一切合法收入。一切合法的劳动收入和合法的非劳动收入,都应该得到保护。(4)提出两个"必须毫不动摇":巩固和发展公有制经济,鼓励、支持和引导非公有制经济发展。(5)提出确立劳动、资本、技术和管理等生产要素按贡献参与分配的原则,完善按劳分配为主体,多种分配方式并存的分配制度。(6)提出允许符合条件的"新阶层"人士加入共产党。(7)提出我们党是无产阶级先锋队,也是中国人民和中华民族的先锋队。我以为贯穿在这些创新思想和原则中的基本精神之一是多元价值论而不是一元价值论。我还认为回避价值论的提法是可以理解的,对这个基本理论问题由党的文件来下结论,既没有必要,也不利于继续研讨。

某理论家在声称与我"商榷"劳动价值论的文章中说我的观点与党的"十六大"不沾边,有人问我对这个说法怎么看? 我的回答是,不管这话说得是否有根据,这种提法本身都是不可取的,因为在理论争鸣文章中谈论什么不同观点与党的文件是否"沾边",完全没有必要,也很不应该。然而就某些理论家来说,这样地提出问题也许不是不可理解的事。是不是在一些人那里以这样的方式提出问题和判断是非,已经成了一种根深蒂固的思维定式,我不知道,也不想知道;然而若有人动辄将不照此办理者打入另类,我们就要明确表示异议,指出这种做法是蛮横无理和不能允许的。其实,在这种欠妥提法背后,还表露了某些人对于现实发展心有所不甘并竭力加以排拒的心态,把话说白了,一些人十分不愿意看到或者说惟恐出现己所不欲的观点同党的文件"沾边"的情况。至于他的说法是否属实倒无关紧要,我也不会去计较什么沾边不沾边的,我只知道我衷心拥护党的"十六大"精神,这就够了。

有个别人因反对我的观点而说我重新认识劳动价值论是出于某种个人动机,有同志问我对此说法有何评论。我认为这种说法和做法是无理和无力的表现,帮不了他们什么忙,也休想借此击倒我。谣言止于智者,事实是对谎言的最好回击。对这种人谈什么研究的心得体会,谈什么多年来付出的代价,经历的困难和曲折,统统是多此一举。我过去多次申明,我的理论观点完全是我自己长期诚实劳动和深入思考的结果,我没有想迎合任何人,这是谁也无法否认的事实,现在看来有必要予以重申。如果有人仍然热衷于恶意中伤,只能说明他们理屈词穷和不怀好意,对付这种人的最好办法就是不予理睬,不同他们纠缠,毕竟还有更重要的事情要做。"将军赶路,不追小兔。"至于有人在理论争鸣中借势压人,制造以多胜少的假象,动辄以权威自居等恶劣做法,更应受到人们的唾弃和谴责。以实践为标准,随时准备坚持真理,随时准备修正错误,愿以此与大家共勉。

应当承认价值源泉与财富源泉的一致性*

价值源泉与财富源泉的关系问题近来逐渐受到人们的关注。有人认为即使承认"社会财富"的源泉是多元的,也不能承认"价值源泉"是多元的,否则就会离开劳动价值论。他们认为即使是科学技术和经营管理,也只能在它们是"当代劳动的重要形式"的意义上才能承认其"创造价值"的作用,这并不意味着价值源泉多元化;他们中间的另一些人则连这种"扩大的劳动价值论"也不准备接受,认为应当继续坚持"标准的"劳动价值论,即只有物质生产领域中的活劳动的"抽象劳动"方面才是价值的源泉。

不消说,他们的根据就是传统劳动价值论,特别是商品二重性和劳动二重性学说。依据这种学说,商品具有使用价值和交换价值两因素(属性);劳动具有具体劳动和抽象劳动两性质。财富涉及的是商品的使用价值,而价值只涉及交换价值。再加上相关的逻辑推理,即商品交换的基础必定是某种同质异量的"共通物",于是就得出商品价值源泉只能是物质生产领域中活劳动的抽象劳动,以及价值实体只能是这种抽象劳动的凝结的结论。

这就是说,可以承认财富或商品应由劳动、资本、技术和管理等要素共同创造,但认为同样的财富和商品的价值却只由其中的劳动这一个要素所创造。这意味着同一个对象的创造源泉,被认为可以从不同角度(使用价值和交换价值)加以观察,并得出截然不同的结论。这就好比说,承认生产钢铁、煤炭、粮食和棉花等商品的"使用价值"的不仅有劳动,而且有资本、科技、管理和自然资源等要素,但认为这些产品的"价值"却仅仅出自劳动这一个源泉。

这种观点显然直接违背客观的事实。为什么会得出这种明显不合情理和自相矛盾的悖论呢?说到底同传统劳动价值论对商品性质和商品交换基础的认识有严重偏差直接相关。

首先,对商品属性的认识有偏差,将财富或商品的两种存在和表现形式

---

* 原载《北京大学学报》(哲学社会科学版)2003年第2期。该文经缩写,以《财富的价值源泉在哪里?》为题发表于《中国改革报》2003年2月17日。

错当成了它的两种不同性质的因素。从亚当·斯密到李嘉图再到马克思,他们的劳动价值论莫不如此。我们知道,社会财富(在市场经济条件下主要表现为商品)指的是一国国民所拥有的用来满足人的需求并能出售的各种资产,它可以指迄今积累的全部资产,也可以指一定时期(比如一年)内新增的资产。这些资产通常有实物和非实物两种存在和表现形式。某国某年生产了多少万吨钢,多少万吨煤,多少万公斤粮食和棉花,以及多少金融、保险、服务等产品和劳务,这是财富的实物形式;以当年或某基期的价格计算,又可将它换算为非实物形式即一定的货币额,这是财富的价格形式。不用说,这两种形式是相对独立的和等价的。就是说,无论实物形式还是非实物形式都是财富(商品)的独立存在形式和表现形式,其中每一种都能独立地代表财富(商品),用不着两者结合才能成为财富(商品)。至于这两种形式之间的关系,如果一定要说实物形式是非实物形式的物质承担者的话,那么后者又何尝不是前者的非物质承担者呢? 可是,这一切在劳动价值论中都被曲解了。商品的两种形式被错看成是商品具有"使用价值"和"交换价值"这两种不同性质的因素;商品在每一种形式上的独立存在和表现,被错看成它必定是这两种形式的统一和对立;这两种形式之间双向的承担关系被曲解为单向的,似乎使用价值只是价值的仆人,交换价值才是价值的主人。这一切分析都是为了将"使用价值"从价值起源和本体中排除出去,这就从一开始就将价值论引入了误区。

其次,对财富(商品)价值的定位有偏差。劳动价值论依据上述有缺陷的商品二重性理论,排除了使用价值进入价值本体以及创造使用价值的其他要素(除了劳动)进入价值源泉的可能性,进而将交换价值背后的支配者归结为某种实体即价值,并将商品价值最终定位为商品生产者之间的关系。这种价值观既同经济生活的实践和人们的常识不一致,也与一般意义即哲学意义的价值概念不一致。实际上财富(商品)的价值指的是一种主客体关系,即财富或商品与人的需求的关系;财富或商品有没有价值,价值是大是小,均以它能否和在多大程度上满足人的需求为转移。这就是说,财富或商品的价值是一个关系范畴,不是实体范畴;是一个主客体相统一的概念,不是纯客体或纯主体的概念。财富和需求是构成价值的两个必不可少的要素,仅有其中之一不足以构成价值,价值是财富与需求的统一。另一方面,由于财富有实物与非实物形式之分,又由于这两种形式的财富都能满足需求,即同需求建立起价值关系,所以也就有了两种形式的价值,一个是以实物形式的财富满足需求而形成的价值,可称为实物价值,其特点是该价值来自实物财富直接满足对人的需求的直接满足;另一个是以非实物形式财富(货币)满足需求而形成的价值,可称为非实物价值即价格,其特点是来自通过交换从而对人的需求的间接满足。直接满足和间接满足都表现了价值关系,都能构成价值关系;不能说只有非实物价值即价格才表现了价值关系,也不能说实物财富与需求的关系不构成价值关系,其实它们的区别仅是建立价值关系的方式不同而已,这也就排除了只能从"交换价值"引出"价值"的合理性,价值"实体"更无从谈起了,因为这里存在的只是商品与人的需求的"关系",不是什么"实体"。这当然不是说人与人的关系在经济生活中没有地位,但是要看到它始终是第二位的,受着人与物关系的支配。

再次,相关的逻辑推理和理论分析是有缺陷的,这主要表现在将构成商品交换基础的那个"共通物"不适当地归结为"抽象劳动"。一方面,"抽象劳动"这个概念即使是在合理抽象的限度内也不是劳动本身的一种属性。现实的劳动总是具体的,不存在没有具体形式的抽象劳动;这当然不是说不能对各种劳动进行理论上和观念上的抽象,但是应当明白,从这种抽象中得出的概念,如果可以称为抽象劳动的话,它同现实存在的劳动也不是一种对应的关系;不进行这种抽象,劳动照样存在,劳动不是现实的具体劳动和理论概括的抽象劳动的对立统一,劳动是人同自然界的对立统一。

另一方面,退一步讲,如果千差万别的劳动可以化为抽象劳动而加以比较,为什么其他各种现象或要素不能也被化为某种抽象的、共通的东西予以比较呢?比如,它们同时也是资本、科学技术和管理的产物,它们都有效用,都能满足人的需要,都是供求的对象,等等,为什么不能也构成商品交换的基础呢?事实上,对互不相同的东西的比较和衡量,从一开始就是商品生产和市场经济的一个基本实践,在人们提出这样那样的解释以前就解决了,它不会因为人们对它的不同解释而不同,更不会随着不同的解释而变化。在商品交换和市场经济条件下,有形的物质的对象可以比较,无形的精神的产品同样可以比较,没有什么东西是不可以比较的,比较的结果和表现就是市场价格,市场价格就是问题的答案,可是商品价格的决定又何止劳动这一个要素?

由于存在上述这些缺陷和偏差,所以劳动价值论(不管是标准的还是扩大的)无法将实物形式财富的源泉和非实物形式财富的源泉统一起来,结果就导致了对同一事物的创造源泉做出相反判断的悖论,一方面承认财富(商品)的实物形式的源泉的多元性,另一方面又否认财富(商品)非实物形式的源泉的多元性。这是劳动价值论的一个致命的缺陷,因为它使该理论无法说明生产力发展的基本要素和一般规律，从而导致了劳动价值论同发展社会生产力要求的脱节。

在人的需求和满足需求的对象之间的关系链条上，财富论和价值论是相通和衔接的，财富论涉及人如何与其他要素相结合以生产出财富，价值论则涉及生产出来的财富如何满足人的需要。财富或商品的价值既然是财富或商品与人的需求的关系，则在需求既定条件下，财富或商品的源泉与其价值的源泉必然是一致的，它们都是由包括劳动、资本、技术、管理和自然资源等在内的多要素共同创造的，多元财富论在这种条件下也就是价值多元论。应当打破传统劳动价值学说历来对财富论和价值论的分割，承认价值源泉与财富源泉的一致性，并将我们的社会经济决策和指导方针，包括充分调动一切积极因素、让一切创造社会财富的源泉充分涌流出来，确立按照劳动、资本、科技和管理等生产要素的贡献进行分配的原则等，建立在对这种一致性的科学认识的基础之上。

面对传统劳动价值论与财富论相脱节的事实，现在有人主张满足于财富论（或使用价值论）而认为不必触及价值论，试图以此回避重新认识劳动价值论这个尖锐课题；另有人则在不得不接受财富多元论的同时，又坚持着对财富论和价值论的传统分离和区隔，以便继续坚持传统劳动价值论。应当指出，不管出于什么考虑，这种做法都是行不通的，除非返回到还没有商品交换的原始社会，否则我们就不能不面对既要财富论又要价值（价格）论的客观事实。不能忘记，财富的实物形式只是社会财富的存在形式和载体之一，它的另一种存在形式和载体是价值（价格），它们不过是一枚硬币的两面；这两种形式和载体不仅在过去漫长的历史岁月中一直同时存在和发展着，而且随着高度商品化和信息化时代的到来，随着实体经济和虚拟经济的迅速扩张，后一种载体和形式的地位和影响越来越大；因而没有正确的价值（价格）论，固然不能正确了解历史上的商品生产和交换的一般规律，更不能了解现代的商品生产和交换的一般规律，这应当是人所共知的常识。总之，我仍然坚持认为，认可财富论和价值论的统一，认可财富源泉和价值（价格）源泉在一定条件下的一致性，才是惟一正确的结论。

价值源泉和财富源泉"两分法"质疑
——对一种流行观点的评论

引 言

在近年来关于劳动价值论的讨论中,主张将"劳动"概念加以"拓展"从而搞成一种"扩大的一元劳动价值论"是较有影响的一种观点,持此论者声称,"一要坚持,二要发展!"是对待马克思劳动价值论的惟一正确原则,而体现这一原则的途径就是将科学技术工作劳动和经营管理劳动"与时俱进地""拓展"到劳动概念之中。我对此论从来不敢苟同并发表过一些评论,这里不再赘述。①

有学者不以上述"拓展"为限,他们认为同时还必须主张财富源泉多元论,也就是说,他们认为必须坚持商品价值的源泉只是劳动的原理,但又认为可以承认财富的源泉是多元的,即除了劳动以外,财富的源泉还有资本、科学技术和经营管理等;他们声称将这两论结合在一起的"观点体系"是对马克思主义原理的发展,也是他们"学派"的创见。

应当怎样看待这种观点体系呢?

应当说,承认财富的源泉是多元的而不仅仅是劳动,这毕竟是认识上的一大进步,因为财富的源泉的确不限于劳动,劳动毕竟不能单枪匹马地创造财富。

应当说,承认这一点也是向马克思相关原理的逼近,因为马克思的确不仅有一元劳动价值论,还有多元要素财富论,而长时期内一些理论家是只知有前者而不知有后者的。②

还应当说,这种两全其美的做法显得比单纯的"拓展论"要略胜一筹,你

---

* 研究札记,未公开发表过。
① 参阅晏智杰著:《劳动价值论:反思与争论》,《经济评论》2004 年第 3 期。该文已收进本书。
② 记得几年前关于劳动价值论的讨论方兴未艾之时,当我在一次讨论会上指出马克思的价值论不同于其财富论,并引述了马克思在《哥达纲领批判》中对该纲领中"劳动是一切财富和一切文化的源泉"这一观点的批判时,当场就有人对此深表意外,甚至声称不必重视马克思的这个批判,你

说要深化对劳动和劳动价值论的认识,他有扩大的一元劳动价值论;你说要肯定和认同非劳动要素的作用,他有多元要素财富论。

难怪当某"学派"中人宣称这种价值源泉和财富源泉"两分法"是他们"学派"的创见时,其自我感觉肯定是极好的。然而,人们一旦将这些"创见"同实践加以对照,还是禁不住要对其真理性发出两点小小的疑问。

一、"价值和财富源泉两分法"符合实际吗?

如果"两分法"是符合实际的,那么,这就意味着同一种对象,例如一个国家或者一个地区或者一个生产单位甚至一个生产者,在一定时期内所生产的产品或所提供服务的"创造源泉",就其实物形式来说是多元的,而就其非实物形式来说却是一元的。也就是说,光有劳动还不能生产出各种产品或各种服务,那是劳动和这种生产资料相结合的结果;但是要问这些产品或服务的价值的源泉,就只有劳动这一个了。

然而社会生活实际恰好相反。道理其实很简单,社会财富或商品有两种存在和表现形式,一个是实物和服务形式,它表现为各种各样的工农业产品和服务业产品;另一个则是非实物形式或价值(通常是货币)形式,它表现为各种产品或服务的价格。不用说,这两种形式从根本上来说是"等价的",因为它们不过是同一事物的两种表现,同一枚硬币的两个方面,形同手心手背而已,既然如此,承认财富的两种形式的创造源泉的一致性就是不可避免的结论。没有理由相信,同一社会财富,如论及其不同的形式,便要认可其创造源泉截然不同;没有理由相信,实物或服务形式的财富的源泉不可能只有劳动,还必须有土地等自然资源、资本、科学技术和经营管理等要素,但是价值形式的财富的源泉却惟有劳动,而不可能有其他。[①]

这就是说,财富的不同形式的创造源泉是一致的,是不应也不能截然区隔的,然而,价值和财富源泉"两分法"的特点恰在于坚持并扩大这种区隔,因而也就是坚持和扩大了它同社会生活实践的背离。[②]

---

① 参阅晏智杰著:《应当承认价值源泉和财富源泉的一致性》,《北京大学学报》2003 年第 2 期。该文已收进本书。

② 不消说,这里只涉及两者创造源泉的一致,非指两者在一切方面完全等同。

二、被分割的"两论"还能有什么实际意义？

社会财富的实物论和价值论既是对同一事物的认识和把握，它们在对实际经济规律的认识和实际生活中的作用就是互为表里和缺一不可的。如果不是这样，硬将它们加以区隔，其结果只能使双方最终都归于无效。

道理也很简单。价值或价格尺度与被衡量的实物产品或服务产品的创造源泉如果真的不同，那就说明它们的构成要素不一，性质各异，口径各异，因而彼此不能"兼容"，无法进行比较和衡量；硬要以其作为尺度，衡量的结果也不可能合理。这或者意味着由于没有价值尺度和交换媒介而使社会经济生活无法进行（除非回到没有货币的以物易物时代，甚至更原始的没有任何商品交换的时代）；或者意味着既定的价值和价格尺度不中用，不能履行和发挥其应有的交换尺度和媒介的职责和作用。出现这种可悲后果可能是持此论者不曾料想到的，但它却是完全合乎逻辑和不可避免的。既然如此，人们不知道互不兼容的多元财富论和一元价值论还能有什么实际意义。

这是财富（实物）多元论和价值一元论的致命弊端，此种弊端当然不自今日始，但它从没有像现在这样表现得同我们的经济生活的现实和要求格格不入，因为市场经济须臾不能离开价值（价格）尺度，而价值（价格）尺度又必须符合市场经济的要求。被衡量的对象和衡量的尺度必须"兼容"，这是人所共知的常识，看看我国改革前后两种不同的国民经济核算体系，即物质产品平衡体系（SMP）和国民账户体系（SNA）的区别，就知道尺度和对象的兼容该是多么重要了。

三、问题出在哪里？

价值源泉和财富源泉"两分法"的问题不出在财富多元论，财富多元论是对的；问题出在商品价值一元论：它是一种有缺陷的价值论。

1. 在分析条件中事先排除了劳动以外的要素，即劳动以外的要素在商品交换中是无偿的，不索取代价。其他条件还有：实物交换即不包含货币和资本关系；简单劳动，即使是复杂劳动也被简化为简单劳动的倍加，而对所谓复杂劳动并没有做出明确规定，更无所谓科学技术劳动和经营管理劳动。马克思的根据：猴体解剖是人体解剖的一面镜子；也为避免重蹈古典派覆辙。问题在于马克思随后即以此作为说明资本主义生产规律的基础，并没有想要搞什么深化的扩大的劳动价值论。

2. 两个二重性学说是有重大缺陷的理论内核。商品二重性说将两个原本同质和等价的"意义"、"要素"或"形式"不适当地认定为两种不同"属性",将价值与使用价值原本同一的源泉人为地割裂开来。劳动二重性说不适当地将"抽象劳动"这个"思维"范畴看做独立的"实体"范畴,为进而将价值源泉不适当地归结为"抽象劳动"准备了条件。

3. 逻辑推理是有缺陷的。说双方交换之物中必有共通物,而且这个共通物是质同而量异,这是对的;但说它只能是抽象劳动,这就有问题了。第一,如上所述,抽象劳动本不是独立范畴,不可能作为价值源泉;第二,退一步说,假定能够将抽象劳动这个思维范畴视为独立的实体范畴,作为价值实体,那么也就不应排斥其他类似的范畴(如"一般效用")作为价值实体了。

尽管如此,劳动价值论对简单商品交换还是有一定说服力的:在此条件下,劳动毕竟是交换的主要依据,这种情形依恩格斯所说在历史上大约存在了五千年到七千年之久。然而进入近代扩大的商品生产时代以后,当资本、科学技术、经营管理以及日益短缺的自然资源的价值源泉作用不容再忽视时,这种价值论就难以为继了,它不可避免地会被其他学说所取代。在西方国家经济思想发展史中,劳动价值论曾经在一个相当长时期中占据基本理论的支配地位,但最终还是退出了历史舞台的中心。一切随时间和条件为转移。国情和社会发展阶段的差异,会使劳动价值论在不同国家处于不同的生命周期或阶段,然而只要走上市场经济发展之路,允许包括公有制和私有制在内的各种经济成分长期共生共存,鼓励发展生产力和增进财富的各种源泉充分涌流出来,对劳动、资本、自然资源、科学技术和经营管理等各种要素的合法权利无例外地加以保护,则在社会思潮和基本经济理论领域实现从劳动价值论向多元要素价值论的转变就不可避免。

然而,在实践需要我们超越这种价值论时,不少人却热衷于通过所谓深化认识来坚持这种理论,这就是所谓扩大的一元劳动价值论或拓展论。这种拓展论显然不可能将非劳动要素扩大进去,当然持此论者本来就不认为应当将它们扩大进去,可是这并不意味着它们真的不是价值源泉;关于这个问题我已另文分析(《自然资源价值刍议》,收入本书改名为《自然资源没有价值吗?》),这里仅就看似能够扩大劳动概念的做法作一分析。

四、马克思劳动价值论中的"劳动"能扩大吗？

不少人认为能够扩大，而且声称扩大了的劳动价值论是对马克思劳动价值论的发展，但事情没有这样简单。

在马克思以前，人们对商品价值源泉的劳动的认识有一个漫长的发展过程，威廉·配第将它理解为生产金银的劳动；重农主义将它理解为农业雇佣劳动；亚当·斯密将其扩大到包括农业和制造业在内的一般劳动；李嘉图提出了社会必要劳动的概念，但将其归结为农业中劣等地上花费的劳动，这是马克思以前劳动价值论的最高成就。

马克思汲取了社会必要劳动概念，但将价值源泉归结为一般的和抽象的劳动，这个一般的抽象的劳动的承担者就是当时资本主义生产的主力军，即当时资本主义社会中的无产阶级或雇佣劳动者阶级，他们除了自身的劳动能力以外一无所有，不占有任何生产资料，因而惟一的生路就是受雇于占有生产资料的资本家阶级、充当雇佣奴隶。他们是资本主义生产方式的掘墓人，又是新的社会主义制度的创建人。至于社会主义新社会的经济体制，在马克思恩格斯看来则只能是计划经济，决不应也不会是市场经济。既然如此，也就没有商品生产，不存在商品价值源泉这个问题了。一些理论家不是总爱说马克思在什么什么问题上给出了不可更改的"本质规定"么？这就是一个。

被某些理论家看重的马克思在论述资本主义生产性劳动时提及的"总体工人"等，并没有也不能改变这一"本质规定"。资本主义生产性劳动和创造价值的劳动，虽然有密切联系，但不能像某些理论家所想的那样视为完全一致的概念，事实上它们各有所指，不能混为一谈；如果认为马克思在论述生产性劳动时所说的"总体工人"中有监工和工程师，就推断说他们也是马克思所说的价值创造者，那么，妓女一类人也是价值创造者了，因为马克思说过这种人如果受雇于鸨母，为鸨母带来利润，他们也属于资本主义生产性劳动者之列。好在马克思没有走到这一步，请不要把马克思置于这般尴尬的境地吧。①

援引马克思恩格斯重视科学技术和经营管理的论述也无济于事。第一，请注意：这里涉及的是科学技术和经营管理，而不是科学技术工作者的

---

① 参阅《灯火集——劳动价值学说研究论文集》，北京大学出版社2002年版。

"劳动"和经营管理者的"劳动",它们是相互联系但不同的两回事。第二,就科学技术和经营管理来说,革命导师的着眼之处在于它们能增加使用价值或提高生产率而不是增加价值,至于价值,其作用不是增加而应是减少。第三,按照马克思劳动价值论的思路,科学技术工作者是附在工农兵这张"皮"上的"毛",经营管理者则是监督劳动者的人,都不在也不能在价值创造者之列。这由马克思得出劳动价值论的分析前提所决定,也为长期以来奉行该理论的客观社会效果所证明。

这些就是构成马克思劳动价值论特有的东西,也是马克思的劳动价值论区别于前人的劳动价值论的东西,抛开这些"本质规定"就不是马克思的劳动价值论了,这就如同抛开生产金银的劳动就不是威廉·配第的劳动价值论,抛开农业雇佣劳动就不是魁奈的劳动价值论,抛开一般劳动就不是亚当·斯密的理论,抛开劣等的劳动就不是李嘉图的劳动价值论一样。

这当然不是说劳动概念的内涵没有发展或者不该发展,事实上这个概念以及人们的认识随着社会的发展在不断发展着,这种情况在马克思出现以前就出现了,例如萨伊对劳动的区分:理论劳动、应用劳动和执行劳动;在马克思以后也没有停止,例如马歇尔对经营管理者作为新生产要素的性质和作用的分析;等等。可是所有这些发展并没有妨碍马克思将萨伊视为庸俗经济学在法国的创始人,也没有妨碍马克思主义经济学家们将马歇尔视为晚期庸俗经济学的代表。这就说明,劳动概念的内涵扩大是一回事,这种扩大了的内涵能否纳入劳动价值论的范畴则是另一回事。如果不顾一切地加进去,那就不是马克思的价值论了,以为劳动概念的扩大就是马克思的劳动价值论的扩大,这至少是一种误解。

那么,科学技术工作者和经营管理者究竟是不是商品价值和社会财富的创造者呢?当然是的,这必须加以肯定,问题仅仅在于,出于以上分析的各种理由,这种认同不可能在马克思劳动价值论的框架和思路内加以实现,而只能在不同于传统劳动价值论的新价值论框架之内实现。这种新价值论的特征在于它同社会财富论是一致的,它不仅认可各种类型的劳动(包括科学技术工作者的劳动和经营管理者的劳动在内)是商品价值的创造者,而且也认可一切非劳动的生产要素(土地等自然资源、资本、科学技术和经营管理等)的价值创造作用。这才是我同一些坚持传统劳动价值论者(例如卫兴华教授)的分歧所在,卫教授说我否认科技工作者和经营管理者也是价值创造者,他这种评价不过是出于不许逾越传统劳动价值论的偏见。

五、对"剥削"只能有一种理论解释吗？

热衷于将价值源泉和财富源泉截然区隔的学者声称，只有坚持劳动价值论才能坚持剩余价值论，从而保持马克思主义经济学体系的稳定。然而他们没有想到的是，在他们承认各种非劳动要素也是财富源泉的时候，也就埋下了质疑传统剥削论的根子，既然财富（实物）源泉是多元的，而财富源泉和价值源泉又是一致的，那么价值源泉也就不能不是多元的，但传统剥削论的基础却是一元劳动价值论。

以为突破了劳动价值论就会导致对剥削论的否定，以为只有坚持一元劳动价值论才能坚持对剥削事实的认定，这是一种误解。剥削是发生在分配领域的一个事实，其实质是对社会财富或别人劳动成果或合法产权收入的无偿占有。这个事实同另一个事实即生产成果由哪些要素所生产，虽密切相关但无因果关系，更不是一回事：不管产品及其价值在生产出来之后被如何分配，不管分配的结果是否会出现剥削，都不会影响生产成果事先由各种生产要素共同生产这个事实。同样，不管产品及其价值事先是由一个要素还是由多种要素共同生产的，都不能排除事后出现无偿占有即剥削的发生，因为产品如何被分配和占有，不决定于产品由哪些要素所生产，而决定于这些生产要素归谁所有即生产资料的所有制或产权。当然，如果价值创造者仅是无产者，那么剥削及其引起的社会矛盾和冲突就会达到不可容忍的程度，以至于"剥夺剥夺者"的革命目标在马克思时代就应当实现，但历史业已证明这只是一种理论可能性而不是实际现实性。

顺便说一句，这样说并不意味着收入分配理论同价值理论无关。所有权或产权决定产品归谁所有，涉及其必然性，而价值论则表明这种归属是否合理，涉及其合理性，两者作用各有不同。在前一阶段讨论中，个别学者强调决定收入分配的是生产资料所有制和产权，强调分配论与价值论无关，还大力批判所谓价值理论决定分配理论的观点，听起来振振有词，蛮有道理，其实不过是无的放矢和有意曲解。谁也没有否定分配关系同生产资料所有制和产权之间的因果关系，同样，谁也没有将价值论与分配论的关系归结为这种因果关系。人们看得清楚他们如此起劲地批判莫须有的观点，不过是出于否定多元要素价值论和固守传统劳动价值论的需要。人们还注意到他们为此甚至连讲了多年的劳动价值论同分配论之间的关系也要矢口加以否认。

最后需要指出,固守传统劳动价值论以及以其为基础的剥削论,必然要将中国现阶段出现的民营企业家不加区别地视为剥削阶级,因为他们似乎最符合这种剥削论所描述的剥削阶级条件和特征,包括占有生产资料,雇佣工人进行生产并占有(依据劳动一元价值论)完全由工人创造的剩余价值或利润等,却全然不会顾及中国民营企业家出现的特定历史背景和条件以及他们对中国社会发展所做的贡献。当然,这不是说这个阶层中没有非法经营者和剥削者,但这是支流。同时,照搬传统理论又会对新历史条件下出现的新剥削者视而不见,充耳不闻,"不加关照",特别是那些为数不少的贪官污吏,更不在此种理论的视野在内。因为这种人似乎不具备传统剥削者的各种要件:既可以不占有生产资料,也不用雇佣工人,更不必进行经营活动,就凭着将手中掌握的某种权力和其他资源(这些权力和其他资源本来是党和人民交托给他们为人民服务的)转化为谋私利的手段,就可以轻而易举地无偿占有社会财富和别人的劳动成果和合法财产。然而谁又能说他们不是剥削者呢?不是现阶段对我们的事业最具破坏力的寄生虫呢?

要理直气壮地停止对应当肯定现象的否定,或者不再坚持对应当否定现象的肯定,从而使作为我们的经济学基础的价值理论同国家改革发展的步伐一致起来,就应当承认财富的价值形式之源泉及其实物形式之源泉的一致性,这就是我们的结论。

恩格斯与价值转形理论*

关于马克思的价值转形论的争论，通常以庞巴维克1896年针对《资本论》第三卷所发表的《马克思主义体系的终结》为开端，而以希法亭1904年发表的《庞巴维克的马克思批判》为第一回合的终结。这样说不是没有道理的：就当事者所提观点的代表性及其影响来说，他们分别堪称第一个回合的起点和终结；但这并不意味着庞巴维克的著作是对《资本论》第三卷的最早研究和评论，也不能说希法亭的文章是对批判《资本论》观点的最早的反批判。事实上在《资本论》第三卷于1894年出版以前，就已经出现了对相关问题的不同解释甚至一定程度的争论，恩格斯在第三卷序言中还用了大部分篇幅对这些不同的解释（至少涉及六位作者）作了研究性和批判性评论。第三卷出版后，不同的解释和争论再次出现，恩格斯随后不久（相隔第三卷序言大约一年）又撰写了《〈资本论〉第三卷增补》，其第一部分就是专门回答这些新的解释和争论的。

这种情况本应引起人们对这段历史的关注和重视，可是恰恰相反，除了个别文献之外，一般不将其作为价值转形论战史的一部分。① 这也许是因为出现在《资本论》第三卷原文问世之前的这些解释，大都是对其内容和观点的一种推测或分析，还说不上是对该理论真正的讨论；而紧跟第三卷问世而来的为数不多的文章，不仅影响不大，而且也没有形成有来有往的争论。

不过，这段历史在有些人眼里却是另一种情形。他们将恩格斯当时的回应看做最终的裁决，实际上认为这裁决一劳永逸地结束了当时的争论，也为日后批判各种不同观点提供了惟一正确的论据。也就是说，在这些人看来，这一时段的讨论就是事情的全部，如果说此事后来居然还有什么发展的话，也无非是资产阶级辩护士们在重复他们前辈对马克思理论的攻击，因而

---

* 本文是为拙著《劳动价值学说新探》第3篇《价值转形论百年论战史》所写的增补，发表于《政治经济学研究报告》第6期，社会科学文献出版社2004年版。

① 例如，西方著名的马克思主义经济学家罗纳德·米克的《劳动价值学说研究》就几乎没有论及。

只消依据马克思和恩格斯当初的论断加以反驳就行了。

然而,事情没有这样简单,因而不应当简单化地对待。对整个论战史而言,这段早期讨论无疑只应被视为一个前奏,它远非事情的全部,甚至也说不上是"正史";但这个前奏本身却有一定的重要性和复杂性,包含一些应当深思的问题,不应轻易放过。要了解这些问题就需要至少回顾一下当时的历史过程。本文就是在研习恩格斯相关文献(主要是《资本论》第二、三卷序言,《第三卷增补》),并参考其他材料基础上撰写而成的,[①] 旨在自己弄清问题,同时也顺便对某个争论之点有所澄清,权作对拙著《劳动价值学说新探》第三篇"价值转形论百年论战史考"的一个并非不重要的补充。[②]

恩格斯:《资本论》第二卷序言

恩格斯在《资本论》第二卷序言反驳所谓马克思的剩余价值论是从洛贝尔图斯剽窃来的指责时,除了其他理由之外,着重指出了马克思的分析在理论上和逻辑上如何胜过洛贝尔图斯。恩格斯指的就是在对待导致李嘉图学派解体的两个矛盾问题上,马克思所抱的截然不同于洛氏的态度和理论。

在论及导致李嘉图学派解体的第二个矛盾时,恩格斯说:"按照李嘉图的价值规律,假定其他一切条件相同,两个资本使用等量的、有同样报酬的活劳动,在相同的时间内会生产价值相等的产品,也会生产相等的剩余价值或利润。但是,如果这两个资本所使用的活劳动的量不相等,那么,它们就不能生产相等的剩余价值,或如李嘉图派所说的利润。但是情况恰恰相反。实际上,等额的资本,不论它们使用多少活劳动,总会在相同时间内生产平均的相等的利润。因此,这就和价值规律发生了矛盾。李嘉图已经发现了这个矛盾,但是他的学派同样没有能够解决这个矛盾。洛贝尔图斯也不能不看到这个矛盾,但是他不去解决它,却把它作为他的乌托邦的出发点之一(《认识》第131页)。[③] 马克思在《批判》手稿中,已经解决了这个矛盾;按照《资本论》的计划,这个问题要在第三卷来解决。第三卷的出版,还要过几个

[①] 我在撰写本文时参考并多处引用了 M.C.霍华德和 J.E.金合著的《马克思主义经济学史,第一卷,1883—1929》(M.C. Howard and J.E. King, *A History of Marxian Economics*: *Volume I, 1883—1929*, Macmillan Education Ltd., 1989)前三章(第3—64页)的一些资料,为简捷计,恕不一一注明。

[②] 晏智杰:《劳动价值学说新探》,北京大学出版社2001年初版,同年12月增补重印版。

[③] 指洛贝尔图斯的著作:《关于我国国家经济状况的认识》,1842年版。

月。因此,那些想在洛贝尔图斯那里发现马克思的秘密源泉和把洛贝尔图斯看做马克思的一个卓越先驱者的经济学家们,在这里有机会可以表明,洛贝尔图斯的经济学到底能够提供什么。如果他们能够证明,相等的平均利润率怎样能够并且必须不仅不违反价值规律,而且反而要以价值规律为基础来形成,那么,我们就愿意同他们继续谈下去。不过他们最好是快一点。这个第二卷的卓越研究,以及这种研究在至今几乎还没有人进入的领域内所取得的崭新成果,仅仅是第三卷的内容的引言,而第三卷,将阐明马克思对资本主义基础上的社会再生产过程的研究的最终结论。等到这个第三卷出版的时候,洛贝尔图斯这个经济学家,就用不着再提了。"①

可以看到,恩格斯这时已肯定马克思"已经解决了这个矛盾",并预计包含解决该问题方案的《资本论》第三卷再过几个月即可问世。我们知道,由于各种可以理解的原因,恩格斯的这个预言十年后才得以实现。在此期间,德国著名社会民主党活动家康拉德·施米特曾询问过上面提到的这些问题,他写信告知恩格斯,社会主义运动内外对这个问题的兴趣与日俱增,并建议事先在《新时代》上刊载《资本论》第三卷的有关章节。他对恩格斯说:"我认为这样做对(社会主义)初学者大有好处,也有利于封住那些无耻教授之口。"② 但恩格斯没有满足这个要求,他直截了当地回答说:"单独刊印关于利润率的那一篇,而不刊登其余各篇,当然不行。你知道,马克思的东西都是相互密切联系着的,任何东西都不能从中单独抽出来。"③

在这以前,俄国经济学家丹尼尔逊对此问题曾表示关注,恩格斯的回答同上述(后来的)回答是一样的:"您第一封信里关于剩余价值率和利润率的关系的论断非常有意思,并且毫无疑问,对统计材料的分类很有价值……但是这不是我们的作者(马克思)用来解决问题的途径。您的公式的前提似乎是每个企业主都得到从生产过程中攫取的全部剩余价值。但是,在这种前提下,商业资本和银行资本就不能存在,因为他们不会产生任何利润。可见,企业主的利润不可能是他们从自己工人身上榨取的**全部**剩余价值。另一方面,您的公式**可能**对于在一般利润率和平均利润率的条件下大概地计算各个不同工业部门中各种资本的构成是有用的。我说**可能**,是因为我现

---

① 《马克思恩格斯全集》第24卷,人民出版社1972年版,第24—25页。
② 《施米特致恩格斯》(1892年7月13日), quote from M.C. Howard and J.E. King, *A History of Marxian Economics: Volume I, 1883—1929*, Macmillan Education Ltd., 1989, p.24。
③ 《恩格斯致施米特》(1892年9月12日),见《马克思恩格斯〈资本论〉书信集》,人民出版社1976年版,第537页。

在手头没有材料能够让我检验您所推断的理论公式。"① 可见,恩格斯早已明确指出马克思的思路不是以每个企业主都得到从生产过程中攫取的全部剩余价值为前提的,否则(如果这个前提成立)就意味着商业资本和银行资本不能存在。

《资本论》第三卷出版前的各种理解及恩格斯的评论

《资本论》第三卷问世前,不仅有过施米特和丹尼尔逊等人同恩格斯的通信,讨论如何认识价值与价格的背离问题,而且也已经有学者就此公开发表意见了,1894年恩格斯在《资本论》第三卷序言中对这些不同意见逐一作了评论或回答。

最早的一个是德国经济学家威·勒克西斯,他在1885年《康拉德年鉴》第11期上撰文评论《资本论》第二卷时指出:"如果我们对不同种类的商品**单个地**进行考察,如果它们的价值必须等于它们的交换价值,而它们的交换价值必须等于它们的价格,或必须和它们的价格成比例,那个矛盾(即李嘉图—马克思的价值规律和相等的平均利润率之间的矛盾)就不可能解决。"② 恩格斯指出,他在这里"提出了这个问题,虽然他不想给予直接解决"。③

勒克西斯认为,这个矛盾只有在以下的场合才可能解决,那就是:"放弃用劳动来计量各种商品价值的做法,而只考察商品生产的**整体**,只考察它在整个资本家阶级和整个工人阶级之间的分配……工人阶级从总产品中只获得一定的部分……落到资本家手里的另一部分,照马克思说来,形成剩余产品,也就是……剩余价值。然后,资本家阶级的各个成员把这全部剩余价值在他们自己中间进行分配,但**不是**按照他们所使用的工人的人数,而是按照各人所投的资本的量进行分配;而且把土地也作为资本价值计算在内。"马克思所说的由体现在商品中的劳动单位决定的观念价值,和价格并不一致,但可以"看做是一个移动的起点,由此达到实际价格。实际价格则以等量资本要求等量利润为条件"。因此,有些资本家出售他们的商品时会得到高于观念价值的价格,另一些资本家出售他们的商品时会得到低于观念价值的价格。"但因为剩余价值的损益会在资本家阶级内部互相抵消,所以,剩余

---

① 《恩格斯致丹尼尔逊》(1888年10月15日),见《马克思恩格斯〈资本论〉书信集》,人民出版社1976年版,第484—485页。
② 转引自:《马克思恩格斯全集》第25卷,人民出版社1974年版,第12页。
③ 《马克思恩格斯全集》第25卷,人民出版社1974年版,第12页。

价值的总量同一切价格都和商品的观念价值成比例时一样。"①

恩格斯评论道："我们看到,问题在这里远没有得到解决,尽管已经含糊地、肤浅地,然而大体上正确地被**提出来了**。"② 这就是说,勒克西斯正确地预计到,要解决在平均利润率条件下"李嘉图—马克思的价值规律与实际价格形成之间的矛盾",惟一可能的解决办法是承认价格与价值的分离,承认剩余价值从使用相对较多劳动力的资本家转向使用相对较少劳动力的资本家。他甚至还认识到价值与价格的系统背离及其与每个工业资本有机构成的关系,以及总剩余价值等于总利润。这些思路同马克思的理论是类似的,但是勒克西斯的办法以放弃劳动价值论为前提。

在放弃劳动价值论的前提下,他提出了对资本利润的另一种解释。"资本主义的出售者、原料生产者、工厂主,批发商、零售商,由于每个人都高于买价出售,因而都按一定的百分比提高商品本身的成本价格,都能从他们的营业中获得利润。只有工人不可能实行类似的追加价值的办法。工人在资本家面前所处的不利地位,使他只好按照等于劳动本身费用的那种价格出卖劳动,也就是为了必要的生活资料而出卖劳动……因此,这种价格追加对于那些作为买者的雇佣工人来说,具有十分重要的意义,并且使总产品的一部分价值转移到资本家阶级手中。"③ 恩格斯在评论这段话时指出："不用多动脑筋,就可以看出:这种对于资本利润所作的'庸俗经济学'的说明,实际上会和马克思的剩余价值理论得出相同的结果;勒克西斯所说的工人所处的'不利地位',完全和马克思所说的一样;工人都是受欺诈的,因为每个非工人都可以高于价格出售,而工人则不能……但是实际上,这个理论不过是对马克思理论的一种改写。这全部追加的价格来自什么地方呢? 来自工人的'总产品',而且因为'劳动'这种商品,或者用马克思的话来说,劳动力这种商品,必须低于价格出售……如果这是他的见解,那就很清楚,我们这里碰到的并不是一个普通的庸俗经济学家,即像他自己所说的,在马克思的眼中'充其量不过是一个毫无希望的白痴'的那种人;而是一个伪装成庸俗经济学家的马克思主义者。"④

下一位是康拉德·施米特博士,他在博士论文《在马克思的价值规律基

---

① 这一段(含引号外的连接语句和叙述语句)转引自:《马克思恩格斯全集》第25卷,人民出版社1974年版,第13页。
② 《马克思恩格斯全集》第25卷,人民出版社1974年版,第13页。
③ 同上。
④ 同上书,第14页。

础上的平均利润率》(狄茨出版社1889年斯图加特版)①中提出了自己的看法。恩格斯说他是"第一个真正试图回答问题的人",并对施米特博士的见解作了如下转述:"施米特试图把形成市场价格的细节既同价值规律又同平均利润率协调起来。产业资本家从他的产品中首先得到他的预付资本的补偿物,然后又得到他没有支付任何报酬的剩余产品。但是,要得到这个剩余产品,他必须把他的资本预付到生产中;也就是说,他必须使用一定量的物化劳动,才能占有这个剩余产品。因此,对资本家来说,他的这种预付资本就是他为了获得这个剩余产品而付出的社会必要的物化劳动的量。这一点也适用于其他每个产业资本家。因为按照价值规律,产品是按照生产产品的社会必要劳动的比例来互相交换的,并且因为对资本家来说,制造他的剩余产品的必要劳动,就是那种已经积累在他的资本中的过去劳动,所以,剩余产品是按照生产它们所必需的资本的比例来互相交换的,而不是按照**实际**体现在它们里面的劳动的比例来互相交换的。这样,每个资本单位所应得的份额,就等于生产出来的全部剩余价值的总和除以所使用的资本的总和。因此,相等的资本在相等的期间内会提供相等的利润,而达到这一点的方法是,把剩余产品的这样计算的成本价格即平均利润,加到那个有酬产品的成本价格上,并按照这个已经提高的价格来出售这两个产品,即有酬产品和无酬产品。这样,尽管施米特认为单个商品的平均价格是按照价值规律决定的,但平均利润率还是形成了。"②

恩格斯对施米特的上述论证分析道:"这种构思非常巧妙,完全是按照黑格尔的模式作出的,但是它也和多数黑格尔式的构思一样,是不正确的。如果价值规律对平均价格也**直接**适用,那么,剩余产品同有酬产品就没有区别,两者都必须按照制造它们所需要的、已经消耗在它们上面的社会必要劳动来出售。价值规律从一开始就同那种由资本主义思想方法产生的见解相反。按照这种见解,构成资本的那种积累起来的过去劳动,不仅是一定数额的现成的价值,而且因为它作为生产和利润形成的因素,也形成价值,所以是比它自身更大的价值的源泉;价值规律则确认,只有活劳动才具有这种属性。资本家期望按照自己资本的量的比例来取得相等的利润,因而把他们预付的资本看做是他们利润的一种成本价格,这是大家知道的。但是,如果

---

① Schmidt, C., *Die Durchschnittsprofitrate auf Grundlage des Marx' schen Werthgesetzes*. Stuttgart, 1889.
② 转引自:《马克思恩格斯全集》第25卷,人民出版社1974年版,第15页。

施米特利用这个想法，借此来把那个按平均利润率计算的价格同价值规律协调起来，那么，他就把价值规律本身抛弃了，因为他把一种完全同价值规律相矛盾的想法，作为共同起决定作用的因素合并到这个规律中去了。

或者是，积累的劳动和活的劳动一起形成价值。如果是这样，价值规律就不适用了。

或者是，积累的劳动不形成价值。如果是这样，施米特的论证就同价值规律不相容。

施米特在问题已经临近解决的时候走上了这条岔路，因为他认为，他无论如何必须找到一个数学公式，来证明每一单个商品的平均价格是符合价值规律的……"①

可以看出，在恩格斯看来，(劳动)价值规律不能直接地适用于平均价格或生产价格，更不能将资本或积累劳动解释为价值的源泉，从而将积累劳动同活劳动都看做是价值的源泉，否则就把价值规律本身抛弃了。

另据《马克思主义经济学史》，施米特提出了两种不同的思路。一种思路是：施米特一开始将总产品分为两部分，一部分是进行生产所需要的产品，表现为不变和可变资本，另一部分是剩余产品。关键问题是如何决定剩余产品的售价。相等利润率的形成使每个资本家的剩余产品价格必须与其预付资本成比例，而不能同包含其中的劳动量成比例。施米特坚持说这同马克思所说的劳动价值量并不矛盾。他指出，只有社会必要劳动创造价值；体现在剩余产品中的劳动不是社会必要劳动；因而这种劳动不能决定它的价值。施米特在这里显然误解了马克思，马克思从未将为积累而进行的生产视为非生产活动，从未认为这些部门的劳动不属于决定价值的劳动之列。另外，前面引述的施米特的说法是将资本化作积累劳动，而且是为获得剩余价值所必要的劳动，现在他又说体现在剩余产品中的劳动不是社会必要劳动了。

但施米特没有到此为止，他又提出了另一种完全不同的思路和解法。他首先将平均利润率定义为：

---

① 《马克思恩格斯全集》第25卷，人民出版社1974年版，第15—16页。恩格斯还指出："在以后的一篇文章中(《新时代》1892—1893年第3期和第4期)，施米特试图用另一种方法来解决问题。这种方法可以归结为：平均利润率是由于竞争形成的，因为竞争使资本由利润不足的生产部门转移到有超额利润的生产部门。竞争是利润平均化的重大原因这种看法，并不是什么新东西。但是，施米特试图证明，利润的这种平均化就是，生产过多的商品的出售价格归结为社会按价值规律而为这种商品支付的那种价值尺度。为什么这样做也不能达到目的，这从马克思在本卷所作的说明中可以看得很清楚。"(同上书，第17页)

$$\frac{\Sigma m}{\Sigma(c+v)}$$

这里 Σm 表示总剩余价值, $\Sigma(c+v)$ 表示所使用的总资本,即不变资本和可变资本之和。然后,施米特指出,单个资本家获得的利润得自一般利润率和所使用的资本量。即:

$$\frac{\Sigma m}{\Sigma(c+v)}(c+v)$$

这就可以得出剩余产品的交换价值及其价格,即以货币表示的交换价值。但不变资本和可变资本的价格的决定就不同了,因为施米特认为其价格是由其中所包含的劳动量决定的。

施米特举例如下:假定生产 100 单位某种商品,其中 50 单位代表资本家的不变资本和可变资本,其余 50 单位构成剩余产品。第一部分的价值(以黄金表示)是 £500,或每单位 £10。施米特又假定所用掉的资本价值是 £400(暗含平均周转期小于一年),平均利润率是 20%。这样,资本家的利润是 £400 的 20%,或 £80。这也就是 50 单位商品的价格,它代表剩余产品;每单位剩余产品的价格是 £1.6。全部产品售价是 £(500+80)= £580,比其价值要小(100 × £10 = £1000),同样每单位产品的价格(£5.8)也小于其价值(£10)。然而,如果考虑年国民产品或所有的个别商品额,则这个差额就消失了。施米特断言,第一部分产品的价值和价格是一致的,它表示资本家在不变资本和可变资本上所花的费用;总利润和总剩余价值也是相等的。总之,所有商品的价格等于其价值。他最后还反驳了以下两点异议:即认为个别资本家并不知晓一般利润率,因而也不可能在定价时对它加以利用;一般利润率是竞争以一种纯粹机械的和无意识的方式建立起来的。施米特认为这些都无关紧要,因为不变资本和可变资本投入以其均衡价格售卖,而不是以其价值售卖,因而据此反驳他的结论是不合理的。总的来说这些量是相等的:预付总资本的价格必定等于其价值。上述反对意见是不正确的,因为利润率水平

$$\frac{\Sigma m}{\Sigma(c+v)}$$

仍然不变,不管是从其货币形式来看,还是从其商品—资本形式来看,都是一样。

对于施米特的这一番解释,《马克思主义经济学史》的两位作者有如下公允的评价:"施米特的论述是混乱和见识的奇怪混合体。他的论据显然是

不能令人满意的,不论是分辨同种商品的不同价格,还是(在他的数例中)对孤立状态下单个工业的处理,以及无中生有地摘取一般利润率……不过他的解法同他先前的那个错误论断不相干(他没有公开放弃),即:体现在剩余产品中的劳动不是社会必要的。他后面这个解法包含着马克思《资本论》第三卷的三个核心论点。第一,施米特确认,个别资本家的利润等于所用资本与一般利润率的乘积。第二,他坚持认为总剩余价值等于总利润,总价格等于总价值。第三,他显然(尽管不明确)认为价值计算优先于一般利润率。他的主要缺点是未能将产出和投入都转化为价格,不过这也是马克思分析的缺点。"[1]

施米特的批评者是纽约的一位医生乔治·斯蒂贝林,他在1890—1894年间发表了三本谈论价值转形问题的小册子。斯蒂贝林争辩说,有机构成不同的等量资本还是能生产等量价值和剩余价值。有机构成越高,劳动生产率越高,剥削率也越高。一种相等的利润率,通过不相等的剥削率,就能面对不同的有机构成而保持不变。他进而引述了美国1880年后的生产统计资料,说明有机构成高的工业倾向于具有较高的剥削率,反之亦然。他引述了两个具有相同利润率(大约9%)的工业:粗盐业,有机构成是6.53,剥削率是0.58;造船业则分别是1.56和0.14。接下来斯蒂贝林列举了全部29个工业的有机构成(定义为总资本与可变资本之比),并将它们分为两组。前14个工业的平均有机构成是5.50,平均剥削率是1.38,平均利润率是25.1%。后14个工业的相应数字是2.58、0.57和22.1%。可是,问题在于这是价格而不是价值。斯蒂贝林的暗含前提是个别价格等于价值,这是整个问题的一个基本误解。他对均衡状态的计算依其定义倒是对的:但他没有解决问题,而是取消了问题。

恩格斯对斯蒂贝林作了如下评述:"纽约的乔治·斯蒂贝林医学博士先生,也发现了问题的答案,并且是一个极其简单的答案。因为它是这样简单,所以在大洋两岸都没有人愿意予以承认。对此他非常恼火,于是写了数不尽的小册子和报刊文章,在大洋两岸极其痛苦地诉说不平。虽然有人已经在《新时代》上指出他的全部答案是以一个计算上的错误为基础的,但他毫不在乎,说什么马克思也曾有过计算上的错误,但是在许多事情上是正确的。那么,就让我们看一下斯蒂贝林的答案吧。

---

[1] M.C. Howard and J.E. King, *A History of Marxian Economics*: *Volume I*, *1883—1929*, Macmillan Education Ltd., 1989, p.28.

'假定有两个工厂,用相同的资本进行相同时间的作业,但不变资本和可变资本的比率不同。假定总资本$(c+v)=y$,再用x来表示不变资本和可变资本比率上的差。对工厂 I 来说,$y=c+v$,对工厂 II 来说,$y=(c-x)+(v+x)$。因此,工厂 I 的剩余价值率$=m/v$,工厂 II 的剩余价值率$=m/v+x$。我把总资本y或$c+v$在一定时间内所增殖的全部剩余价值(m)叫作利润(P),就是说$p=m$。这样,工厂 I 的利润率是$=p/y$或$m/c+v$;工厂 II 的利润率同样是$=p/v$或$m/(c-x)+(v+x)$,即同样是$m/c+v$。因此,这个……问题就这样得到了解决:在价值规律的基础上,在资本相等,时间相等,但活劳动的量不等时,由于剩余价值率的变动,会产生出一个相等的平均利润率。'(乔治·斯蒂贝林《价值规律和利润率》,纽约约翰·亨利希版)"

恩格斯在作了上述引述之后,接着说:"尽管以上的计算很巧妙,很清楚,但我们还是不得不向斯蒂贝林博士先生提出一个问题:他怎么知道工厂 I 生产的剩余价值总量恰好等于工厂 II 生产的剩余价值总量?关于c、v、y和x,也就是关于计算上的其他一切因素,他清楚地告诉我们说,它们对这两个工厂来说都是相等的,但关于m却只字不提。但是无论如何不能因为他用代数符号m来代表这里的两个剩余价值量,就得出它们是相等的。相反的,因为斯蒂贝林先生直接把利润p和剩余价值等同起来,所以这一点正好是他应当加以证明的。这里只可能有两种情况:或者是,这两个m相等,每个工厂生产同样多的剩余价值,因此在总资本相等时,也生产同样多的利润量,如果是这样,斯蒂贝林先生就是从一开始把他应当证明的事情当做前提了;或者是,一个工厂比另一个工厂生产更多的剩余价值,如果是这样,他的全部计算就站不住脚了……"。①

苏黎世大学经济学教授尤利乌斯·沃尔弗看来不知道斯蒂贝林的著作,但他提出了很相似的论证。沃尔弗指出,对马克思来说,劳动生产率的增加和资本有机构成的提高是联系在一起的。商品(包括劳动力)价值与劳动生产率反相关,剩余价值与生产率则直接相关。因而,"依据马克思的理论,甚至按照马克思自己的说法,问题已经解决了:不变资本的增加以劳动生产率的增加为前提。但因为生产力的这种增加(由于使生活资料便宜)会引起剩余价值的增加,所以,在不断增加的剩余价值和总资本中不断增加的不变资

---

① 《马克思恩格斯全集》第25卷,人民出版社1974年版,第24—26页。

本之间就形成直接的关系。"[①]

沃尔弗的例证如下（表 2.1）：

表 2.1

	不变资本 c	可变资本 v	剩余价值 s	总价值 $c+v+s$	剥削率(%) s/v	利润率(%) $s/c+v$
资本 I	5	5	1	11	20	10
资本 II	10	5	1.5	16.5	30	10

从表中可以看出，资本 II 的有机构成较高，劳动生产率较高，剩余价值较多，剥削率也高，利润率则同于资本 I，而资本 I 的其他情况却相反。商品价值继续取决于体现在商品中的劳动量，因而"价值规律没有受到损害"。马克思并没有自相矛盾。相反，马克思的解答倒是马克思的资本主义经济批判体系的锐利性和富于远见的新例证。沃尔弗最后说，这整个问题不过是一种虚构，它的出现是出自恩格斯的混乱，这种混乱损害了先前提出的解决问题的各种尝试，也延迟了《资本论》第三卷的出版。应当说，沃尔弗与斯蒂贝林一样回避了问题，没有解决问题。

恩格斯嘲讽沃尔夫说："凡是有机会出丑的时候，总是少不了苏黎世的尤利乌斯·沃尔夫教授先生。他告诉我们说（《康拉德年鉴》第 3 辑第 2 卷第 352 页及以下各页），整个问题要由相对剩余价值来解决。相对剩余价值的生产以不变资本比可变资本的相对增加为基础。'不变资本的增加以工人的生产力的增加为前提。但因为生产力的这种增加（由于生活资料便宜）会引起剩余价值的增加，所以，在不断增加的剩余价值和总资本中不断增加的不变资本之间就形成直接的关系。不变资本的增加，表示着劳动生产力的增加。因此，在可变资本不变而不变资本增加时，剩余价值必然增加，这和马克思所说的一致。摆在我们面前的就是这样的问题'。"恩格斯接着指出："尽管马克思在第一卷的上百个地方说了正好相反的话，尽管这种断言，即硬说马克思认为在可变资本减少时相对剩余价值的增加和不变资本的增加成正比，令人如此吃惊，以致无法用任何议会辞令来形容；尽管尤利乌斯·沃尔弗先生写下的每一行都证明，无论是相对地说还是绝对地说，他既毫不理解绝对剩余价值，也毫不理解相对剩余价值；尽管他自己也说：'乍一看来，好像在这里我们真是处在一大堆的不合理现象中'……但是，这一切又有什

[①] M.C. Howard and J.E. King, *A History of Marxian Economics*: Volume I, 1883—1929, Macmillan Education Ltd., 1989, pp.29—30.

么关系呢?"①

《马克思主义经济学史》作者指出,意大利学者阿基尔·洛里亚提交的东西没有什么实质意义,之所以值得注意,只是因为恩格斯对他作过刻薄的反应。洛里亚在1884年指出,平均利润率和有机构成不等之间显然不可解决的矛盾是整个马克思体系的主要弱点。1890年他在评述施米特的著作中提出了他自己的据说是经过认真考虑的"解答"。他的解答可以汇总如下(表2.2):②

表 2.2

	不变资本 c	可变资本 v	剩余价值 s	总资本 $c+v$	利润率(%) $s/c+v$	利息	工业利润	工业利润率(%)	货币资本家的利润率(%)
资本家 A	0	50	50	50	100	40	10	20	
资本家 B	100	50	50	150	33.3	20	30	20	
资本家 C	200	50	50	250	20	0	50	20	
总计	300	150	150	450		60	90		
资本家 D				300		60			20

这里有三个资本家(A、B、C),他们的资本有机构成各不相同,剥削率一样,没有非工业资本介入时,他们可以获得不同的利润率。由于他们必须从剩余价值中支付利息给货币资本家D,所以他们余下的工业利润就同他们所使用的资本额成比例,这就建立起了一个统一的利润率,这个利润率也等于货币资本家D的利润率。洛里亚在这里提出了一个奇怪的假定,即:利息额与所使用的资本额成反比,但他没有解释为什么会这样。

在对洛里亚所作的毫不留情的评论中,恩格斯首先揭露和批驳了洛里亚对马克思历史唯物主义的伪造和歪曲;批驳了洛里亚所谓马克思的全部理论是建立在自觉的诡辩上的污蔑;然后转到利润率问题。恩格斯说,洛里亚声称,马克思的剩余价值理论是同利润率普遍相等这个事实绝对不能相容的,然后提出了他自己的解决办法,这个办法的实质是用所谓"非生产资本"即商业利润对工业资本家强行索取利润来说明一般利润率的形成。洛里亚说:"因为价值由劳动时间决定这件事会使那些以较大部分资本投在工资上面的资本家得到利益,所以,非生产(应当说商业)资本能够从这种受益的资本家那里强行索取较高的利息(应当说利润),因而在各个工业资本家

---

① 《马克思恩格斯全集》第25卷,人民出版社1974年版,第19页。
② M.C. Howard and J.E. King, *A History of Marxian Economics: Volume I, 1883—1929*, Macmillan Education Ltd., 1989, p.32.

中间造成一种均等现象……比如说,如果工业资本家 A、B、C 在生产中各使用 100 个工作日,而使用的不变资本分别是 0、100 和 200,并且 100 个工作日的工资包含着 50 个工作日,那么,每个资本家就得到 50 个工作日的剩余价值,利润率对 A 来说是 100%,对 B 来说是 33.3%,对 C 来说是 20%。但是,如果第四个资本家 D 积累了 300 非生产资本,凭此向 A 抽取 40 个工作日的价值,向 B 抽取 20 个工作日的价值作为利息(利润),资本家 A 和 B 的利润率就都会下降到 20%,和 C 的一样了。D 有资本 300,获得利润 60,这就是说,利润率也是 20%,和其他几个资本家一样。"① 恩格斯指出,这实际上是说商人向工业家征收一种同地租完全类似的赋税,并因此形成平均利润率。可惜,他没有说明这种"非生产资本"究竟从何处得到权力能够办到这一点。恩格斯斥责洛里亚不过是一个自觉的诡辩家、谬论家、吹牛家和江湖骗子。

更有意义的贡献来自一位俄裔犹太美国人、化学家彼·法尔曼。同他的许多同时代俄国人一样,法尔曼受到李嘉图理论的强烈影响。他区分了构成商品价格的两种要素:一个是商品价值,这是由体现在商品中的劳动量决定的"构成要素";另一个是分配要素,表现资本家和土地所有者分配产品的要求。法尔曼坚持认为,总的来说,价值一定等于价格,因为社会财富由包含在商品中的人类劳动量所构成:"两个交换的商品中,必有一个的价格升到它的价值之上,其大小恰如另一个的价格跌落到它的价值之下。反之亦然。"② 只是因为分配要素造成了这种背离。法尔曼否认施米特的解答,后者是非马克思主义的,因为它否认价值规律适用于剩余产品。他也反对沃尔弗的结论,该结论与马克思的理论是抵触的,即认为价值量会随劳动生产力的提高而提高。法尔曼很了解价格、价值和各部门资本有机构成之间的关系。

他说:"如果利润是剩余价值的一种形式,那么为什么剩余价值量取决于工人人数,而利润量却与它不相干呢?这只是因为投资生产资料的资本与投资工资的资本的比例(或如马克思所说,不变资本和可变资本之比,$c:v$)最大的一切生产部门,商品高于它的价值出售,这也就是说,在不变资本和可变资本的比率最小的那些生产部门,商品低于它们的价值出售,只有那

---

① 转引自:《马克思恩格斯全集》第 25 卷,人民出版社 1974 年版,第 22—23 页。
② M.C. Howard and J.E. King, *A History of Marxian Economics: Volume I, 1883—1929*, Macmillan Education Ltd., 1989, p.33.

些 c 和 v 的比率代表一个平均数的部门,商品才按照它的真正价值出售。"[1]法尔曼继续说,这不是价值规律的矛盾,因为总价格仍然等于总价值。个别价格和价值的背离不过是竞争引起的一种干扰。"不过,在精确科学上,人们从来不把可以估计到的干扰看成是对一个规律的否定。"[2]

恩格斯认为:"法尔曼在这里实际上已经接触到了问题的关键。但是,他的这篇如此重要的论文所受到的不应有的冷遇却证明,法尔曼甚至在这种发现以后,仍然需要有许多中间环节,才能十分明确地解决这个问题。"[3]显然恩格斯对法尔曼的尝试比较赞许。[4]

施米特起初对法尔曼没有什么印象,在与恩格斯通信后,施米特缓和了他对法尔曼的批评,但仍然否认这个俄国人对勒克西斯的先驱性论文增加了什么新东西。我们对这个估价还有许多话可说。法尔曼补充了勒克西斯所强调的总价格与总价值的相等(后者强调的是总利润与总剩余价值相等),不过他对有机构成和价值与价格相背离之间关系的分析还是有欠严密。与勒克西斯不同,法尔曼提出了一个粗糙的转形数例,还暗示将他的解答推广到包括地租和利润在内,但所有这些都没有得到很好的发挥,此外,在获利性与使用资本的关系问题上,法尔曼比施米特谈的更少。

慕尼黑的 J. 莱尔教授于 1886 年发表了对《资本论》第一卷的长篇评论。[5]他驳斥了施米特的自相矛盾和混乱的分析,也拒绝了沃尔弗的论断,即对马克思来说,不同生产率创造了不同的价值。莱尔论文的最重要的部分是对该问题所作的代数公式表述,这些表述在一定程度上预示了后来德米特里也夫和鲍尔特基维茨等人所用的数理分析。莱尔以 $k_1, k_2 \cdots$ 和 $v_1, v_2 \cdots$ 分别表示工业 1 和工业 2 所使用的不变资本和可变资本,用 $m_1, m_2 \cdots$ 表示剩余价值。整个经济的相关总量表示为 K, V 和 M。他采纳马克思的立场,将利润率表示为 $m/c + v = r$。"各单位的交换价值"表示为 $t_1, t_2 \cdots$ (它们其实就是鲍尔特基维茨的价格—价值比率,表示生产价格与价值的比率)。

---

[1] M.C. Howard and J.E. King, *A History of Marxian Economics*: Volume I, 1883—1929, Macmillan Education Ltd., 1989, p.33.

[2] Ibid.

[3] 《马克思恩格斯全集》第 25 卷,人民出版社 1974 年版,第 18 页。

[4] 1895 年 3 月 11 日恩格斯致施米特的信中再次评论到法尔曼的论点。

[5] M.C. Howard and J.E. King, *A History of Marxian Economics*: Volume I, 1883—1929, Macmillan Education Ltd., 1989, pp.34—35.

莱尔列出以下方程式：

$$m_1 + m_2 + m_3 + \cdots = M \qquad (2.1)$$

$$t_1 m_1 + t_2 m_2 + t_3 m_3 \cdots = M \qquad (2.2)$$

$$k_1 + v_1 + k_3 + v_2 + k_3 + v_3 \cdots = K + V \qquad (2.3)$$

$$\begin{aligned}(k_1 + v_1)r &= t_1 m_1 \\ (k_2 + v_2)r &= t_2 m_2 \cdots\end{aligned} \qquad (2.4)$$

$$\begin{aligned}k_1 + v_1 + m_1 &= (k_1 + v_1)(1 + r) \\ k_2 + v_2 + m_2 &= (k_2 + v_2)(1 + r) \cdots\end{aligned} \qquad (2.5)$$

方程(2.1)和(2.2)表示总剩余价值等于总利润。方程(2.3)是纯定义。方程(2.4)和(2.5)试图将每个部门的价值和利润、价值和生产价格联系起来，但并不成功。因为它们假定每个部门的价值和价格相等，这是严重的缺陷。不过，尽管没有明说，莱尔实际上以方程(2.2)和(2.4)提出了一种 $n+1$ 个方程和 $n+1$ 个未知数 ($t_1, t_2, t_3, \cdots, t_n, r$) 的模式，其中，有一个约束内生变量的等式，这同鲍尔特基维茨惊人的类似。实际上莱尔的惟一直接结论是：

$$t_1 = t_2 = t_3 = \cdots = t_n = 1$$

如果资本有机构成在所有工业中都一样的话。此外，莱尔没有指出马克思主义的原理是：当资本有机构成高于或低于社会平均构成时，t_i 就会大于或小于两者的等值，但是他提供了一个数字例证，其中暗含了两者的相等。

不过莱尔没有推进他的分析。如果他试图解出 t_i 和 r，那么，他的方程未能说明价值数据和价格—利润变量的关系这一点就清楚了，从而会提醒他需要一种更激进的转变。这可能由于他缺乏必要的数学能力，也许更重要的恐怕是他缺乏一种动机。他自称"庸俗经济学家"，对马克思的劳动价值论缺乏同情，也不可能有为该理论的主要分析问题之一寻求一种答案（局部的也罢）的热情。他的论文贯穿着对劳动价值论的批判，其中一些调门还是很现代的。莱尔反对这么一种说法：只有在缺乏技术进步，随着时间推移所需要的劳动较少的条件下，历史上物化劳动和现实的必要劳动才是一个相同的量；他也反对这种说法：可供选择的生产方法的存在（例如使用不同肥沃程度的土地）使"必要劳动"概念变得模糊起来；还有下述说法：几乎所有直接、间接维持现存制度的人类活动都是必要的，因而从资本主义社会的观点来看，整个来说，事实上所有的劳动都是必要的，没有什么剩余。所有这些论点没有一个与转化问题相关，但是，它们大大越出了标准的现代新古典派的马克思批判家，并且预示了一些只有在斯拉法《用商品生产商品》之后才能出现的考虑。

恩格斯在《资本论》第三卷序言用了大部分篇幅评估了上述各个人物的观点(莱尔除外)。他称赞了勒克西斯、施米特和法尔曼,不同程度地揭露、嘲讽和批判了沃尔夫、洛里亚和斯蒂贝林。恩格斯最后说:"全部研究的结果是:甚至在这个问题上,也只有马克思学派才取得了一些成就。如果法尔曼和康拉德·施米特读到这个第三卷,他们就会对于他们各自的那部分工作感到完全满意了。"①

以上回顾表明,《资本论》第三卷问世以前,勒克西斯、施米特和法尔曼已经对它作了许多预测,其中有的已经相当接近于马克思的思路了;其他三人也企图解决价值与价格的背离问题,但他们的思路与马克思的大相径庭,因而受到恩格斯的无情批判。恩格斯完全接受马克思的解决办法,并依此为据分析和批判上述各种观点。一个值得注意的事实是,这时人们关注的是如何解决劳动价值和价格的背离问题,还没有人看到马克思价值转形论在计算方法或观点上的缺陷。

对《资本论》第三卷的最初反应和恩格斯的《增补》

《资本论》第三卷问世后的最初反应,恩格斯在《〈资本论〉增补》(写于1895年5月)中谈的是洛里亚、桑巴特和施米特等人,《马克思主义经济学史》(1989年)未提洛里亚,但增加了缪尔夫特和勒克西斯。

让我们先评介恩格斯没有提及的两个人。一个是来自东普鲁士康宁斯堡的沃尔夫冈·缪尔夫特,《资本论》第三卷刚一问世,他就在《国民经济学杂志》上发表了一篇短文,评介他两年前送出的一篇论文《资本主义社会的价格和收入》,其中包含对转形问题的两个代数公式的表述(稍有差别)。他认为马克思在将不变资本和可变资本投入转化为生产价格时存在缺点。他自己的表述如下:以 a_1 表示商品 1 的劳动价值,以 x_1a_1 表示其生产价格;x_1 是价格与价值的比率,表示用劳动价值单位来衡量的价格。p 是一般利润率,x_0 是 $1/1+p$,商品 1 的马克思主义的"成本价格"(缪尔夫特称之为厂商 1 的"资本价格")可由 $x_0x_1a_1$ 给出。

假定有 n 个企业,每个企业生产不同的商品,他以 $a_{11}, a_{12}, \cdots, a_{1n}$ 表示生产一单位商品 1 所使用的商品 $1, 2, \cdots, n$ 的数量;以 $a_{21}, a_{22}, \cdots, a_{2n}$ 代表

---

① 《马克思恩格斯全集》第 25 卷,人民出版社 1974 年版,第 26 页。

用于生产一单位的商品 2 所使用的这些商品的数量;如此等等。用现代术语来说,这些就是每个厂商的列昂梯夫投入系数。缪尔夫特明确指出它们决定于"各个企业的技术"。缪尔夫特给出以下方程:

$$x_0 a_1 x_1 = a_{11} a_1 x_1 + a_{12} a_2 x_2 + \cdots$$
$$x_0 a_2 x_2 = a_{21} a_1 x_1 + a_{22} a_2 x_2 + \cdots$$
$$\cdots\cdots\cdots\cdots$$
$$x_0 a_n x_n = a_{n1} a_1 x_1 + a_{n2} a_2 x_2 + \cdots \tag{3.1}$$

左侧表示每种商品每一单位的成本价格,右侧表示生产这些商品所需投入的每单位价格(公式两边各乘以 $1/x = 1 + p$ 即可得出更常见的反映所有投入的均等化生产价格,该价格是以价格条件计算,并乘以 $1+$ 一般利润率)。缪尔夫特同马克思一样都忽略不变资本和和可变资本之间的差异,并将工人消费的商品看做类似于原料和机器的物质投入。这是讨论转型问题的现代数学方法的通用做法,而且易于修正以允许更正统的马克思主义公式表述。

缪尔夫特现有 n 个方程式,但未知数有 $n+1$ 个(n 个价格—价值比率 $x_1, \cdots, x_n$,以 x_0 表示利润率)。他本可得出所必需的第 $n+1$ 个方程,或以总价值额 = 总价格额,或以总剩余价值 = 总利润。这需要他指明 n 商品的产出量,但他没有这样做。他还混同了马克思的两个不变条件,将 $\Sigma a = \Sigma \pi$ (后者表示生产价格额)写成:

$$(a_1 - a_{11} a_1 - \cdots - a_{1n} a_n) + \cdots + (a_n - a_{n1} a_1 - \cdots - a_{nn} a_n)$$
$$= (a_1 x_1 - a_{11} a_1 x_1 - \cdots) + \cdots + (a_n x_n - a_{1n} a_n x_n - \cdots)$$
$$\tag{3.2}$$

《马克思主义经济学史》的作者 M.C.霍华德和 J.E.金认为,这是一个非驴非马的公式。左边表示一单位每种商品所体现的剩余劳动量,右边表示相应的每单位产出利润。所以方程(3.2)实际上更接近第二个不变条件(总剩余价值 = 总利润),而不是更接近于第一个不变条件,不过为此还必须以每单位商品的剩余价值和利润乘以所生产的单位数。如以 X_1、X_2、$\cdots$、X_n 表示商品 1、2、$\cdots$、n 的产出,可得:

$$(a_1 - a_{11} a_1 - \cdots - a_{1n} a_n) X_1 + \cdots + (a_n - a_{n1} a_1 - \cdots - a_{nn} a_n) X_n$$
$$= (a_1 x_1 - a_{11} a_1 x_1 - \cdots) X_1 + \cdots + (a_n x_n - a_{1n} a_n x_n - \cdots) X_n$$
$$\tag{3.3}$$

这才是总剩余价值和总利润相等的(真正)条件。

同时,他们认为,尽管缪尔夫特的公式是失败的,但他的贡献富有原创性。缪尔夫特自信促进了古典派价值论与奥地利学派边际效用分析的综合,前者解释了"自然的"(即长期均衡)价格,后者则依据心理规律考虑了稀缺性对短期价格决定的影响。在这个限度内,他认为奥地利人的理论是最好的。"其错误在于试图将这种解释运用于自由竞争条件下自由地再生产商品的自然价格。我认为古典派和奥地利学派之间的矛盾不是不可调和的,这两个体系能以我所提出的方式结合起来。"他曾希望"专业界"能对他的分析表明态度,但这种希望落了空。"我特别希望看到马克思的著名解释者,如波恩斯坦、恩格斯和考茨基等人能以客观的形式发表他们的看法",[①]但这种情况也没有出现。我们可以补充说,如果恩格斯发表看法,那也必定是否定的,在恩格斯看来,古典派和奥地利学派是不可能调和的。

恩格斯在《资本论》第三卷序言中曾论及勒克西斯,但在《增补》中没有提及。据上述《马克思主义经济学史》说,勒克西斯在评论《资本论》第三卷时提出了更多的批评,他认为马克思对一般利润率形成的历史解说"完全站不住脚。利润率的均等化是资本主义生产的本质,从来也没有过资本主义生产方法和由资本的不同构成所引起的利润率仍不均等并存的社会条件。利润的均等化与资本主义生产方法是同步的,不可分割地联系在一起的;就像胚胎的发育一样,血液循环的发育与形体的发育是同步的。"[②]他认为马克思的"虚构的不真实的价值概念"[③]并没有增加我们对实际经济经验的知识。

现在我们来谈恩格斯提及的几个人。首先是"鼎鼎大名的洛里亚",我们记得恩格斯在《资本论》第三卷序言中曾猛烈地抨击过这个人,这次同样猛烈的抨击则是针对洛里亚对《资本论》第三卷的嘲笑和攻击而发的。同以前一样,洛里亚断言,"单是总价值这个概念,就已经是荒谬的,是胡说……是形容词的矛盾。"他还认为马克思的价值转形理论是"理论上重大的破产……科学上的自杀行为",等等。恩格斯没好气地斥之为"小妖",认为他将价值和价格等同起来,就是将价值概念化为乌有。[④]

其次是桑巴特。恩格斯对桑巴特的思路和论点作了如下评述:"威纳尔·桑巴特对于马克思体系的轮廓,作了大体上成功的描述。一个德国大学

---

① M.C. Howard and J.E. King, *A History of Marxian Economics*: *Volume I*, 1883—1929, Macmillan Education Ltd., 1989, p.57.
② Ibid., p.47.
③ Ibid.
④ 参阅:《马克思恩格斯全集》第25卷,人民出版社1974年版,第1008—1009页。

教授能够在马克思的著作中大体上看出马克思真正说的是什么,宣称对马克思体系的评论不应当是反驳——'让政治野心家去这样干吧'——而只应当是进一步的发展,这还是第一次。当然,桑巴特也在研究我们现在的题目。他研究了价值在马克思体系中具有什么意义的问题,并且得出了如下结论:价值在按资本主义方式生产出来的商品的交换关系中不会表现出来;价值在资本主义生产当事人的意识中是不存在的;它不是经验上的事实,而是思想上,逻辑上的事实;在马克思那里,价值概念按其物质规定性来说,不外是劳动的社会生产力是经济存在的基础这样一个事实的经济表现;价值规律最终支配着资本主义经济制度下的经济过程,并且对这种经济制度来说普遍具有这样的内容:商品价值是最终支配着一切经济过程的劳动生产力借以发挥决定性作用的一种特有的历史形式。——以上就是桑巴特的说法。这样理解价值规律对资本主义生产形式的意义,不能说不正确。但是,在我看来,这样理解未免太空泛了,还可以提出一个比较严密、比较确切的说法;我认为,这样理解并没有包括价值规律对于那些受这个规律支配的社会经济发展阶段的全部意义。"①

恩格斯此前在致桑巴特的信中已经表达了类似的看法,恩格斯说:"……不言而喻,我不能完全同意您对马克思观点的叙述……在我看来,这种叙述未免太空泛了:如果是我,我首先从历史上给予限定,强调它只适用于能够谈得上价值的那个社会经济发展阶段,即存在有**商品交换**,相应地也存在有商品生产的那些社会形态。原始共产主义不知道什么价值。其次,我认为还可以有一个概念更狭窄的说法。可是这样会使我们扯得太远。您所谈的基本上还是正确的……马克思从各别资本主义企业产生的各种数值 $m/c = m/c + v$ 得出一般的、相同的利润率时所借助的那些逻辑中间环节,单个的资本家是完全意识不到的……但这个过程是客观地、在事物中不知不觉地完成的……那末平均的过程事实上是怎样完成的呢?这是个特别有趣的问题,马克思本人对此谈得不多……可见这里还有一些工作要做,马克思自己在这部初稿中没有做完……在交换之初,当生产物逐渐变为商品的时候,交换大致是**按照它们的价值**进行的。在数量上比较两个物品的价值的惟一标准,是花费在它们上面的劳动。因此,那时价值曾经有其**直接的、现实的存在**。我们知道,在交换中,价值的这种直接存在就停止了,现在就不再有它了。而我认为,对您说来,不用费什么事就能看出(起码是大致看

---

① 《马克思恩格斯全集》第 25 卷,人民出版社 1974 年版,第 1011—1012 页。

出)那些将上述直接的、现实的价值导致资本主义生产形式下的价值的中间环节;后一种价值隐藏得很深,以致我们的经济学家能够满不在乎地否认它的存在。对这个过程做出真正历史的解释,当然要求认真的研究课题,而为此花费的全部心血将换来丰硕的成果;这样的解释也将是对《资本论》的宝贵补充。"① 我们知道最终做出补充的是恩格斯自己。

前述《马克思主义经济学史》对桑巴特的论点也作了大体相同的叙述。桑巴特指出,马克思是否想断言价值理论不仅具有分析意义,而且具有具体历史的依据,这从第三卷看不清楚。如果他是这个意思,那就涉及逻辑和经验的错误。桑巴特争辩说,价值是一个纯粹的理论概念,它既无必要也无可能同任何可见的历史情形相吻合,试图将它作这种应用势必同历史记录相抵触。最早的工业资本家是商人,对较高利润率的期望促使他们将其商业资本投向制造业。如果商品在资本主义发展的这个早期阶段一直按其劳动价值出售,那么资本有机构成最低的工业就会得到最高的利润率。然而,桑巴特指出,实际情况正好相反:最早形成资本主义生产关系的是在采矿业这样的工业,它们所使用的死劳动对活劳动的比例最高。断言在现代资本主义经济中利润率同有机构成反比例变动,这也是错误的。相反的情况倒是真的:最高利润率出现在化学、酿造和采矿这样一些有机构成相对较高的部门。决定资本主义工业利润率的是竞争程度,而不是不变资本与可变资本的比率。试图从价值转化为价格来说明价格形成的历史的理论是完全错误的,因为转化只是一种思维操作,而不是现实生活。桑巴特的结论是,除非恩格斯对马克思的意思作相反的理解,否则他必然以类似的立场解释马克思。他暗示说,如果马克思能活到准备第三卷问世,他很可能会澄清这些含糊不清之处。

最后说到施米特。他对第三卷的评论是直截了当和热情的,但在1895年3月1日致恩格斯的信中表达了严重的质疑。他感到不解的是,马克思没有为总价值等于生产价格总额提供必要的论证。他告诉恩格斯,在这种情况下,价值规律(如果将其视为调节交换的规律,而不仅仅是价值的定义)对我来说形同虚构,尽管它自然是不错的。相反,它是一个必要的虚构,一种为了实现无法达到的目标所作的假设。类似的必要虚构曾被用于数学,像恩格斯在《反杜林论》中所做的那样。假定没有总价值等于总价格的虚

---

① 《恩格斯致桑巴特》(1895年3月11日),见《马克思恩格斯〈资本论〉书信集》,人民出版社1976年版,第573—575页。

构,就不出一个基本规律:一般利润率取决于总剩余价值和预付总资本的比例。

3月12日恩格斯回复施米特,对施米特进行了耐心和善意的批评帮助,恩格斯指出,从施米特在利润率问题上走上岔路可以发现,他的思想表现出一种倾向,即陷入枝节问题而丢掉事物的总的概貌;恩格斯指出了这种倾向的方法论上的缘由,指出他把价值规律贬为一种虚构同这种倾向不无关系。恩格斯还指出,总利润和总剩余价值只能近似地符合,而总价格和总价值的符合,要不是经常地趋于统一而又经常与之背离的符合,也是完全不可能的。

恩格斯此后不久在《增补》中这样概括施米特的论点:"关于价值规律,施米特也有他的形式主义的见解。他把价值规律叫作为说明实际交换过程而提出的科学**假说**;这个假说甚至在表面上完全同它相矛盾的竞争价格的现象面前,也被说成是必要的理论上的出发点,是说明这些现象所必不可少的东西。他认为,没有价值规律,就不可能有对于资本主义现实的经济活动的任何理论认识。而在一封他同意我引用的私人信件中,施米特直接宣称资本主义生产形式内的价值规律是一种虚构,即使是理论上必要的虚构。但是我认为,这种理解是完全不正确的。价值规律对于资本主义生产来说远比单纯的假说——更不用说比虚构,即使是必要的虚构——具有更重要得多、更确定得多的意义。无论桑巴特还是施米特——至于那位大名鼎鼎的洛里亚,我在这里顺便提到他,只是把他当做一个可笑的庸俗经济学方面的标本——都没有充分注意到:这里所涉及的,不仅是纯粹的逻辑过程,而且是历史过程和对这个过程加以说明的思想反映,是对这个过程的内部联系的逻辑研究。"①

从以上论述可以看出,回答价值规律是否具有直接的现实性,是否能直接加以应用之类的问题,具有某种紧迫性。洛里亚的放肆攻击可以不足为虑,但桑巴特和施米特等人善意而不同的理解就不能不认真加以对待了,可以说这是恩格斯在《增补》中正面论述价值规律和利润率的直接动因。

恩格斯指出,马克思本人对这个问题的陈述显然仅是一个粗略轮廓,如果有机会,马克思无疑会大大加以发挥。恩格斯所说马克思"具有决定意义的"一段话是:"全部困难是由这样一个事实产生的:商品不只是当作**商品**来交换,而是当作**资本的产品**来交换。这些资本要求从剩余价值的总量中,分

---

① 《马克思恩格斯全集》第25卷,人民出版社1974年版,第1013页。

到和它们各自的量成比例的一份,或者在它们的量相等时,要求分到相等的一份。"马克思又说:"因此,商品按照它们的价值或接近于它们的价值进行的交换,比那种按照它们的生产价格进行的交换,所要求的发展阶段要**低得多**。而按照它们的生产价格进行的交换,则需要资本主义的发展达到一定的高度……因此,撇开价格和价格变动受价值规律支配不说,把商品价值看作不仅**在理论上**,而且**在历史上**先于生产价格,是完全恰当的。这适用于**生产资料归劳动者所有**的那种状态;这种状态,无论在古代世界还是近代世界,都可以在自耕农和手工业者那里看到。这也符合我们以前所说的见解,即产品发展成为商品,是由不同共同体之间的交换,而不是由同一共同体各个成员之间的交换引起的。这一点,正像它适用于这种原始状态一样,也适用于后来以奴隶制和农奴制为基础的状态,同时也适用于手工业行会组织,那时固定在每个生产部门中的生产资料很不容易从一个部门转移到另一个部门,因而不同部门的互相关系就好像不同的国家或不同的共产主义共同体一样。"①

恩格斯《增补》的其余部分就是以历史事实对马克思的论述加以解释。恩格斯指出,前资本主义生产者交换的东西相对较少,他们购买或交换的仅仅是手工业产品。"因此,中世纪的农民相当准确地知道,要制造他换来的物品,需要多少劳动时间。村里的铁匠和车匠就在他眼前干活……他们在生产这些产品时耗费了什么呢?劳动,而且只是劳动。他们为补偿工具、为生产和加工原料而花费的,只是他们自己的劳动力……在这里,不仅花费在这些产品上的劳动时间对相互交换的产品量的数量规定来说是惟一合适的尺度;在这里,也根本不可能有别的尺度……当时的人——不管是牲畜饲养者还是他们的顾客——肯定都已相当精明,在交换中得不到等价物,就不会把他们所耗费的劳动时间白白送给别人……总之,只要经济规律起作用,马克思的价值规律对于整个简单商品生产时期是普遍适用的,也就是说,直到简单商品生产由于资本主义生产形式的出现而发生变化之前是普遍适用的。在此之前,价格都以马克思的规律所决定的价值为重心,并且围绕着这种价值来变动,以致简单商品生产发展得越是充分,一个不为外部的暴力干扰所中断的较长时期内的平均价格就越是与价值趋于一致,直至量的差额小到可以忽略不计的程度。因此,马克思的价值规律,从开始出现把产品转化为商品的那种交换时起,直到公元 15 世纪止这个时期内,在经济上是普

---

① 《马克思恩格斯全集》第 25 卷,人民出版社 1974 年版,第 1013—1015 页。

遍适用的。但是,商品交换在有文字记载的历史之前就开始了。在埃及,至少可以追溯到公元前三千五百年,也许是五千年;在巴比伦,可以追溯到公元前四千年,也许是六千年;因此,价值规律已经在长达五千年至七千年的时期内起支配作用。"①

在说明劳动价值规律在简单商品生产条件下有其直接的现实性以后,恩格斯继续说,商人的入侵改变了所有这一切。"商人对于以前一切都停滞不变、可以说由于世袭而停滞不变的社会来说,是一个革命的要素。"起初商人资本家的利润专门来自海外贸易,他们最终作为承包人进入生产,以户外工作制度组织(例如)布匹的制造,并获得超过其商业利润以上的剩余价值。商人之间的竞争使每个部门内的利润率平均化。后来,随着工厂生产的出现,每个部门的不同利润率也都平均化了。实现这一点是通过"把一向阻碍资本从一个部门转移到另一个部门的绝大多数障碍清除掉。这样,对整个交换过程来说,价值转化为生产价格的过程就大致完成了。"下述事实又加快了这个进程:"占有超额剩余价值的各生产部门,也就是说,可变资本较多而不变资本较少,因而资本构成较低的各生产部门,按照它们的性质来说,恰恰是最晚而且是最少受资本主义经营的支配;首先就是农业。"②

M.C.霍华德和 J.E.金认为恩格斯所做的是一个勇敢但最终不能令人信服的尝试,认为恩格斯以劳动价值论观点改写几千年经济史的雄心勃勃的企图失败了。现代批评家已经指出了其中一些问题,特别是同前资本主义"价值纪元"假设相关的问题。他们争辩说,在这个社会中,商品生产的发展绝不是完全为了以其劳动价值比例来交换商品,一些重要领域仍处在商品生产之外;很少有商人会将他们的整个经济活动用于商品生产;存在着妨碍劳动转移的强有力制度和文化障碍,这也就妨碍了单位资本收入的平均化;封建主义的剥削关系和商人资本从未完全销声匿迹。因此,简单商品生产可能从来没有存在过,除了在北美和澳大利亚殖民地存在过一个短时间之外。

上述作者继续说,恩格斯关于劳动价值转向平均利润率制度,从而商品按其生产价格出卖的说法也有困难。他认为存在很强的竞争力促使商人资本的利润率平均化,而不管商业的特殊性质如何。然而,存在着一个真正的历史的转化过程,一般利润率必定是在后来不同资本主义工业部门中形成

---

① 《马克思恩格斯全集》第 25 卷,人民出版社 1974 年版,第 1016—1019 页。
② 同上书,第 1027 页。

的。为什么机器进入工业生产之前,竞争反而比它进入之后还要激烈,恩格斯没有做出解释。

这些说法是否正确,值得研究。但我认为恩格斯关于劳动价值规律对于简单商品生产具有现实性的论点是可信的,尽管还有某些保留;因为即使在这样的条件下可以得出劳动价值规律,也是有条件的,即假定劳动以外的其他要素不索取代价;我还认为,恩格斯没有说价值规律可以直接适用于说明平均利润率规律条件下的价格决定,在恩格斯看来劳动价值规律显然不能等同于平均利润率规律,这也是事实。还有,恩格斯试图从历史过程上解释价值转化为生产价格的真实性,且不说这种解释是否合乎事实,但他没有从理论上和逻辑上证明马克思的"两个等式",也是事实。在浏览了上述全部材料之后,确认这些事实应当不是一件难事。

顺便澄清一个问题

行文至此,可以顺便澄清一个问题了。我曾引用恩格斯的话,反驳以为劳动价值规律具有普遍适用性的观点,我指出恩格斯承认劳动价值规律对简单商品生产具有直接的普遍的适用性,但恩格斯却没有将这种"直接的""普遍适用性"推广到资本主义商品生产。有人(例如卫兴华教授)对此不以为然,他不无得意地指出,我这样引用恩格斯是断章取义,"搬起石头砸自己的脚!"。他的意思无非是说,恩格斯虽然有这个论点,但恩格斯还认为马克思已经解决了价值和生产价格背离的问题,也就是说,恩格斯是坚信价值转形论的,因此要引用恩格斯,就应当也引用他后面的这个论断,从而表明恩格斯也像他一样地认为劳动价值规律具有普遍的适用性。

老实说,我早就料到会有人这样指责的,所以当时就预先作了回答。请看一年多前我在引用恩格斯的上述论断时所说的话:"恩格斯这里是在批评否定或低估马克思劳动价值论的观点,他正面肯定了马克思的价值规律的客观存在,同时也十分明确地指出了劳动价值论'起支配作用'和'普遍适用'的历史时期。我们的理论家可能会说(事实上多少年来也是这样说的),虽然如此,可是恩格斯认为马克思在《资本论》第三卷手稿中已经解决了价值规律和利润率之间的'表面矛盾',所以恩格斯所说的劳动价值论的普遍适用性应当覆盖利润率起支配作用的时期。可是,人们看到恩格斯并没有这样说,他既没有将价值规律的'支配作用'和'普遍的适用性'延伸到资本主义商品生产,更没有延伸到社会主义商品生产。对于前者,恩格斯认为起支配作用的是利润率规律,对于后者,马克思主义创始人认为应当过渡到计划经济,社会主义还要搞市场经济对他们来说是完全不可想像的,当然也就说不上什么商品价值规律对社会主义商品生产的适用性了。"① 我当时指出的就是这样一个简单的事实:恩格斯当然是坚定维护劳动价值论的,但是他并没有得出中国个别理论家想要的那个结论。

现在,在明瞭本文所述史实后,我们还可进一步指出,恩格斯没有得出这种结论是可以理解的,因为他虽然试图从历史过程上说明利润率平均化是一个客观趋势,但他也像马克思一样,没有对"两个等式"作出理论的论证,他甚至没有觉察到这是一个必须面对的问题。既然如此,恩格斯也就没有从理论上证明劳动价值规律"起支配作用"和"普遍适用"的时期也应当扩大到资本主义商品生产。换句话说,我们理应将他对劳动价值规律的看法同他对价值转形为生产价格的看法加以区分。如果硬要将两者捆在一起,以为恩格斯对前者的论证也就是对后者的论证,以为只引用恩格斯的前一论断就是对恩格斯全部论断的割裂,显然是知其一不知其二了。

重复地说,发出指责的人没有(或不愿意)看到以下事实:马克思本人在劳动价值规律和生产价格相互关系问题上留下了两个难题,一个是如何说明劳动价值规律在历史上的直接现实性,另一个是如何排解价值向生产价格转形公式中的不一致和矛盾,并且(这是关键)对"两个等式"加以论证。对于第一点,马克思只有一个粗略说明,但没有详论,恩格斯将这一点发挥了,从而得出了我们引用的结论。对于第二点,马克思本人意识到了困难,但他没有解决,恩格斯则完全没有提出这个问题,当然更没有解决。也许恩格斯不认为这里有什么理论上和逻辑上的问题需要解决,事实上当时发表意见的其他人也没有提出这样的问题,但这不意味着这真的就不是一个问题;也许恩格斯认为只从历史过程上来说明价值如何转化为生产价格就够了,就像只从历史过程上说明劳动价值规律的直接现实性就够了一样,但这同样不意味着这真的就够了。且不说恩格斯对平均利润率形成过程的说明是否符合实际和令人信服,有一点是可以断定的,即这种对历史过程的说明不能代替对"两个等式"本身的理论论证。

在我看来(参阅拙著《劳动价值学说新探》第三篇),要实现这种理论论证也是难以办到的。马克思的公式本身不完善还在其次(人们过去谈的主

---

① 《究竟在为谁辩护?》,原载晏智杰著:《灯火集——劳动价值学说研究论文集》,北京大学出版社 2002 年版,第 421 页。

要就是这个方面),更重要的是这两个等式本身能否成立是很成问题的。总价格和总利润是两个现实的、具体的、可以确定的量(只要资料齐全,计算方法正确),这是大家都知道的;但总价值和总剩余价值却是两个抽象概念,其实质在马克思看来是特定的生产关系,是不能从绝对数量上加以确定和衡量的,所以我对"两个等式"本身的合理性和现实性深表怀疑,更不消说证明它们的真实性了。

我们当然不能苛求前人去解决当时还没有提出的难题,但是我们总不能以前人所达到的范围为限,更不应在考虑到全部发展的情况下,将只接受前人论断中的合理部分说成是什么"搬起石头砸自己的脚"。不存在这个问题。但这个指责却暴露了某些人根深蒂固的思维习惯,他们闭眼不看传统劳动价值学说同时代发展之间存在的矛盾和抵触,却将革命导师所说的一切奉为终极真理,甚至将前人的某些论断当做可以打人的武器。可惜价值问题论战的全部历史和时代发展的客观现实,早已剥夺(或化解)了这种人想赋予这个武器的杀伤力,因而他们借此打人的企图也就必然落空,到头来"搬起石头砸自己的脚"的倒是他们自己!

自然资源没有价值吗？*

一、自然资源的价值不能再否定了

自然界，就最广泛的意义说，是指具有各种存在形式和运动形式的物质，它是自然资源、信息、能量和空间系统的总和。自然界是物质的，是不依赖于人的意识而存在的客观实在；自然界又是永恒发展和不断演进的，在时间和空间上是无始无终的；有机体生命和物质的感觉能力从无机物质产生而来，而人类则是自然界的一部分，人类是自然界的高级产物。[1] 自然资源（或天然自然资源），通常被理解为人和社会以外的物质世界，指那些能为人类提供生存和发展所需的自然物质与自然条件以及这些物质和条件相互作用而形成的自然生态系统。那些在人类出现以前曾经存在过的物质世界，或者虽存在至今、但未被人类认识和利用，或尚不为人类所需要者，均不在我们界定的自然资源之内。这样的自然资源，首先是阳光、空气、水资源、土地资源和湿地资源等；然后是地上和地下的各种资源，诸如海洋、森林、河流和矿藏等；还有各种原生的动物和植物；特别值得注意的是，随着人类社会的发展和科学技术的进步，地球大气层以外的宇宙空间正越来越成为人类瞩目和竞相开发的自然资源。

若问：自然资源对人类有没有"用处或功能"，它的用处和功能有多大？相信任何一个有理性的人都不会给予否定的回答，甚至还不会低估，否则就不免被人讥为无知。试想，如果否定或低估自然资源的这种人所共知的用处和功能，其实也就是否定和低估人类自身赖以生存和发展所必需的物质前提和基础的极端重要性。诚如马克思所说："土地是一切生产和一切存在的源泉"；"劳动并不是它所生产的使用价值即物质财富的惟一源泉，正像威

---

* 原载《北京大学学报(哲学社会科学版)》，2004年第6期，原题为《自然资源价值刍议》。

[1] 参阅罗森塔尔尤金编：《简明哲学辞典》，生活·读书·新知三联书店1973年版，第174页。

廉·配第所说,劳动是财富之父,土地是财富之母。"① 然而,若问:自然资源有没有价值? 长期以来在我国人们的回答却是否定的,其理论依据就是劳动价值论,依据这种理论,价值只由劳动所创造,商品价值是人类劳动的凝结,价值量决定于社会必要劳动量;自然资源是"天赐之物",不是劳动的产品,本身没有包含物化劳动,因而没有价值,虽然它们对人类有巨大的效用。

自然资源真的没有价值吗? 当资源短缺、环境污染和生态危机对人类生存发展的威胁正变得日益明显之时,这个问题越来越迫切地被提到人类面前,而对我们这样一个发展中的大国来说,这个问题可能显得尤为严重和紧迫。我国政府于1994年3月25日通过的《中国21世纪议程——中国21世纪人口、环境与发展白皮书》指出:"目前,中国在一些重要的自然资源可持续利用和保护方面正面临着严峻的挑战。这种挑战表现在两个方面,一是中国的人均资源占有量相对较小,1989年人均淡水、耕地、森林和草地资源分别只占世界平均水平的28.1%、32.3%、14.3%和32.3%,而且人均资源数量和生态质量仍在继续下降或恶化;二是随着人口的大量增长和经济发展对资源需求的过分依赖,自然资源的日益短缺将成为中国社会、经济持续、快速、健康发展的重要制约因素,尤其是北方地区的水资源短缺与全国性的耕地资源不足和退化问题。据统计,全国缺水城市达300多个,日缺水量1600万吨以上,农业每年因灌溉水不足减产粮食250多万吨,工农业生产和居民生活都受到了很大的影响。因此,相对来说,水资源的持续利用是所有自然资源保护与可持续利用中最重要的一个问题。"② 能够设想同我们的生存和社会发展如此休戚相关的自然资源没有价值吗?

人们注意到,造成地球环境严重污染和生态危机加重的原因,固然有非人力所能左右的自然本身的演化和变迁,③ 但是人类自身对大自然的破坏和毁灭性使用实在难辞其咎,后者甚至是某些地区和领域生态环境恶化的主因。而在人类这种行为的背后,总有自然资源无价值一类观念的支撑,而自然资源无价值观念又同劳动价值观念互为表里,就是说,既然认为只有劳动才是价值的源泉,那么不是劳动产品的自然资源当然也就被认为没有价

---

① 《马克思恩格斯全集》第12卷,人民出版社1962年版,第757页;《马克思恩格斯全集》第23卷,人民出版社1972年版,第57页。

② 《中国21世纪议程——中国21世纪人口、环境与发展白皮书》第14章。

③ 例如,据报载:过去几十年中,大多数科学家都同意温室气体效应导致了全球变暖,但新的研究显示,"目前地球正变得越来越热的原因是:太阳辐射处于近一千年来最强烈的时期……太阳辐射越来越强烈是导致近期全球气候变化的根本原因。"就是说,地球气候变暖,太阳是元凶(《参考消息》2004年7月21日)。

值了。试以水资源为例。如上所说,我们本来是一个严重缺水国家,可是就是这个稀缺的资源长久以来被人们认为是一个"取之不尽,用之不竭"的没有价值之物,可以无偿使用。事实上建国以来的许多年间水资源确实是被无偿使用的,后来虽有了定价,但价格也很低,这无疑助长了对水资源的巨大浪费。又如一些地方对矿产资源和森林资源的滥开滥采滥伐,导致环境污染和生态破坏的严重后果,究其思想认识根源,无不同自然资源无价值一类流行观念有关。这种局面的出现想必是经典作家们始料不及的,当然这更不会是他们提出劳动价值论的初衷;然而,至少在我国,根深蒂固、影响深远的劳动价值学说确为自然资源无价值论提供了思想和理论的支持,却是不争的事实。诚如上述《中国 21 世纪议程——中国 21 世纪人口、环境与发展白皮书》在分析出现上述问题的原因时所指出的,不合理的资源定价方法导致了资源市场价格的严重扭曲,表现为自然资源无价、资源产品低价以及资源需求的过度膨胀。

应当说,自然资源无价值论不是自古就有的。据研究,古代的人们是认可自然价值的,当然是在一种直觉的或经验的形式上,甚至还不免带有迷信的形式和色彩。[①] 自然价值观念终于被颠覆并被自然无价值观所取代,是同劳动价值观念的兴起和逐渐居支配地位并步而行的,这个变化过程发生在 18 世纪末到 19 世纪中叶。此后西方社会经济的变迁虽然使劳动价值观念逐渐势微,其主流经济学的价值论转向了以成本论、效用论和供求均衡论为主体的学说,但他们在一个长时期内并没有将这种新的观念和学说引申和贯彻到自然资源的价值研究之中;[②] 在自利动机的驱使下,整个社会对待自然资源的支配性看法和态度,仍然是自然资源无价值论,这无疑助长了对自然资源的掠夺性开发和滥用。直到 20 世纪下半期,面对资源短缺、环境污染和生态危机加剧的严峻现实,西方国家的有识之士才开始了对自然资源无价值观的认真反思,这些反思对实现社会可持续发展发挥了积极作用。

在我国半个多世纪以来的经济建设和社会发展过程中,在对待自然资源的看法上,认为它没有价值的观点一直居于支配地位,这种概念带来的不良后果绝不比西方国家为轻,甚至更加严重,但国情和社会发展程度的差

---

① 参阅余谋昌著:《自然价值论》,陕西人民教育出版社 2003 年版,第 3—11 页。
② 个别经济学家,例如奥地利学派代表者之一弗利德利希·冯·维塞尔,虽然也提出过"自然价值"这一概念,甚至还写有了题为《自然价值》的专著,但他研究的对象主要不是自然资源,而是一般的社会经济物品。他以"自然的"一词来定义"价值",提出"自然价值"概念,意在表征主观效用价值论的普遍和永恒。维塞尔该书德文初版于 1889 年。商务印书馆 1982 年出了中译本。

异,又使我们对自然资源无价值论的反思比较滞后,特别是劳动价值论的巨大影响使我们在认可自然价值问题上遭遇的困难也要大得多。面对自然资源无价值论带来的严重后果,出于保护和合理使用自然资源的需要,人们急切感觉到必须对自然资源实行有偿使用原则,需要为自然资源制定合理的价格,这就需要对自然资源的价值做出说明,可是一说到自然资源的价值,首先就会碰到劳动价值论对它的否定。于是人们就只好绕过价值问题,直接研究它的价格,并倾向于将其价格解释为马克思说过的类似于"良心和名誉"等没有价值的"想像的"价格。然而这种解释显然十分牵强,那么庞大复杂、至关重要的自然资源,怎能同"良心和名誉"一类东西相比拟?再说,现实经济生活证明,自然资源的价格(不论用什么定价方法)有其确定的内涵,而这种价格又有其实在的价值论基础。有学者认为自然资源不能解释为具有价值的商品,但可以解释为"资产",既然是资产,也就应当有价格,于是乎就可以名正言顺地谈论价格了。我认为这同样经不起推敲。没有价值的资产却有价格,这是难以理解的,何况这里说的仍是那个庞大复杂、至关重要的自然资源;退一步说,就算将其视为资产,也不能回避它的来源问题或价值问题,否则它们真要成为无源之水或无本之木了。

二、不能以劳动价值论否定自然资源价值

那么,能否以劳动价值论为据来否认自然资源的价值呢?我认为答案应该是否定的。首先,劳动价值论的分析前提不具有普遍意义。我们指出过,劳动价值论的创始人和主要代表者,从亚当·斯密到李嘉图,再到马克思,他们在论证劳动价值论时都将自然资源没有价值作为一个前提条件,或前提条件之一。[①] 我们知道,亚当·斯密是从"资本积累和土地私有尚未发生以前的初期野蛮社会"这个条件,得出"劳动是衡量一切商品交换价值的真实尺度"这个结论的;[②] 在斯密所设定的这种社会条件下,土地尚未私有,意味着使用土地不必付出代价;也没有资本积累,意味着资本还没有出现,自然也不存在为资本支付代价的问题。除此以外,交换中不必支付代价的还有其他自然要素,其中最重要、也最明显的就是阳光、空气和水。在斯密看

[①] 参阅晏智杰著:《劳动价值学说新探》第1篇第1章,北京大学出版社2001年版。
[②] 亚当·斯密著:《国民财富的性质和原因的研究》(以下简称《国富论》)上册,郭大力、王亚南译,商务印书馆1972年版,第42、26页。

来,这些要素虽然使用价值极大,但交换价值极少,甚至没有。李嘉图重申了斯密的这个思想,他指出太阳、空气、气压等自然要素"由于使产品数量增加、使人类更为富裕,并增加使用价值,所以对我们是有用处的;但由于它们所做的工作无需报偿,由于使用空气、热和水时无需支付任何代价,所以它们提供给我们的助力就不会使交换价值有任何增加。"① 马克思坚持并发展了这个观点,他指出:"土地不是劳动的产品,从而没有任何价值";"瀑布和土地一样,和一切自然力一样,没有价值,因为它本身中没有任何物化劳动,因而也没有价格……"。② 李嘉图的论述旨在解释自然资源为何无价值,可这理由不具有普遍性,即使在论及"初期野蛮社会"和简单商品生产时可以假定自然资源无偿使用,也不能说这个假定可以适用于一切商品生产;李嘉图的断言还基于所谓"商品二重性"这个不合理的论断,我们指出过,使用价值和交换价值不过是商品的两个形式,它们是同质和等价的关系,而不是不同质并各有来源的两种"属性",因而它们的源泉是一致的:自然资源既然是使用价值源泉,也就不能将其排除在价值源泉之外。我认为对马克思的观点也可作此评论,因为马克思同样将自然资源无价值作为价值分析的前提之一,而且所持理由也与李嘉图一致。③

也许有人认为这是马克思的抽象分析法的体现和需要,也就是说,起初分析简单商品生产和交换规律时需要这样做,等到后来就会改变这种假定,承认自然资源有价值。但是这种情况并没有出现,在马克思那里,这种假定是贯彻始终的,他不认为在分析的哪个层次需要改变这种假定,即承认自然资源有价值或是价值源泉。

不过,出现自然资源无价值的假定又不是不可理解的,宁可说它是对第一次工业革命所形成的历史环境和条件的某种反映。这种环境和条件的特征是:18世纪末和19世纪上半期,随着工场手工业向机器大工业的过渡,人们开始有可能并且事实上也实现了对自然资源(包括土地本身,以及地上和地下的各种资源:森林和草场、河流和矿藏等等)越来越大规模的开发和利用,而自然资源的数量也似乎"取之不尽,用之不竭";产业结构的变化即工业逐步取代传统农业和手工业而上升为主业;工商业都市的相继出现使越来越多的人群集中在城市。比起以往小农生产和小手工业生产方式,机

---

① 李嘉图著:《政治经济学及赋税原理》,郭大力、王亚南译,商务印书馆1962年版,第244页。
② 《马克思恩格斯全集》第25卷,人民出版社1974年版,第702、729—730页。
③ 参阅晏智杰:《劳动价值论:争论与反思》,《经济评论》2004年第3期。

器大工业的确开创了一个更大规模更高效率的新时代,它在促使人类对世界发展内在规律加深认识的同时,无形之中也造就了一种"人类中心主义":认为人们的生产和生活能够越来越远离自然界,人借助于机器大工业甚至能够"征服"自然,人类似乎真的成了世界的主宰和中心。在这种历史条件和氛围下,做出自然资源无价值的假定不仅是可以理解的,而且是不可避免的,甚至可以说体现了时代的进步。然而,这毕竟只是一种假定,而不是历史的真实,否则,人类何以会在陶醉于"征服"自然的胜利之时,遭到大自然无情的报复?

其次,劳动价值论对价值观念的界定和价值源泉的论断同样不具普遍意义。所谓价值,在一般意义上无非是指客体与主体的关系,而商品价值则是指商品对人的需要的关系。任何物品有没有价值,价值多少,最终决定于它能否以及在多大程度上满足人们的需要。这既是对日常生活实践的概括,又是一般价值概念的具体化。这个价值概念对人为商品是适用的,对自然资源也是适用的。满足这种需要的方式可以是直接的,也可以是间接的,即通过交换才能获得的,后者即表现为交换价值。交换之所以必要,因为各自需要对方拥有之物,而交换也只有在双方所得之需求满足达于均衡之处才能实现。决定这种满足的条件和要素,对于经过劳动和生产资料结合而生产的商品来说,不仅有赖于商品中体现的劳动量,还有赖于其中所包含的科技含量和自然资源含量(当然是具有一定质量的数量),对于不是人的劳动产物的自然资源来说,则有赖于其自身能够满足人的需要的能力。这就是说,商品的交换价值不过是实现其价值的一种方式,而价值的实质始终是指商品满足人的需要的能力,即其所谓使用价值同人的需要的关系;这又表明,商品的使用价值和交换价值(价值)只是同一商品体的两种"因素",而不会是两种"属性",它们的属性是一样的。这还表明,在经由人的劳动加工的商品的价值或交换价值决定中,劳动只是其中要素之一,而不会是全部。

然而,劳动价值论将商品的交换价值与使用价值这两个"因素"不适当地区隔为商品的两个不同"属性",为将价值含义及其源泉与使用价值含义及其源泉区隔开来准备了条件;断定使用价值仅仅是交换价值(价值)的物质承担者,从而排除了自然资源等构成使用价值源泉的要素在价值决定中的作用;又依据对生产商品的劳动性质"二重性"分析最终将商品的价值归结为"抽象劳动"所决定的实体。[1] 依据这样的分析条件和思路,得出否定一

---

[1] 参阅晏智杰:《劳动价值论:争论与反思》,《经济评论》2004 年第 3 期。

切非劳动要素(包括自然要素在内)创造价值的结论也就在所难免了,而否认自然价值所招致的严重负面社会后果则是该理论局限性的又一表现。

这就再次说明,经济学的商品价值概念只有回到一般的哲学意义的价值范畴的轨道上来,才能为包括自然资源在内的各种要素的合理使用和配置提供科学的价值论基础。有的论者不认为应当将经济学的价值概念同哲学意义的价值概念作统一的理解,认为马克思经济学所说的价值只是商品的价值,离开商品谈论价值是没有意义的。我认为这种论点是缺乏说服力的。问题在于:凭什么可以断言哲学意义的价值概念在经济学上就失去了它的普遍性和适用性呢?或者,凭什么可以说经济学的价值概念应当自外于一般的价值概念呢?又凭什么能够说商品的价值不应该是主体和客体的关系呢?实际上商品价值的特点恰在于这种关系的具体化和深化,而不是离开这种关系。以为着眼于主体和客体的关系就会离开分析人与人的关系,这是一种误解,以为只有将商品价值直接限定在人与人的关系才能揭示商品生产和交换的客观规律,这同样是一种误解。实际上,离开主体和客体关系,商品性质及其所体现的商品生产者之间的关系是难以得到科学说明的。

三、自然资源价值的定义及源泉

那么,自然资源的价值是什么?这种价值的源泉又在何方呢?

我以为自然资源价值是指它同人的需要之间的关系,或指其能够满足人的需要的属性和能力。在这里,构成价值关系的是两个方面,一个是自然资源,另一个是人的需要,两者缺一不可,否则便不会形成自然资源的价值,自然资源价值是人的需要同自然资源两者之间的对立统一。

自然资源的价值来自何方?它来自自然资源能够满足人的需求的物质属性(物理的或生物的属性等),即为人类的生存和发展提供物质基础和前提,包括为人类生活和生产提供场所、对象和手段,有的则能直接满足人的需要。正如马克思所说:"土地(在经济学上也包括水)最初以食料,现成的生活资料供给人类,它未经人的协助,就作为人类劳动的一般对象而存在。所有那些通过劳动只是同土地脱离直接联系的东西,都是天然存在的劳动对象。例如从鱼的生活要素即水中,分离出来的即捕获的鱼,在原始森林中砍伐的树木,从地下矿藏中开采的矿石……土地是他的原始的食物仓,也是他的原始的劳动资料库。例如,他用来投、磨、压、切等等的石块就是土地供给的……土地本身又是这类一般的劳动资料,因为它给劳动者提供立足之地,给他的过程提供活动场所。"① 这里说是自然资源提供给人的作为生产资料和生命支撑系统的价值,此外,它还具有供人观赏的审美价值,供人研究的科学价值,供人崇拜的信仰价值,等等,所有这些价值都是来自自然资源本身的属性,来自人对这些属性的需求。

可能有人会说,如果没有人的劳动,自然资源的物质属性不足以构成价值,因而还是惟有劳动创造价值。可是我们注意到,有些自然资源并不需要经过劳动这个环节便能满足人的需求,这是第一;第二,更重要的是,即使需要经过劳动这个环节才能满足人的需要者,也不能说明劳动是价值的惟一源泉,因为劳动并没有创造自然物质,也不能创造自然资源,它只是改变了自然和自然资源存在和表现的形态而已;第三,更有甚者,劳动的作用和成果是否有效,最终要以劳动参与生产的产品或商品能否满足人的需要为转移。

如果再问:自然资源满足人的需要的各种物质属性从何而来?它显然不可能来自劳动,而只能来自自然界本身,它是自然界自身创造的结果。事实上早在人类对其需要产生之前,自然界内部的各种物质和自然生态系统(它们构成了自然界内部各种不同的主体和客体)的相互作用就已经存在了,并导致了自然界的存在和演变,这种存在和演变本身正是自然价值之所在。从这个意义上说,人的需要对自然来说只是一种外在的因素,自然满足人的需求所体现的价值,对自然来说还是"外在的",自然本身的存在和演变所体现的价值才是"内在的"。另一方面,自然界的存在和演变还与人是否需要它无关。事实上,不管人是否需要它,它都在按照自身的规律存在并运动着。只是在它能满足人的需要时,其价值在人类看来是积极的和正面的;而在它给人类带来灾难时,例如地震、水旱灾害、各种虫害,以及各种气象灾害等等时,其价值在人类看来就是负面和破坏性的了,这从反面证明了自然价值的存在。②

关于自然价值问题,国内外已有一些学者做出了极富说服力的系统论证,在我看来这是对价值观念的重要拓展和突破。国际著名生态伦理学家、美国科罗拉多州立大学哲学系终身教授霍尔姆斯·罗尔斯顿 III(1932—)在

---

① 《马克思恩格斯全集》第23卷,人民出版社1972年版,第202—203,205页。
② 2004年12月26日发生在印度洋海底的大地震及其引发的海啸所造成的巨大灾难,就是这种负面价值的最新证明,截至2005年1月8日,已知死难者逾16万人,财产损失无数。

《哲学走向荒野》(1986年)中提出并肯定了"自然中的价值",并将这种价值分类为:经济价值、生命支撑价值、科学价值、审美价值、生命价值、多样性和统一性价值、稳定性和自发性价值、辩证的(矛盾斗争的)价值以及宗教象征价值等。在《环境伦理学:大自然的价值以及人对大自然的义务》(1988年)中,罗尔斯顿系统地论述了他的自然价值论,指出自然不仅具有"工具价值"和"内在价值",而且生态系统还具有超越前两者的"系统价值",它是某种充满创造性的过程,而创造性正是自然系统的价值属性的最重要特征。他强调指出:"人们不可能对生命大加赞叹而对生命的创造母体却不屑一顾,大自然是生命的源泉,这整个源泉——而非只有诞生于其中的生命——都是有价值的,大自然是万物的真正创造者"。① 余谋昌教授在《自然价值论》中吸收和发挥了罗尔斯顿的观点,他将自然同人的需要发生关系而形成的价值称为自然的"外在价值"或"外在尺度",并认为自然还应有其本身的"内在价值"或"内在尺度"。因为自然物质在人类需要和使用它们之前已经存在,就是在有了人类社会以后,人类没有认识和使用它们时,它们本身也还是存在的,还在依据其自身的规律在发展和变化着,这种存在和运动本身就是一种价值,而且是比人类对其需要所产生的价值更"内在"的价值。②

自然资源的价值除了来自其本身属性能够满足人类需求之外,还要受其数量有限性和稀缺性的制约。那些不可再生性资源(包括耗竭性资源如石油、煤炭、天然气等,非耗竭性资源如土地等)不必说了,即使是可再生性资源(如各种动植物和微生物等),其再生速度动辄也要数百年之久。尤其严峻的是:与人类生存发展息息相关的水资源已绝非"取之不尽,用之不竭";人类须臾不能离的新鲜空气在一些污染严重的地区已成了难得之物;人类尚未感到有限和稀缺者,恐怕只剩下阳光了。事实一再证明,随着人类需求的不断增长,数量有限的资源愈发显得稀缺了,这种稀缺性更加重了人类对自然资源的依赖,也增加了自然资源的价值。自然资源越稀缺,其价值也就越大,这是自然资源的供求关系所决定的客观趋势。

承认商品稀缺性是其价值的一个限制和制约条件,这在西方近现代经济学上是有传统的。英国古典经济学的伟大代表者李嘉图就明确肯定了这

---

① 霍尔姆斯·罗尔斯顿 III 著:《哲学走向荒野》(1986年),刘耳、叶平译,吉林人民出版社2000年版,第268页。霍尔姆斯·罗尔斯顿 III 著:《环境伦理学:大自然的价值以及人对大自然的义务》(1988年),杨通进、许广明译,中国社会科学出版社2000年版,第268—269页。
② 参阅余谋昌著:《自然价值论》第3、5章等,陕西人民教育出版社2003年版。

一点。他说:"有些商品的价值,单只由它们的稀少性决定。劳动不能增加它们的数量,所以它们的价值不能由于供给增加而减低。属于这一类的物品,有罕见的雕像和图画,稀有的书籍和古钱,以及只能在数量极为有限的特殊土壤上种植的葡萄所酿造的特殊葡萄酒。它们的价值与原来生产时所必需的劳动量全然无关,而只随希望得到它们的人的不断变动的财富和嗜好一同变动。但是,这类商品在市场日常交换的商品总额中只占极少一部分。"[1] 李嘉图的这个表述出现在 1817 年,稀少性价值原理在他看来只能适用于"极少一部分"商品;到了 1836 年,英国经济学家西尼尔就将稀少性原理上升为"决定价值的最重要条件",他称之为"供给有定限",另外两个条件是"效用"和"可交换性"或"可转移性"[2]。及至 1870 年代初期"边际主义革命"出现,三位奠基者(杰文斯、门格尔和瓦尔拉斯)就将稀缺性视为边际效用得以形成的一个关键条件了,而边际效用在他们看来是决定价值的最终根源。从此以后,稀缺性成为西方经济学价值论的"标准组件",而稀缺资源的合理配置则被看做经济学研究的主题。应当强调指出,主观效用价值论者对资源稀缺性一类现象作主观主义解释是不合理的,应该受到批判,但这不应导致否认资源稀缺及其对价值的制约和限制作用这个客观事实,事实是最顽强的东西,不承认是不行的。

既然自然资源具有能够满足人的需要的物质属性,其有限的数量对人类需要的增长来说又具稀缺性,而人类又须臾不能离开它们,于是形成自然资源的价值便是不可避免和顺理成章之事了。这是什么价值论呢?显然不是劳动价值论,因为它将自然资源的价值归结为主客体的关系,而不是某种实体;它认可自然资源的价值来自它自身所具有的满足人的需求的属性,而不是来自劳动。但它也不是边际效用价值论,因为它不仅排除了对价值范畴的主观主义理解,而且肯定了价值源泉(自然资源及人的需要本身)的客观性;边际效用价值论的错误不在于它强调人的欲望及其满足的意义,而在于它对人的欲望及其满足本身及其规律做了主观主义的解释。我们所赞成的是自然资源的供求价值论,即自然资源的稀缺效用和不断增长需求相结合的价值论;该理论认同大自然本身和人类需求共同创造和决定着自然资源的价值,因而也是一种"天人合一"的价值论。我以为这样看问题比较符

---

[1] 李嘉图著:《政治经济学及赋税原理》,郭大力、王亚南译,商务印书馆 1962 年版,第 3 页。
[2] 西尼尔著:《政治经济学大纲》,蔡受百译,商务印书馆 1977 年版,第 17—27 页。

合自然和社会之间相互关系的实际,符合社会可持续发展的要求,也符合市场经济制度的规律。

如果依照所谓商品二重性学说,以为这样界定自然资源的价值就是将价值和使用价值相混淆,那么我们就要指出,价值和使用价值本来不过是一个东西的两面,或同一经济物品的不同形式而已,一个是实物形式,另一个是非实物形式或价值(价格)形式,两者的源泉应当是一致的。① 如果依据传统价值学说,以为商品价值只是生产领域的概念,不应包含需求,否则就越出了价值论的范畴,那么我们就要指出,不如此便不能使自然资源(其他商品亦然)的价值问题回归到它应有的一般轨道和方向上去,即客体同主体的关系。供给或生产仅仅是构成商品或自然资源的价值关系的一个条件,需求则是另一个条件,没有需求,生产就没有目标(即使追求利润也不能跳过满足需求这个环节),价值也不能最终形成和得以实现,因而供给和需求两者的结合才是构建价值论的适当条件与场合。如果说天然的自然资源的供给同其他商品的供给有什么区别的话,无非在于它是"天赐之物"而非"劳动之物"这一点。如果以此为据否认自然资源价值,那不过是具有历史局限性的"人类中心主义"观念的一种表现。为什么人类劳动是价值源泉,而孕育了人类并一直养育着人类的自然界和自然资源反而没有了价值或者不应是价值的源泉呢? 认可和尊重自然价值,其实也就是认可和尊重人类自身。

以上所说都是就各种天然的自然资源而言的,事实上在自然资源的保护、开发和利用中,人类已经并将越来越多地投入自己的劳动,投入资本和科学技术,或者付出经营管理的代价,这样的自然资源也就不再是天然的了,而是"非天然的自然资源",如已开垦的土地、管理加工的水资源、开采的矿产、开发的原始森林,等等,它们的价值源泉当然也就应在自然资源自身之外,再加上相关的劳动、资本、科学技术或经营管理等要素。随着社会进步和科学技术发展,这种非天然自然资源的数量及其在整个资源总量中的比重,肯定是越来越多了,然而其价值原理并没有改变,仍是供求结合价值论;它不同于天然自然资源之处在于:在其供给方面除了自然本身以外,还增加了人类劳动等人为要素,因而是更完全意义上的"天人合一"价值论。

在商品生产和市场经济条件下,自然和自然资源的价值必然会表现为一定的价格;这种价格作为自然资源价值的表现,同样决定于它的供给和对

---

① 参阅晏智杰:《应当承认价值源泉和财富源泉的一致性》,《北京大学学报》2003年第3期。

它的需求;决定于供给一方的各种要素和需求一方的各种要素。我以为这应是我们确定自然资源价格的基本理论依据。承认自然资源的价值,实现从自然资源无价值论到有价值论的转变,对合理使用和有效保护自然资源,消除环境污染,营造有利于人类可持续发展的生态环境和社会环境,具有重大而深远的意义。

劳动在商品价值创造中的地位*
——新劳动价值论问答

问：我们知道你一直主张重新认识劳动价值论，这是否意味着你完全否认劳动是商品价值的源泉，或者像有人说的那样你认为劳动价值论没有一点用处？

答：不，完全不是这样。我质疑劳动价值论是适用于一切商品生产的普遍法则，我认为它只是一种特例。但我承认劳动是商品的供给价值的源泉之一，即：商品供给价值决定于各种生产要素，包括劳动、以土地为代表的自然资源、资本、经营管理和科学技术等，生产要素论是商品供给价值的通则。需要指出的是，生产要素法则只是商品价值法则的一个侧面即供给价值决定法则，它的另一个侧面是需求（包括生产需求和消费需求）价值决定，供给和需求的均衡才是商品价值的完整法则。还需要指出，这里所谓"劳动"是指包括经营管理劳动和科学技术劳动在内的现代劳动，但不应包括经营管理本身和科学技术本身，后两者当然同劳动密切相关，但毕竟不是经营管理"劳动"和科学技术"劳动"本身，而是有别于劳动的独立生产要素。

问：能否稍微详细说明一下？

答：社会财富或商品的形式有两种，一种是实物形式，即各种工农业产品和服务产品；另一种是非实物形式——商品价值或价格形式（用货币表示的价值），即人们对商品效用的估价和他为获此效用所愿意支付的代价，它实际上是商品满足需求的能力和人们支付能力的结合。由于是同一对象的不同形式，所以实物形式和价值形式是"等价的"，而且它们的源泉从根本上说也是一致的，即都是来自于这种生产要素的供给和对这些要素的需求，来自供给和需求的均衡。

在供求均衡背后，还各有一系列决定要素，它们构成了商品的实物形式和价值形式决定法则的内涵。土地、劳动、资本、经营管理和科学技术等供

---

* 研究随笔，写于2004年8月15日，未公开发表过。

给方要素,决定着供给方的要价。但这还不是问题的全部。在商品需求方还有一系列决定要素:社会生产力水平、社会阶级阶层结构、收入水平、消费倾向以及各种差异(地区、民族、季节等)所造成的不同消费需求和风俗习惯,等等。就是这些要素的共同作用才形成了商品价值或价格。

重复地说,商品价值决定于市场供给和需求的均衡,这种均衡决定的价值及价格影响着生产、交换、分配和消费等各个经济生活领域,决定着经济生活的盛衰和起伏。在不同的市场结构下,供求关系的作用及其结果会有明显差异,从而增加了认识供求关系的困难和复杂性。依照通常的说法,市场结构在绝对(完全)垄断和绝对(完全)自由竞争这两者之间,还有寡头垄断和垄断竞争等各种条件。

问:既然商品的实物形式和价值形式都决定于生产要素的供给和需求的均衡,那么,劳动处在什么地位呢?

答:劳动是生产要素之一,而且是生产力中的主体和能动的要素,但它不是商品及其价值的惟一源泉,无论就商品的哪种形式来说都是如此。有没有劳动作为价值惟一源泉的场合呢? 有。如果不考虑货币和资本关系,又假定非劳动要素无偿,并以简单劳动为限,那么,商品交换的依据就不能不仅仅是劳动,但这只是简单商品生产甚至实物交换阶段的情形,不会是近现代市场经济的通则。

问:那么,同其他要素相比,劳动要素有什么特点呢?

答:马克思关于劳动的定义是经典性的:"劳动首先是人和自然之间的过程,是人以自身的活动来引起、调整和控制人和自然之间的物质变换的过程。"[①]

劳动和土地等自然资源的第一个特征是原生性,而资本、经营管理和科学技术等要素则是从它们派生和分化出来的。当然,人类本身不过是自然界的产物和自然力的表现,离开自然界,人类无从出现,也无法生存,更遑论发展了。何况在人类出现并不断开拓着自己的生存空间和领域,不断取得人类社会的进步和繁荣的历史发展过程中,自然界一直在直接参与着人类的经济活动,并对这种经济生活和社会发展表现了巨大深远的影响力。这种影响力及其后果,无论是正面的还是负面的,都一再显示了自然界也是价值的主人和创造者。将人类视为宇宙中心,目空一切,动辄声言"征服自然",不过是盲目和自大的表现。不要忘记,在没有自然界便没有人类的意义上,自然界甚至还是财富和价值的第一主人和第一创造者呢,因而它比劳

---

① 《马克思恩格斯全集》第 23 卷,人民出版社 1972 版,第 201—202 页。

动更具原发性,然而在经济价值是与人类同步发生的意义上,在其他要素(资本、科学技术和经营管理等)都派生自劳动和土地等自然资源的意义上,我们又完全可以说劳动和土地等自然资源共同构成商品价值的第一来源。

劳动的第二个特征是历史发展性。首先,这表现在劳动的历史地位已经并将继续发生变化。在奴隶社会,作为基本生产劳动者的奴隶被视为"活的工具和会说话的牲畜",被视为财富本身而不是财富源泉;农牧业社会和近代工场手工业社会,劳动上升到与土地平起平坐的地位,17世纪末威廉·配第的名言"土地为财富之母,劳动则为财富之父和能动的要素"[1]恰是对这个事实的生动写照;机器大工业社会,一般劳动起着基础作用,经营管理劳动则随着资本地位的上升而大为提升了;进入后工业化和信息时代,一般劳动仍然起着基础作用,科学技术劳动则随着科学技术成为第一生产力而加入到第一主导要素的行列。其次,劳动要素的发展还表现在劳动内涵和外延及其表现形态的变化上。从古到今,劳动经历了从简单到复杂、从低级到高级、从体力劳动为主到脑力劳动为主的演变过程。现代社会实际存在的各种生产劳动和服务劳动通常被分为三类。第一类是操作性和服务性劳动,包括采集、加工、制造、存储、运输、信息处理和服务等;第二类是经营管理性劳动,包括各种要素的管理和营销等;第三类是科学研究性劳动,包括设计、研发和教育等。内涵和外延的深化与扩大是社会发展的表现,也是社会发展的基本动力之一。这三类劳动在各个社会发展阶段应该说都是存在的,但随着社会发展和进步,后两类的比重和意义是大为增加了。

劳动的第三个特征是智能性和创造性,这是劳动最突出的特点。人类在劳动过程中能够不断加深对客观世界规律性的认识,并将这种认识付诸实践,创造出愈益丰富多彩的财富和价值。这种智能性和创造能力贯穿人类社会全过程,并随着劳动内涵外延和形态的变化在不断提高。它首先表现在对生产工具和生产工艺的不断改进和创新上,这种改进和创造是劳动的结果,反过来又大大提升了劳动效率。从生产机械化、电气化,发展到今天的信息化和智能化,无不显示出人类创新生产工具和手段的能力。其次还表现在对劳动对象和劳动资料的改进和创造上,在各个领域不断涌现的新材料是当代科学技术发展的又一前沿,它们同创新工具和工艺的结合,催生了当代一系列高科技产品的问世。再次,人类的智能和创造性还体现在

---

[1] 配第著:《配第经济著作选集》(《赋税论》第66页),陈冬野译,商务印书馆1997年版。商务此中译本是将几本小册子合订而成,页码按各小册子排,未统一页码。

经营管理制度和法则的不断创新和改进。无论在宏观还是微观层次,近几十年来人们的认识都大为深化了,它们不仅促进了企业经营生产率的提高,而且在很大程度上保障了社会经济的稳定、协调和健康发展,从而为不断创新和丰富商品及其价值创造了适宜的环境。

问:看来你是将价值源泉之一的劳动理解为历史上和现实中实际存在的完整的劳动了,而没有将它归结为劳动之中的某一种属性,例如抽象劳动,那你怎样看待劳动二重性学说?

答:劳动二重性学说是建立劳动价值论的重要理论依据,马克思的劳动价值论其实就是抽象劳动创造价值论。恕我直言,劳动二重性学说是难以成立的,我早就对此提出了质疑。"劳动"是对各种不同劳动所具有的共同点的概括,它已经是一个抽象概念,而且是劳动这个领域中最高级的抽象。可以在劳动这个概念之下,依据不同标准或角度对它做出具体的划分和分析,例如依据部门划分为工业劳动、农业劳动、商业劳动等;依据形态划分为体力劳动和脑力劳动等;依据同自然资源的距离划分为不同梯次的产业部门的劳动,等等。然而却不能在劳动范畴之内对劳动本身再作抽象,例如得出所谓具体劳动和抽象劳动之类的划分,否则就会导致抽象过分而失去其合理性,成为空洞的没有意义的抽象。试以"人"这个概念为例。"人"已是一个抽象概念,它概括了各种不同人的共同点,可以在这个概念之下依照人种、性别和国别等对人做出不同的分类,但却不能在人的范畴之内对它再进行抽象,得出什么具体人和抽象人一类不合理的概念。问题的症结在于,劳动总是实际的而不是空洞的,总是由人运用工具(哪怕是原始的简单工具)加工劳动对象生产产品或提供生产和生活服务的过程。没有离开这些实际内容和具体过程的"抽象劳动",也没有不花费人的脑力和体力的支出的"具体劳动",两者总是合二为一和不可分割的,分割开便失去了意义,更不可能设想它们还会各司其职。在市场经济条件下,劳动可能具有私人性和社会性一类的二重性,但是没有具体和抽象这样的二重性,更没有前者只管转移旧价值,后者专管创造新价值这回事。

问:如果说劳动和生产资料都是价值的源泉,这岂不是说价值的源泉与财富或使用价值的源泉是一致的么?

答:财富的使用价值源泉和价值源泉本来就是一致的,不应截然分开。道理前面其实已经说过了。劳动和其他生产要素共同创造的财富或商品具有两种形式,一种是实物的或服务的形式,这表现为各种工农业产品和服务产品,另一种是非实物形式或价值形式,这表现为各种产品的价格。这两种形式所表现的是同一个东西,所以它们的源泉不可能截然不同。例如,一国年产品由各种工农业产品或其他产品所构成,人们都明白这些实物的或服务产品的使用价值的创造源泉不会只是劳动,还必须有其他要素或生产资料以及对这些要素和生产资料的有效需求,那么为什么表现这些实物产品或服务产品的价值或价格的源泉就一定仅仅是劳动呢?没有这个道理。当然,也不能说两者完全相同,至少在价值形式决定的场合涉及的是消费需求,而在实物形式场合涉及的是生产需求,但它们都由供求均衡所决定,却是完全一致的。这样看问题并没有混同价值和使用价值,而是避免了对两者统一关系的误解以及对它们统一创造过程的割裂。传统理论总是认为劳动的具体方面在转移价值并最终创造使用价值,劳动的抽象方面在创造新价值并最终创造价值,无非是要证明各种要素虽然都参与了使用价值生产,但是惟有劳动创造了价值,但实际上没有这回事,创造财富的实物形式及其价值形式是统一和不可分割的。

问: 照这样说,又该怎样看待商品二重性学说呢?

答: 这是另一个重要的基本理论问题。多年来我们一直重复这个学说,以为商品具有使用价值和交换价值二重性,并将它看做建立劳动价值论的起点。然而使用价值和交换价值并不具有这样的"二重性质",它们不过是商品的两种不同"因素"或"形式"而已,使用价值表示对商品所有者自己直接有用的价值,交换价值表示经过交换才能实现的价值,而这种交换价值必须是对别人有用的使用价值,交换才能成交。事实上,在古典经济学的伟大代表者亚当·斯密和李嘉图那里,使用价值和交换价值不过被表述为商品价值的两个不同"意义";甚至在马克思那里,起初也只是将它们表述为商品的"两个因素",然而,令人意想不到的是,仅仅几页之后马克思就改称"商品是一种二重的东西"了,这里的"二重"已经不是指"二因素"而是指"二重性"了,这便是理论家们不无根据地概括出"商品二重性"的根据和由来。从"二个因素"到"二重的东西"或"二重性",不仅名词术语变了,而且实质意义也变了。前后两者分析的对象(商品)虽然是一样的,但是前者表示它所包含的二个"意义"或"因素"在性质上没有差别,而后者则说这二个因素具有二重不同的性质,这两种说法显然是不能等量齐观的。然而"二重性"的提法却为断定使用价值和交换价值的源泉各有不同奠定了基础:既然它们的性质不同,源泉当然也就不会相同了。"二重性"学说的用意即在于此。

问: 你一直没有区分劳动和劳动力这两个概念,你是否认为这种区分没有必要?

答：是这样。商品生产和市场经济条件下，劳动者要获得收入就必须出现在市场上并且能够被市场认可即出卖自己，他出卖的是什么呢？或者资方购买的是什么呢？以往总是认为买卖的是劳动力而不会是劳动，其实两者含义是一致的，出卖的既可以说是劳动，也可以说是劳动力。为什么以往要着意区分劳动和劳动力呢？这有历史根据的考虑，也有理论论证的理由。就历史根据来说，马克思认为，资本主义条件下的雇佣劳动者虽然没有生产资料，但是他们的人身是自由的，因而可以多次出卖，而资本主义前的奴隶则没有人身自由，因而不能多次出卖。然而这种情况在我看来并不能说明为什么雇佣工人出卖的只能是劳动力而不是劳动，对雇佣工人来说，买卖劳动也就是买卖劳动力，而买卖劳动力也就是买卖劳动，两者是一而二，二而一的事情，对于劳资双方来说没有什么实质区别。那么为什么还一定要作此区别呢？我认为主要是树立劳动价值论的需要。如果说买卖的是劳动，劳动是商品，那么它的价值应该是什么呢？依照劳动价值论应该是劳动，结果就会陷于"劳动的价值源泉是劳动"的悖论；更重要的是，区分劳动和劳动力有利于确立劳动是价值和剩余价值的惟一源泉的根本原理：工人依照劳动力商品的价值（最终归结为最低生活费用）出卖劳动力，而他们的劳动却能够创造超过劳动力价值的剩余价值。如果我们了解商品价值源泉是多元的而不是一元的，劳动只是其中之一，则区分劳动和劳动力也就失去了意义。

问：怎样计算应归于劳动的那部分分配份额呢？

答：使用价值通常不能直接分配，分配必须借助于价值或价格。要计算各生产要素的分配份额，就需要确定各自的市场价值或价格。要素价值和价格决定于各自的市场供给价格和市场需求价格的均衡。决定供给价格的是成本，决定需求价格的是贡献或效用。就一般原理来说，在局部均衡和静态均衡场合，劳动的供给价值和价格决定于劳动成本，即养活劳动者本人及其家属的生活费用、劳动者的培养教育费用以及劳动者的发展费用。劳动的需求价值或价格决定于劳动的生产能力，具体指标是单位时间内劳动者所能提供的合乎质量标准的产品量或服务量。劳动的供给和需求关系的变动调节和决定了每一具体场合劳动的市场价值或价格，而这种调节又受到其他各种商品和市场条件的制约和影响，这叫做市场一般均衡决定法则。当然这只是就初次分配即按照生产要素的贡献进行分配的原则而言的，所体现的主要是效率优先，而在再次分配的场合，则应由国家采取各种措施和手段进行调节，缩小过大的收入差距，援助弱势群体，保障社会大多数民众能够过上安稳和富足的生活，实现社会的平等与和谐。

今天，我们如何看待资本？*

在这个总题目下，我想探讨三个问题。

一、马克思经济学能否作为否定资本生产性的依据？

长久以来，我们总是依据马克思经济学断定：资本是靠剥削雇佣劳动而带来剩余价值的价值，它体现着资产阶级剥削无产阶级的关系，从而对资本持批判和否定态度。可是当我们弄清楚了与此相关的几个问题之后，就会发现问题并不这样简单。

首先，这涉及正确认识马克思的劳动价值论的分析前提。马克思是在排除资本的条件下得出劳动是商品价值的惟一源泉这个原理的，因此人们本不该利用这个原理来断定被排除在分析之外的资本必定不是价值的源泉，更不该断定资本必定是剥削的根源。我们指出过，马克思劳动价值论的分析前提主要有三个，第一，物物交换；第二，劳动以外的要素无偿；第三，简单劳动。一望即知，在这些条件下，货币和资本关系均未出现，出现的仅仅是简单劳动及其产品。我们还指出过，依据这些条件得出劳动价值论不仅是必然的，而且是正确的。这种理论大体反映了原始商品交换甚至简单商品交换的规律，恩格斯甚至说过，这种依照劳动进行交换的情形在古代西方社会大约存在过五千年到七千年之久。然而，当资本主义生产方式从简单协作发展到工场手工业再到机器大工业阶段时，资本已经逐渐发展成为与土地和劳动并肩而立的一个突出的独立生产要素和动力时，劳动是商品价值惟一源泉的原理显然就不合时宜了。

其次，这涉及正确认识马克思经济学对资本和价值关系的处理。面对变化了的经济现实，西方主流经济学与时俱进地将资本扩大到价值源泉行列之中，将商品价值源泉论从"土地加劳动"二要素论发展到"土地、劳动和

---

* 研究提纲，未公开发表过。

资本"三要素论。但马克思拒绝这种发展,将它斥之为庸俗化,他的办法是通过以下两种学说将资本纳入以劳动价值论为基础的分析轨道,借以论证资本的出现并没有改变劳动决定价值的规律,相反的,只有依据劳动价值论才能"揭露资本的秘密"。然而我们发现马克思的努力并没有取得成功。

将资本划分为不变资本和可变资本,是马克思做出的努力之一。按照劳动价值论,抽象劳动是价值增值的惟一源泉,生产资料的价值则经由具体劳动被转移到新产品中,所以购买劳动力的资本是可变资本,购买生产资料的资本是不变资本。通过对资本的这种划分,资本似乎被纳入了价值的形成和增值机制之中,但实际上这不过是劳动价值论在资本分析上的延伸和运用而已。所谓资本在价值增值中是不变的还是可变的,仍然是由它们各自所变换的对象是劳动还是生产资料决定的,并不是对资本本身功能的说明,而劳动价值论却是在事先排除了资本的条件下得出来的,所以依据劳动价值论来划分资本不过是劳动价值论的同义反复。如同劳动价值论没有证明资本必定不是价值源泉一样,不变和可变资本论同样没有证明这一点,也否定不了资本如同劳动一样也是价值源泉这一事实。

提出价值向生产价格转化的理论,是马克思的又一重大努力。马克思试图通过这一理论证明劳动决定价值的规律"普适性",即它尽管在"微观"层次上不一定存在,但在"宏观"范围内还是有效的。马克思的根据就是他所提出的"两个等式":总价值=总价格,总剩余价值=总利润。然而,我们指出过,"两个等式"只是一种论断,马克思没有提出证明。我们还考察过西方经济学界围绕价值转形论的长期争论,结果证明这两个等式不能同时成立。我则进而质疑这两个等式成立的可能性,因为可以认为总价格和总利润是现实的量,只要资料齐全,方法正确,总是可以计算出来的,但总价值和总剩余价值却始终没有跳出"抽象劳动凝结"的范畴,它们在马克思看来本质上都是某种社会关系,当然也就不能是可计量的对象。

二、现代资本概念和资本形式的泛化

长久以来我们总是将资本理解为对劳动所创造的全部剩余价值的无偿占有的手段,而将资本形式局限于资本主义条件下的物质资本,其具体形式是货币资本、生产资本和商品资本。这些观点和认识在今天的条件下已经显得远远不够了。

一切经济资源都是资本,因为它们都具有资本的属性,即能够带来超过自身耗费的增益,至于这种增益的源泉,则不光是劳动和物质资本,而且还有土地等自然资源以及科学技术和经营管理等。资本的形式已经不限于物质资本,还包括自然资本、人力资本和知识资本。

资本的出现以及人类对资本概念及资本形式的认识经历了一个漫长的历史发展过程。商业资本早在古代和中世纪就已经出现了,它们是资本的最古老形式,其特点是局限于流通领域,主要着力于为皇室贵族和其他上层阶级服务,赚取商品流通的买卖差价。同时出现和发展的高利贷行为则不仅为从事商品买卖的商人所为,皇宫贵族和封建大土地所有者往往也就是最大的高利贷者。在商业资本和高利贷资本时代,货币资本占据着中心和支配地位,货币被视为财富的主要代表,因而积累更多货币被视为国家致富的主要源泉,盛行于15—17世纪的西欧重商主义就是这种思潮和政策的代表。

资本主义商品货币关系的出现和发展,使产业资本逐渐占了上风并最终取得了对社会生产领域和整个社会经济生活的支配。产业资本的主要形式遍及货币、生产资料、劳动力和商品,一切都商品化了,"旧社会"的资本反倒成了新资本的随从,其收入也要从产业资本的利润中"分成"。产业资本的主旨是追求经济剩余,积累越来越多的物质财富。西欧古典经济学就是这种资本观的权威代表者,他们的资本论以"经济人"为分析出发点,以经济自由主义为主线,为18—19世纪西方经济自由主义的发展奠定了坚实基础。马克思经济学也是这个时代的产物,也属于古典经济学的范畴,不过它是古典经济学中的无产阶级反对派。

在产业资本发展基础上创造了资本的新形式和新时代,这就是泛资本化时代。一方面,科学技术和经营管理的长足进展在促使社会生产力迅猛发展的同时,也创造了崭新的资本形式,居支配地位的资本形式已经从物质资本让位给人力资本和知识资本,同时自然资本的地位也越来越重要了。另一方面,单纯追求物质财富的积累和增长已不再是社会发展的首要目标,相反它应当服从于社会和谐与可持续发展的总目标。人们早已认识到,增长和发展是两个密切联系又有重大区别的观念,经济增长不一定意味着发展,只有符合社会和谐与可持续发展需要的增长才是可靠的和有益的。这个新时代的雏形在20世纪下半期已经出现,预计必定还会有广阔的发展前景。

产业资本的发展促成了泛资本时代的到来,但新时代的到来也宣布了产业资本时代的终结。这一切都是社会生产力发展的结果,而促使社会生产力发展的动力,归根到底又是人类社会不断增长和发展的需求。要满足人类不断增长的需求,必须不断积累社会财富;要积累财富则必须增加经济剩余,而资本则是一切社会条件下能够带来增益的价值。既然如此,资本概念及资本形式的发展就是不可避免的历史趋势。

认可资本形式和概念的泛化具有极端重要的意义,一个明显的表现就是,只有基于这种泛化的资本概念和理论,才能对一个国家的综合国力的现状和发展潜力做出科学的分析和判断,这种观点对认识我国综合国力是同样适用的。[①]

三、对资本与剥削之间关系的重新认识

长久以来我们总是满足于这种观点,即生产资料私有制或资本(物质资本)的存在是剥削的根源,而生产资料公有制的建立则为铲除剥削提供了决定性的历史前提。这种资本和剥削论显然是马克思劳动价值论的延伸,也是对18—19世纪产业资本时代状况的概括,但世界发展到今天,它已不合时宜。不能说这种观点表述的情况已完全成了"过去的现实",但是今日之现实又的确向传统认识提出了不能不认真看待的挑战。

挑战至少表现在两个方面。首先,生产资料的私人占有制不一定非导致剥削不可。如中国现阶段出现并蒸蒸日上的民营资本,他们占有生产资料,雇工经营,赚取利润,按照传统资本和剥削论,属于典型的资本家和剥削阶级。可是在中国的具体历史条件下却不能作此论断,否则就会导致错误的、有害的结论。第一,中国现阶段的民营资本是响应党的号召,顺应中国经济发展和人民生活需要而发展起来的,其从业人员不乏党的干部和国营企业的原职工,更不乏各种劳动者;第二,民营资本的发展为中国经济繁荣和壮大已经做出了巨大贡献,表现在增加就业、上缴财政、繁荣市场、满足人

---

① 作为一个例证,让我们引用胡鞍钢教授在一次演讲中提到的若干数据。他指出:"中国各类人均资源占有量不同程度地低于世界人均水平,但却是世界上自然资产损失最大的国家之一,是世界耗水量第一大国(占世界用水总量的15.4%),污水排放量居世界第一(相当于美国的3倍),能源消耗和CO_2排放居世界第二位,到2020年有可能超过美国,居世界第一位。"他又说:"中国四大资本变化却是这样的:物质资本2001年相当于1949年的近100倍,相当于1978年的8倍,国内投资额占世界总量的18%;总人力资本2000年相当于1949年的近20倍,相当于1982年的近2倍,目前已占世界总量的24%;知识资本2000年相当于1980年的2.1倍,占世界总量的2.8%;自然资本生态赤字持续扩大,成为限制中国经济发展的最大因素。"这里观察和比较的基础和出发点就是各类资本而不仅仅是物质资本,是这些资本的"投入和产出"之比,而不仅仅是其单纯数量的增长。

民生活需要以及参与和增进社会福利事业等方面。也就是说,既然他们合法经营,诚信道德,对国家和雇员支付了应该支付的一切,履行了作为企业家应尽的社会责任,就不能将他们等同于剥削阶级。

其次,生产资料公有制不一定意味着与剥削无缘,更不意味着公有制的建立能够保证铲除剥削。我国社会当前所出现的为数不少的贪官污吏,他们不是法律意义上的生产资料私有者,也无需雇佣工人和进行企业经营,可是他们却能凭借对各种资本的占有而无偿占有社会财富或别人的劳动成果,这里的资本通常不是传统意义的物质资本,甚至也不是其他形式的非物质资本,而是指他们手中掌握的某种资源或权力,只要他们将党和国家交给他们为人民服务的权力转化成个人牟利的手段,他们就能够达到这种目的,可是这些人却不在传统经济学所界定的剥削者之列,他们的行为至多被视为是对党纪和道德准则的违反。

现实要求我们对资本和剥削的关系有新的理解和观察。第一,事实证明资本具有二重性。它是生产要素和发展社会生产力的条件,具有巨大的生产性;但如果对资本运作和经营缺乏有效监督和适当制约,它们又会成为剥削的工具。资本本身是一种工具,一种条件,一种中性的东西,其社会性质和作用取决于谁使用它们,又为了什么目的。

第二,剥削的发生不一定仅同私有制相关。基于生产资料公有制的公权力,如果缺乏有效监督和制约,不一定不导致剥削,而私有制虽是产生剥削的可能条件,但却不是必然条件。这里的关键有两点:各种资本都是经济剩余的源泉,人力资本和劳动只是其中之一;与生产资料所有制相比,公权力具有更高的经济控制力。

第三,生产资料所有制不是万能的,它也不是判断社会性质的根本标准。公有制不是社会主义的专利,资本主义也有公有制,那里的资本社会化已达到相当高的程度;同样,私有制不是资本主义的专利,社会主义也有私有制,而且私人资本在我国也已达到相当高程度;所有制的这种交叉与混合状况不仅没有影响各自的社会性质,反倒成了巩固和发展各自实力的有力工具。"私有制是万恶之源"、"公有制定能保障社会公正"一类笼统的观点没有说服力。

"科学技术是第一生产力"两题*

本文拟讨论两个问题,第一,应否以劳动价值论排斥"科学技术是第一生产力"论;第二,应否以"劳动是生产的首要因素"排斥"科学技术是第一生产力"?

劳动价值论与"科学技术是第一生产力"

就在前几年关于劳动价值论的新一轮争论方兴未艾之时,当人们高度重视和充分肯定邓小平同志提出的"科学技术是第一生产力"这一科学论断时,有人却针锋相对地质问道:"科学技术若是第一生产力,劳动价值论往哪里摆!?"

把劳动价值论和"科学技术是第一生产力"论视若水火不相容的对立物,并以劳动价值论排斥科学技术是第一生产力论,不免让人感到吃惊,毕竟前者是马克思经济学的基础,后者则是对当代社会发展根本动力的科学概括,如果它们之间真是对立的,那绝不是一件小事;如果它们之间的关系不是这样,那么为何一些人竟会以此斥彼呢?看起来这个问题的内涵和深度要比初看上去丰富和深刻得多,有必要论究一番。

"科学技术若是第一生产力,劳动价值论往哪里摆?"言外之意,只有劳动才是第一生产力,并且以为这是符合劳动价值论的。很显然,发问者的质问是基于这样一种判断:劳动价值论就是劳动生产论,而劳动价值论又是惟一正确的理论,所以应当以之排拒科学技术是第一生产力论。但这是对马克思劳动价值论的误解,马克思认为劳动是商品价值的惟一源泉,但他并不认为劳动是生产力的惟一源泉或惟一的生产力,相反,马克思明确指出生产力源泉不仅有劳动,而且有生产资料,两者缺一不可。至于在劳动和生产资料之中哪个第一,除了赞同地引述威廉·配第的名言"土地为财富之母,劳

---

* 短论,未公开发表过。

动则为财富之父和能动的因素"①之外,我们没有看到马克思有其他论断,如果一定要在两者之中分出主次,那么,马克思倒是指出过劳动本身不过是自然力的一种表现。

以上是就生产力要素来说的,如果就商品价值创造源泉而言,马克思坚持认为其中没有任何一个生产使用价值的原子,这种源泉既不会是生产资料,也不会是"具体劳动",而只能是"抽象劳动"。马克思的结论是基于一系列分析前提、理论内核和逻辑推论而得出来的,我在《劳动价值学说新探》中有详细评析,这里不再赘述。这种情况说明,商品价值论和社会生产力论在马克思那里不是一回事,不能混为一谈,而劳动价值论又不是劳动生产力论,所以不应以劳动价值论否定科学技术是第一生产力论。然而基于上述误解而导致的混同在我国理论界一直大行其道,长久不得澄清,不能不说这有一定的客观需求和深刻社会背景。结果,久而久之,误解变成了正解,以至于发展到以之排斥科学技术是第一生产力的地步。

这就是说,不能将劳动价值论误解为劳动生产力论,它们在马克思学说体系中不属于同一范畴,因而将"两论"对立起来是站不住的。但"两论"在马克思学说体系中互不统一却说明了一个事实,即马克思劳动价值论同社会生产力论是脱节的,它说明不了生产力发展的动力和规律,它也从不以此为宗旨。这种情况对于资本主义来说算不算是劳动价值论的缺陷,人们见解不一,但对于社会主义来说肯定不能说是一个优点。为了推进中国改革开放事业,发展社会经济,我们需要一种科学的经济学价值论,这种理论应该能够揭示社会生产力(从而社会财富)发展的基本动力和根本规律,还能够揭示市场经济条件下商品价值和价格的决定和运动规律。鉴于劳动价值论对这两者都无能为力,我们必须突破劳动价值论的框架,避开它的缺陷,努力使经济学价值论同社会生产力论(或使用价值论)统一起来,使价值论和价格论统一起来,我在"应当承认价值源泉和财富源泉的一致性"等论文中详细阐述过相关观点。基于此,我以为这种价值论应是市场供求均衡的多元要素价值论和价格论,在这种价值论中,如同在生产力论中一样,科学技术也表现为第一决定要素。

---

① 配第著:《配第经济著作选集》(《赋税论》第66页),陈冬野译,商务印书馆1997年版。商务此中译本是将几本小册子合订而成,页码按各小册子排,未统一页码。

"第一生产力"的历史变迁

如果说科学技术是第一生产力,那么应当怎么看待历来被视为历史唯物主义的一条基本原理,即"人是生产力的第一要素和决定性因素",或者"劳动者是首要生产力"呢?顺便指出,这里没有深究"第一生产力"和"第一生产要素"两种提法之间的异同,在我们现在讨论的问题上不妨将它们等同视之。另外,对"第一生产力"提法的含义,我们注重的是它的实质,即指生产力中起主导作用或决定性作用的要素,而不拘泥于其字面意义。

在近年关于这个问题的讨论中,最值得注意的一种倾向是将两者对立起来,认为两者不能相容,要肯定这个就必须否定那个,两者必居其一。不过其中有人认为应以后者排斥前者,即认为人和劳动者始终是生产力的首要因素;有人则相反,认为应以前者排斥后者,认为劳动者虽然是生产力的主体和能动因素,但从来不是第一生产力。当然,也有人认为两者的关系不是对立也不是统一,而是有联系也有区别,即就所考察问题的角度、所要解决的问题以及实用范围来说,两者有区别,但就科学技术的来源和体现者等方面来看,两者又有联系。

如果抽象地提出问题,将两者对立起来就不可避免,毕竟,"第一生产力"在相同条件下只能有一个,而它们又不可能合一。但如将它们放到一定的历史时代条件下加以考察,就会发现这个第一生产要素或生产力在社会发展的不同阶段是不同的,劳动和科学技术是出现在不同历史阶段的主导要素,因而它们的关系不是对立和排斥,而是兼容和递进的,同时还可以发现历史上作为第一生产力的要素不止是劳动和科学技术。

第一阶段是原始采集经济阶段,在这个阶段上大自然起着主导作用,人类还是大自然的奴隶,除了依靠大自然的恩赐(直接采自大自然的果实和材料)以充饥和抵御风寒之外,人类面对恶劣自然条件的肆虐显得那么无能为力,在尽力抗争的同时更多地不能不付出痛苦和死亡的代价。这种社会的典型是原始社会。

第二阶段是农业、手工业和工场手工业发展阶段,土地逐渐表现为财富之母,劳动则表现为财富之父和能动的要素。劳动效率的提高逐渐地提升了劳动在生产力发展中的地位和作用,而这主要是通过两个途径实现的,一个是增进自身的劳动能力(通过分工、提高劳动熟练程度和劳动强度等),另一个是手工劳动工具的发明和改进。这个阶段在西方大体是17世纪末期到19世纪初期。

第三阶段是机器工业阶段。资本原始积累的实现,雇佣劳动大军的出现,国内外市场的形成以及手工工具的改进,终于为机器工业时代的到来准备了条件。资本的大规模积累和运用在这个新阶段上大行其道,它起着生产发展主动力的作用,而劳动者早先的主导作用不仅逐渐淡出,而且劳动本身发生了两极分化,一极提升到经营管理层次,另一极则继续滞留在操作层次。19世纪初期到20世纪上半期的西方社会经济大体就处在这个时期。

第四阶段是后工业化时代。二战后西方社会经济发展进到了一个新阶段,其突出特点就是现代科学技术成了生产力发展的主导因素。科学技术的发展当然不自战后始,但无可否认的是,它在战后呈现出的在几乎所有领域新飞跃的特点是空前的,其所带来的巨大深远社会经济后果也是空前的。人们不仅对科学技术是一个渗透性要素有了共识,而且也越来越认识到它还是一个独立的要素。科学技术的发展,极大地改造了劳动者、劳动资料和劳动对象,还促进了信息产业、管理技术和教育事业的发展,就是其渗透作用的主要表现;而属于科学和技术领域的工作者的突出贡献,劳动队伍中体力劳动者和脑力劳动者的重新组合以及科学技术成果转化为生产力所显示的效果等,就是其业已成为独立要素的有力证据。例如,科学技术贡献率在一国GDP中增长的比重,在西方主要发达国家20世纪初期大约是5%—20%,50—60年代大约是50%,80年代大约是60%—80%。面对这些重大的客观事实,不能不承认科学技术已经是第一生产力。

显然,第一生产力是一个历史的发展的概念,不应以为它固定不变,更不应以为它只能是劳动。在劳动成为生产主导因素以前的史前时期,大自然曾经主宰一切,而在劳动上升为主导因素以后,资本和科学技术又先后扮演着生产力发展的主角,即使在劳动作为第一生产力的时代,劳动本身也在不断发生变化。不过,机器和科学技术的发展及其主导作用从来没有离开过人类的劳动,它们无一不是人类劳动的成果和人类劳动的延伸。从这个意义上说,劳动又始终是生产力的主体(与客体相对应)和能动的因素,但主体和能动因素并不总是第一生产力。

为什么"拓展论"不足取?[*]

我国经济改革和社会发展的实践早就要求重新认识劳动价值论了,但出于人所共知的社会原因,在党中央领导人发出相关号召以前,重新认识和评价这种理论是成不了气候的,即使有人提出了一些不同观点,也常被视为异端而受到压制和指责。江泽民总书记在 2001 年 7 月 1 日建党 80 周年讲话中发出"深化对劳动和劳动价值论的认识"号召以后,禁忌开始被打破,局面逐渐改观,我国经济学界和社会科学界陆续出现了一批有价值的研究成果,加深了对劳动价值论的认识,对深化改革起到了良好的推动作用。可是在研讨中也出现了一些值得注意的现象,例如,个别理论家,以往从不认为劳动价值论有什么不足,现在也加入了"深化认识"者的行列。这本是一件好事,可是人们很快发现,这些人不过是借"深化认识"之名,行坚持传统观点之实,完全说不上是对价值论的科学研究和探索。这种态度表现在他们对待不同观点的态度上,就是进行充斥"文革"遗风的大批判。

这些人最热衷的观点就是将劳动概念拓展到包括科技工作和经营管理工作。应当指出,持这种观点的学者中的绝大部分人是从实际出发分析问题的,他们指出新时代条件下劳动形态发生了变化,因而对劳动在价值创造中的作用也应当有新的理解。可是另一些人则不然,他们谈论"深化认识"的根据不是实践,而是另有所指。例如有人说,党号召的就是深化对劳动和劳动价值论的认识,可见不是要深化发展别的什么理论;还说,马克思对科学技术和经营管理者的作用早有指示,只是当时没有来得及发挥或没有必要展开,现在我们的任务就是将这些指示"挖掘"出来并加以发展,例如关于复杂劳动是倍加的简单劳动的论述,关于科学技术和经营管理的重要性的论述,关于"总体工人"的论述,等等。持此观点的少数人显然认为,这样的"拓展论"两全其美,既能肯定科学技术工作和经营管理的作用,从而使现实需要得到了某种满足;又可坚持劳动价值论,因为所涉及的只是劳动概念内

---

[*] 研究随笔(2002 年 2 月 5 日),未公开发表过。

涵和外延的扩展。

人们面对此类论证的感觉与其说是可喜，不如说是可悲。就算这种拓展真是想要承认科学技术工作者和经营管理工作者也应列入价值创造者之列，这种承认也来得够晚的了。就承认经营管理者的地位来说，比西方经济学要晚至少100年，因为早在19世纪90年代，英国新古典经济学最大代表者马歇尔就已经系统地论证了这一点并被西方主流经济学所接受和继承。如果就肯定科学技术工作的作用来说，则至少晚了200年，因为早在1803年法国经济学家萨伊就论证了这一点，虽然是在比较原始和粗糙的形态上。就是比我们党改革开放之初提出"知识分子是工人阶级一部分"、"科学技术是第一生产力"，也落后了1/4世纪，这样的"深化"还能算是理论创新和发展么？当然，认识滞后并不为过。如果认识的确前进了，就应说是一件值得肯定的好事，然而情况恰好相反。

应当肯定地说，科学技术工作者和经营管理者当然是财富和商品价值的创造者，然而问题在于，这个结论能否在劳动价值论的框架内得出来呢？答案是否定的。

第一，按照马克思劳动价值论的原意，创造价值的劳动(者)是指简单生产劳动(者)，即传统意义的受剥削的"劳苦大众"及其所从事的劳动，而不是指科技工作者和经营管理者。这两种人在传统理论中的定位，前者是附在劳动者这张"皮"上的"毛"；后者则是管理和监督劳动者的人，也被认为处在劳动者的对立面，他们怎么会同工农民众一样也被看做价值创造者呢？大家知道，多少年来我们都是这样理解的，而这个理解是符合原意的。什么时候发现这种理解不对了呢？怎么能够为了现实需要就曲解马克思理论的原意呢？

第二，"复杂劳动是倍加的简单劳动"的说法也帮不了他们什么忙。按照劳动价值论，价值量取决于商品中物化的社会必要劳动量，而不是指该劳动量所生产的使用价值量即劳动生产率，可是科学技术工作者的劳动和经营管理者的劳动的特点，恰恰就在于能在同样长时间内比单纯的简单劳动生产更多更好的产品，即提高劳动生产率，但是这在马克思看来是使用价值的增加而不是价值的增加。既然如此，这算是什么价值源泉呢？诚然，从事复杂劳动需要付出更多的教育和培养费用成本，这会使从事复杂劳动的人可以将更多的劳动物化到产品中，这好像可以增加所谓价值了，可是如果这种价值增加的同时没有伴随生产率的提高，即使用价值有更多的增加，又有什么积极的与合理的经济意义呢？

第三，马克思主义创始人的确重视科学技术和经营管理，但是请注意，他们的着眼点不是指其如何增加了社会必要劳动量，从而增加了所谓价值，相反是指其如何提高了生产率，增加了使用价值，发展了生产力，所以在他们看来科学技术在资本主义条件下是一种革命的力量，即加剧了社会生产力与资本主义生产关系的矛盾，否则在他们看来倒应当是资本主义发展的强大动力了。①

究竟应当基于怎样的理论视角和怎样的新价值论才能认可科学技术（工作者）和经营管理（工作者）创造价值的作用，这个问题可以不必在此深究。然而某些理论家没有到此为止，他们在"拓展"劳动价值论的同时，极力反对将价值源泉扩大到非劳动要素上去，否则就被他们认为是否定和背叛马克思主义。他们没有或不愿意看到，他们这样做会对我们的改革实践和社会发展继续带来怎样严重的后果，对我们的基本理论建设又会继续带来怎样严重的后果。

1. 坚持他们的观点，就要继续否定资本在价值创造中的地位作用。马克思劳动价值论的本质和初衷就是否定和反对资本，这是马克思的根本立场。这种立场在马克思所处时代也许是合理和必然的，但是不能原封不动地搬到现在，理由很简单：国内外经济实践早已证明，资本首先是一种生产要素，是社会财富及其价值的重要源泉和动力；诚然，资本在一定条件下会导致剥削的发生，然而这不是资本固有的属性，而是它在一定历史条件下的异化。

2. 坚持他们的观点，就要继续否定土地等自然资源的价值，继续否定自然资源也是价值的源泉。这在理论上不能成立。劳动价值论以自然资源无价值为前提，然后又以自然资源不是劳动产品为由否定它们有价值，这显然是循环论证，前提就是结论，结论已包含在前提之中，因而缺乏说服力。自然资源无价值论在实践上也已带来了严重的负面影响和后果。②

3. 坚持他们的观点，就要继续否定科学技术和经营管理在价值创造中的积极作用。科学技术和经营管理同相关工作者的劳动当然是密切相关的，但它们毕竟不是劳动本身，而是劳动的成果，劳动经验的结晶或进行劳动的规章、规范、制度和方法等，换句话说，不能将它们等同于劳动，也就不

---

① 援引马克思"总体工人"或"生产性劳动"的说法也无济于事。参阅晏智杰著：《"总体工人"的提法能说明什么？》

② 参阅晏智杰著：《自然资源价值刍议》，《北京大学学报》2004年第6期，即收入本书的《自然资源没有价值吗？》一文。

能在劳动价值论的范围内认可其创造价值的作用。否认这些价值源泉会带来怎样的后果,早已为人所知。

4. 坚持他们的观点还会导致劳动价值论的完全破产,这可从李嘉图学派解体中得到教训。①

结论是:"拓展论"不足取。

---

① 参阅晏智杰著:《李嘉图学派的解体及其历史教训》,见《灯火集——劳动价值学说研究论文集》,北京大学出版社 2002 年版。

"总体工人"的提法能说明什么?

在前一时期关于劳动价值论的辩论中,卫兴华教授虽然不得不承认了如下事实,即马克思在起先创建劳动价值论时,并没有指明创造价值的劳动应当包含经营管理劳动和科学技术劳动,但是,卫教授认为,完全可以根据马克思后来论及资本主义生产性劳动时所提出的"总体工人"概念,将上述两种劳动包括到创造价值的"劳动"之中,因为在马克思说的"总体工人"之中,除了小工,还有"监工"和"工程师"。在卫教授看来,这里的监工和工程师其实就是指经营管理工作者和科学技术工作者。卫教授还认为,马克思之所以没有直截了当地作出一般化的表述,则是因为在当时没有这个必要,或是马克思没有来得及这样做。卫教授认为我们所要做的就是将马克思的这个思想"挖掘"出来并加以"深化和发展"。他的逻辑是:既然受雇于资本家的监工和工程师是资本主义生产性劳动者,他们当然也应被视为商品价值的创造者。

当我对这种推论逻辑提出异议时,卫教授显然感到十分意外和不能接受,他甚至将这种异议斥之为"怪论"。可以想像得到,他发出这种斥责时该是何等自信和理直气壮,也许还带着些许的轻蔑。可是他哪里知道,他的那个看来无可置疑的推论,偏偏就是不能被说成马克思的,甚至也不能被说成是对马克思观点的发展。当然,卫教授有作此推论的自由,他有权相信他的推论必定符合马克思的意思,别人没有理由剥夺他的这种自由和权利。但他无权阻止人们指出一个事实:他的这种推论不是马克思的,马克思没有这个意思;也无权阻止人们的一个合理要求:请勿将他自己的推论强加给马克思,也请勿强加给别人。

为了说明这一点,我们宁可先给卫教授的引述加以补充,加强一下卫教授论证的力度,然后再来分析卫教授结论之荒谬。卫教授只提到了马克思关于"总体工人"的论述,但事实上马克思在其他地方的一些说法,比卫教授

---

* 研究随笔(2002年12月11日),未公开发表过。

所中意的这个提法还要明确和直截了当得多。有理由相信如果卫教授看到马克思的这些论述,他是肯定不会轻易放过的。

马克思的相关论述是在评述亚当·斯密关于生产性劳动和非生产性劳动的学说时提出来的。马克思认为斯密的观点具有二重性,其一是说只有能给资本家带来利润的劳动才是生产性劳动;其二是说凡是生产商品(作为具有耐久性的物质实体的商品)的劳动就是生产性劳动。在归纳和评述斯密的第一种观点时,马克思赞同地指出:"自然,所有以这种或那种方式参加商品生产的人,从真正的工人到(有别于资本家的)经理、工程师,都属于生产劳动者的范围。正因为如此,最近英国官方工厂报告'十分明确地'把工厂和工厂办事处就业的所有人员,除了工厂主本人以外,全都列入雇佣劳动者的范畴(见这个臭报告结尾部分以前的话)。"①

按照卫教授的逻辑,这段话应比"总体工人"那段话更能说明卫教授的结论,因为经理显然比监工更具现代性。但是,且慢! 马克思在接着评述斯密的第二种观点时还有话呢。斯密依据他的第二种观点断定,那些提供"服务一经提供随即消失"而不生产耐久商品体的人的活动不能算是生产劳动,例如,剧院、歌舞场、妓院等的老板所雇佣的演员、音乐家和妓女等。马克思对此显然别有一番见解。他指出,虽然这些人没有提供"耐久的商品",他们的服务"随生即灭",但是,因为这些人"把这些服务出卖给公众,就为老板补偿工资并提供利润",所以不能同意斯密将他们排除在生产性劳动者行列之外。②

行文至此,卫教授推论之荒谬不说自明了。按他的逻辑,马克思所谓的资本主义生产性劳动者必定也就是商品价值创造者;马克思既然认为被老板雇佣的妓女是资本主义生产性劳动者,所以妓女必定也应被认为是商品价值的创造者。

好在马克思没有走到这一步,什么原因,这里不必深究。我们只能说,资本主义生产性劳动同生产商品的劳动,在马克思那里是两个既有联系又有区别的观念,不能混为一谈;我们还必须说,不能根据马克思在劳动价值论基础上得出资本主义生产性劳动论这一逻辑(或者说"正定理"),就反过来从资本主义生产性劳动推导出创造价值的劳动(或者说"反定理"),否则就会导致将"妓女"之类也拓展到价值创造者之列的荒谬结论。

---

① 《马克思恩格斯全集》第 26 卷第 1 分册,人民出版社 1972 年版,第 147 页。
② 参阅上书,第 158 页。

面对这种反批评,卫教授又以创造价值的劳动应是物质生产领域的劳动为由,将妓女之类的"劳动"加以排除,说他们不应该是价值创造者,对此我们可以表示理解;可是卫教授没有料到这样一来他就打破了他自己先前所立的那个规矩:创造剩余价值或利润的"劳动"就一定也是创造价值的"劳动"。我们看到卫教授显然是陷进自相矛盾的境地难以自拔了,而不是像他所说的那样是谁人在强词夺理,硬要将他推到无理的境地。可以放心地说,只要他不断了从资本主义生产性劳动的概念引申出创造价值的劳动概念的念头和逻辑,他就休想摆脱这种困境和尴尬。更有甚者,按照卫教授的逻辑,既然妓女之类不应算进价值创造者之列,当然他们也就不创造剩余价值了,那么卫教授是否认为马克思将他们列入资本主义生产性劳动者是错误的呢?

张珺著《深化分配制度改革的理论基础》序言[*]

该书是张珺博士的博士学位论文,其主题是我国现阶段收入分配制度改革的理论基础,并聚焦在党的"十六大"提出的"确立劳动、资本、技术和管理等生产要素按贡献参与分配的原则,完善按劳分配为主体、多种分配方式并存的分配制度"的理论基础问题上;其核心论点是:多元要素价值论和多元产权论共同构成了这种理论的基础;这"两论"是统一的,又是有区别的,而且价值论是更深层次的依据。我赞同作者的这些基本论点,并认为该文是迄今对该问题的最佳论述之一,相信该论文的公开出版会对人们认识相关问题提供有价值的参考。

这里我补充几点看法,权且为序。

不消说,该文并未指望对该主题所包含的全部问题作出回答。大家知道,我国现阶段分配制度改革的内容显然并不以该文所聚焦者为限。广义来说,它还包括了其他一系列根本原则和规范。例如,调整和规范国家、企业和个人的分配关系;坚持效率优先、兼顾公平;初次分配注重效率,再分配注重公平;规范分配秩序,实现共同富裕;等等。其中无一项不重要,但不可否认,实现按要素贡献分配以及多种分配方式并存的制度和原则,确是分配制度改革的核心一环,也是现阶段收入分配改革的最新进展,因而它最引人注目并引发了诸多争议。不难理解:这些新原则和新制度的逐步实施,必将继续改变个人收入分配的标准和尺度,最终改变收入分配的整体格局,并进而影响到其他各项分配原则与规范的落实。这种情况说明该课题的研究不仅带有前沿性,而且富于挑战性。

应当说,该文甚至也不是对上述理论基础的全部回答。同样很显然,即使仅就这些收入分配制度和原则的理论基础来说,也不仅限于经济和法权

---

* 张珺著:《深化分配制度改革的理论基础》序言,中国图书出版社2004年版。

层面,它还涉及社会、政治、文化等各个领域。例如,分配制度改革会引起我国社会结构和社会分层的广泛而深刻的变化,而社会分层问题应是一个典型的社会学课题;分配制度改革直接关系到我国政治生态和政治制度的变迁,关系到社会政治的稳定,这当然是一个典型的政治学课题;分配制度改革同我国社会主义物质文明建设和精神文明建设同样有着广泛深刻的联系。但同样不可否认,从经济和法权角度作出的回答带有根本性,因为只有这种研究才能确定地说明它们到底是否具有合理性与合法性,还因为只有这种研究才能为其他角度的研究提供最终的基础和依据。

必须说,即使就分配制度改革而言,该文也基本上没有涉及个人收入分配以外的其他问题。实际上,就国民收入分配的静态的逻辑的思路来说,在个人收入分配之前,首先得有国民生产总值在"国民"和"非国民"之间的分配,接着要进行的是从国民生产总值(或国民总收入)中分出政府和企业应留应支的部分,然后才轮到在社会成员即个人之间的分配。但到此为止还只是初次分配,此后还有通过政府支出、税收和社会保障体制等机制实现的二次分配或再分配。但不可否认,在整个国民收入分配体系中,个人收入分配占有极其重要的地位,这不仅因其在整个国民收入中占大部分份额(据有的学者估计,20世纪90年代大体年平均占65%左右),而且因其直接涉及社会生产和经济活动的各种主体,直接关系到广大民众和各个阶层的切身利益,所以它直接反映整个分配制度的性质,对社会经济发展有着巨大的影响,历来为民众所关注。

在"国民"内部即政府、企业和个人之间的分配有时也被说成是"要素收入分配",不过,这是广义的要素分配,它同通常意义的或狭义的要素分配还有所不同。在现代社会经济体系中,政府和企业,作为社会财富的创造者、经营管理者和组织监督者的作用有目共睹,须臾不可或缺,这是没有疑问的,因而称政府和企业为"要素"也未尝不可,但不宜将它们与作为个人参与社会财富的创造和分配的"要素"相提并论。此要素非彼要素。在他们之间,无论就其参与分配的行为主体和行为方式来说,还是就其在社会收入分配体系中的地位和作用来说以及参与分配的原则和规范来说,都大不相同,不可同日而语。所谓按生产要素的贡献参与分配以及多种分配方式并存,通常指的都是个人收入分配,所涉及的都是收入分配同个人所占有、掌握、支配和运用的各种要素的关系,这里的要素主要是指土地、劳动、资本、经营管理和科学技术等。

多元要素价值论是上述新的分配制度和分配原则的理论基础之一,它是对施行这种新制度的必然性与合理性的科学说明,因为它如实地反映了社会财富及其价值创造的主要源泉和决定因素。这就是说,多元要素共同创造了社会财富(商品),也就有权从中获得与自己的贡献相吻合的份额,这是实现分配关系中的公平和效率的基本要求,也是市场经济条件下分配关系的必然趋势。这当然不是说据此可以放任自流,更不是说不再需要国家对分配关系的必要干预和调节,而只是说这种调节和干预的机制同样必须适用市场经济的新条件,而不是回归到原先的高度集权的集中统一的计划经济体制下对收入分配的一套做法,实践业已证明那种分配方式和原则是不成功的。就我国目前情况看,建立和完善国家对收入分配的干预和调节,还是一项任重道远的艰巨任务,其难度绝不亚于个人分配方式的改革。

这里需要指出多元要素价值论的两个基本特点,一是将商品或社会财富的价值理解为它们同人的需要的关系,理解为人与物、主观与客观的对立和统一关系,这同人们关于价值的一般含义的理解是一致的。有一种观点声称经济学的价值观念不应当同一般价值观念相一致,但我们迄今未看到这种说法有什么科学根据。仅仅举出马克思经济学的价值概念是不足以说明问题的,它不可能具有决定性。只需指出一点就够了:马克思经济学只知道资本主义与商品生产和市场经济相联系,而不知社会主义商品生产和市场经济为何物,从而其经济学的价值学说绝不是为社会主义市场经济制定的,更不是为中国社会主义市场经济提供的。有学者认为马克思经济学的劳动价值学说(当然包括其价值概念在内)适用于一切的商品生产和市场经济,具有普遍的永恒的适用性。他们可以这样认为,这是他们的自由,但不应把这种观点说成是马克思的,马克思没有这种观点,也不可能有这种观点。在我们看来,经济学的价值观念应当有其特定的具体的内容,这是没有疑问的,但它同时应是一般价值概念的具体化和深化,而不应当也不能脱离一般价值观念的总轨道。借口维护传统劳动价值论而拒绝将经济学价值观念同一般价值观念相统一,或者说执意要将经济学价值观念推到人类一般价值观念的总轨道以外,这种观念和思想方法对发展经济学价值论究竟是有利还是有害,是使它更接近实践还是继续远离实践,甚至是否真的是在坚持和发展马克思主义经济学,应当是不说自明的。

多元要素价值论的另一个特点在于,这种价值论与社会财富论(商品论)是统一的,它们统一于社会经济实践,而且价值论所说的就是财富(商品)本身的价值,而不是别的什么东西;但它们两者又是从不同角度对同一事物或现象的理解和观察,如果说商品论或财富论涉及的是财富的实物形式,那么价值论涉及的就是其非实物形式。价值论和财富论形式上的差别是重要的,但是不应当像以往传统经济学那样,将这种差别扩大到对立的地步,甚至以为其中一个(商品价值)是本质和内容,另一个(商品使用价值)只是现象和形式。社会生活的实践和发展早已告诉我们,认识上的这种偏差会导致极其严重的社会实践的偏差。至少有一点是简单明了,不难理解的:一方面不得不承认作为实物形式的财富的源泉是多元的,另一方面却拒绝承认同样的财富的非实物形式或价值形式的源泉的多元性,这种观点无异于指鹿为马,其自相矛盾是再清楚不过的。我认为应当承认价值源泉和财富源泉的一致性并认为这是实践的要求和呼声。

价值论与分配论的关系是显而易见的,但是在深化分配制度改革过程中,又出现了认为两者无关的论点。这种论点的出现不免令人感到意外。为什么长期以来一直被捆绑在一起的两个东西,现在在一些人的眼里突然变得无关了呢?原来,在一些人那里,这两者有关还是无关,全取决于谈论的是什么样的分配制度和什么样的价值理论。在以往实行计划经济和所谓按劳分配时代,没有人说它们无关,相反,劳动价值论被看做是按劳分配制度的理论依据,即说明了实行后者的必然性和合理性;可是,在实行多元要素贡献分配原则和多种分配方式并存的新制度下,眼见传统劳动价值论已不能完全适用之时,却又不肯前进一步,从劳动价值论与时俱进地发展到包括劳动在内的生产要素价值论,于是"无关论"应运而生。可见"无关论"的实质在于否认新历史条件下新分配制度应当具有的新理论基础,即排斥适应时代发展的新价值论,而不能说明分配论和价值论真的无关。

以上所说还只涉及新分配制度的理论基础的一个层次,虽然这个层次带有根本性质,但它还不是问题的全部,它的另一个层次的理论依据是多元产权论,没有这个层面的理论,新分配制度的理论基础就是不全面不可靠的,因为它是否具有合法性还没有得到证明。大家知道,产权通常被理解为人们对商品或其他资源的使用所引起的一种人与人的相互关系,这同前述价值论的含义相吻合,有交叉,但比后者似乎更为宽泛。产权多元化是市场经济体制深化发展的必然趋势，这种局面的出现是一种历史的进步，有利于解放和发展社会生产力，尽管同以往计划经济时代所追求的大一统的公有制、甚至单一全民所有制的局面相比，似乎是一种倒退，但这种形式上的倒退换来的却是社会生产力的大发展和切切实实的社会进步。在这种历史性的改革和发展进程中出现的多元产权必然要求在分配制度上有所体现，或者说多元产权要求在经济上实现自己。多元产权论所反映的正是这种现实。当然这里所说的只应是合法产权，一切不合法的所谓产权均不在此例。

就产权实践来看，多元产权体现在多方面，不仅包括通常所谓物权，而且还包括债权、知识产权以及所有交易中的权利等。就其表现和存在形式来说也是多元的：私有产权、共有产权、集体产权和国有产权等。对任何资源或物品所拥有的一切合法产权是这些资源或物品的经济价值的决定性因素之一。正是因为如此，产权论才必然成为新分配制度的理论基础之一，这个理论的意义在于从法权角度说明了多元要素分配制度的合法性。这里需要强调指出，这里所说的产权与生产资料所有制是有联系又有区别的两个概念，不可混为一谈。它们所反映的虽然都是人们对资源和财产关系的认识，但一个是从经济的角度，一个是从法权的角度，两者不可替代：产权是生产资料所有制在法律上的反映，所有制制约产权关系，但后者反过来又直接影响所有制的存在和实现；还有，产权除了包括生产资料所有权以外，还包括各种非生产资料的产权，所以它的对象和范围要比所有制来得具体和宽泛。

值得注意的是，有人在主张分配制度改革与价值论"无关"，特别是排斥新分配制度与多元生产要素价值论之间实际存在的关系的同时，却在突出强调生产资料所有制对分配制度的决定作用，他（们）理直气壮地问道：有什么样的生产资料所有制就有什么样的分配制度，而生产条件本身的分配则表现生产方式的性质，这难道不是马克思经济学的一条基本原理吗？在他（们）看来，谁不这样地提出问题和思考问题，谁就是背离马克思主义。其实，说分配制度与所有制密切相关，甚至说所有制决定分配制度，这能有什么错呢？再说，也未见有谁要否认这个原理。问题的症结不在这里，而在是否赞同发展市场经济条件下的多种性质所有制以及与此相应的分配制度。可以声称赞同这条马克思主义的基本原理，但可以不赞同所有制和分配制度的多元化,相反,还能以此所有制决定分配制度的思路来否定多元化的改革。原先的所有制和分配理论的宗旨都是在于论证资本主义经济制度的剥削本质和必然灭亡。君不见改革开放以来的几次大的经济理论论战,哪一次离开过生产资料所有制和分配制度这个话题? 它们是"计划经济还是市场经济"争论中的一个焦点,又是"姓资姓社"争论的一条界限。现在又在关于分配制度改革的辩论中被一些人提了出来,其目的不说自明。难怪有人在强调所有制的决定意义的同时,对多元产权的存在和要求不予理会,甚至要加以否决了,这正是一些人高举所有制(或者说公有制)旗帜的一个不大不小的秘密。但我们却从改革发展的实践中认识到,合法产权论是比所有制论更适合认识和处理市场经济条件下分配制度改革问题的理论立场和视角,虽然我们从来肯定生产资料所有制对分配制度的决定性意义,也坚持必须以公有制为主体的立场。

郑克中著《客观效用价值论
——重构政治经济学的微观基础》序言[*]

《客观效用价值论——重构政治经济学的微观基础》是郑克中先生经过多年坚持不懈潜心钻研而得出的一项研究成果；他认为在新的历史条件下，传统劳动价值论应当予以超越，并以客观效用价值论取而代之。这是该部论著的中心思想。我以为，作者这种基于社会实践和科学思维方法而敢于向传统思想挑战的勇气应当受到赞扬；他所提出的客观效用价值论在根本方向上也应加以肯定，尽管对作者的一些具体分析和观点可持不同意见；好在作者也不认为他的认识已是终极真理，反而一再申明其抛砖引玉之意，这种科学探索的精神无疑增添了本书的价值，更易激起人们阅读的兴趣。

劳动价值论为什么必然要被突破和超越呢？就是因为它对社会生活的客观事实和社会发展中出现的一系列新现象和新趋势缺乏解释力。例如，"价值"这个概念的一般含义在于主体和客体的关系，经济学的价值概念理应是这种一般观念的具体化；这就是说，商品价值的直接的本质的含义应是指人的需求与商品的关系，即人与物的关系，即使所说的商品是劳动力时，表面上似乎涉及的是人与人的关系，其实仍然是处在人与物的关系之下并服从于这种关系的；但劳动价值论的"价值"观念却将价值概念定义为某种实体，并将价值源泉惟一地归结为抽象的劳动，归结为某种人与人的社会关系，从而排除了需求；商品的使用价值只被看做是价值的物质承担者，而使用价值本身则被排除在价值关系本体之外，这就使得这种价值概念脱离了一般的价值论轨道，也与现实生活实际不能相容。

又如，商品的市场价格决定于市场的供给和需求双方力量的均衡，而供给和需求又各自受到一系列要素的制约，单独地决定于供给或单独地决定于需求的情形是存在的，但那是特例而不是通则，只能在假定供给或需求不

---

* 郑克中著：《客观效用价值论——重构政治经济学的微观基础》，山东人民出版社 2003 年 8 月版。

变时,才能这样说;惟一地决定于劳动的情形也是有的,但那更是特例,只有在抽象掉市场供求关系的影响,不考虑土地、资本等要素也像劳动一样索取代价的条件下才能出现。但劳动价值论却将这种特例视为通则,认为市场价格惟一地决定于劳动量,而且是抽象掉各种劳动具体形式的抽象劳动量,这就将劳动以外的要素,甚至于各种具体的实际的劳动形式都统统排除在外了,这使劳动价值论难于对市场价格决定及其变动这个最普遍和最基本的现象给出一个具有普遍意义的科学解释。

再如,社会财富(商品)是人的劳动和生产资料相结合的产物,因而财富(商品)的源泉不仅有劳动,而且有土地、资本、管理和知识等各种要素,无论对财富的实物形式还是对财富的价值(价格)形式都是如此,这应当是人所共知的常识。然而在劳动价值论看来,即使承认财富的实物形式的源泉的多元,也要拒绝承认其价值形式的源泉的多元。这就造成了一个明显的悖论:说到(例如)某国某年的年产品时,可以承认其实物形式(各种实物形式的工农业产品、各种的服务和劳务等)的源泉,除了劳动以外,还有资本、土地、管理和知识等,但是说到这些产品的价值,则只能承认其源泉仅仅在于劳动,而且是抽象劳动。这就使劳动价值论不仅同一般价值观相脱节,与市场价格决定论相脱节,而且与生产发展论相脱节。

劳动价值论的缺陷和不足并非自今日始,但如果我国经济改革和社会发展没有前进到今天这样的地步,纵使有对这些缺陷和不足的理论的思辨的成果,也不会出现深刻认识和逐步克服这些缺陷和不足的迫切要求和强大动力。以建立社会主义市场经济体制为总体目标和模式的改革,将市场供给和需求的力量及其作用空前强烈地显现出来,经过现实生活的检验,人们越来越明确地认识到实现供给和需求的均衡该是一件多么重要的事情,它直接关系到社会经济能否快速、稳定和健康的发展;随着改革的深入和社会生活的全面发展,作为财富及其价值的源泉的要素,早已大大超出了传统劳动价值论的范畴,在一般劳动所起的基础作用之外,人们越来越看到了"科学技术是第一生产力",也看到了土地、资本等要素的巨大积极作用;在现实生活的推动下,人们感到需要重新思考经济学的基本理论,首先是几十年来作为我国经济学基本理论基础的劳动价值论,人们要求这种理论能够反映实践并进而指导实践,其中包括将经济学的价值理论与一般意义的价值观念统一起来。可见,超越传统劳动价值论是一种社会发展的客观要求。

事实上,这种要求或劳动价值论所受到的挑战,早在19世纪初英国经济学界就已经出现了,并最终以劳动价值论的破产和以该理论为基础的李嘉图古典经济学派的解体而告终。当然,当前在中国社会经济思想界所出现的对传统劳动价值论的重新认识和探索,在其重新认识的对象和具体历史条件及国情等方面有很大区别,两者不可相提并论,但就其都是市场经济制度不断发展的结果和社会生产力发展的必然要求来说,却具有某种共同点,甚至可以说,当前中国出现的重新认识劳动价值论的情形是历史在一定意义上的重演,因而历史的经验教训不能不引起我们的深思和重视。

有人以"政治后果不堪设想"为由拒绝回应这种客观要求。这至少是一种盲目性。在我看来,正是为了避免"不堪设想"的"政治后果",才必须冲破传统劳动价值论的束缚,否则正在进行并已取得巨大成果的以市场经济体制为取向的改革就应当中止下来,甚至倒退到计划经济:要知道以劳动价值论为基础的经济学理论本来就是实行计划经济的理论基础,该理论对市场经济是否定的;"科学技术是第一生产力"、引进外资、发展民营经济、对国有企业进行深入改革等举措和重大决策也必须予以中止,因为依据传统劳动价值论及传统经济学说,它们统统都处在劳动的对立面,属于在社会主义革命过程中必须扫除之列。至于同这些经济成分相联系的在改革和发展中涌现出来的那些新阶层的成员,包括民营企业家、科学技术工作者、受雇于外资的人员等,在传统理论的境界中更没有合理合法的地位了。可见,政治后果是必须考虑的,问题只在于追求怎样的后果。

有人主张在传统劳动价值论的范畴内,通过扩大劳动概念的内涵来使它符合现实需要。但这是十分牵强的,甚至是行不通的。因为劳动价值论的本质在于否定资本和其他任何非劳动要素在创造商品价值中的作用,所以无论如何也不能将它们扩大进去;科学技术、经营管理和知识等要素,固然同劳动密不可分,但它们的形式和内容都不能同一般劳动相等同,他们是密切相关但又各不相同的独立要素,绝非一个劳动概念所能容纳;何况还有英国古典政治经济学的最高成就李嘉图学说遭遇挑战和解体的教训:李嘉图的追随者正是企图借助于扩大"劳动"概念来"解决"劳动价值论同现实生活之间的矛盾,而将这种本来还有一定科学性的学说弄得面目全非和一败涂地的。

如实地认识传统劳动价值论有限的适用范围(原始实物交换和简单商

品生产和交换),承认这种理论同现实生活之间的抵触和矛盾,是重新认识经济学价值论的前提;而从商品与人的需要的关系的角度,即客观效用的角度来认识和建立经济学的价值理论,看来是一条必由之路。必须指出,西方有作为的经济学家们在这方面已经作了长期大量探索并取得了许多重大成果,值得我们加以借鉴,但这不能代替我们中国学者的新思考和新探索,郑克中先生这部著作正是这种探索的新成果之一,理应受到人们的欢迎和重视。

靳毅民著《经济学新原理》简评*

靳毅民先生在近日由中国社会科学出版社出版的专著《经济学新原理》中,对劳动价值论的缺失提出了新的反思,并依据这种新认识,提出应以商品使用价值为基础来构建经济学理论。我以为他对劳动价值论的探讨是有道理的,他提出的构建经济学的新思路在总的方向上是对头的。

诚如作者所说,传统劳动价值论虽然认为商品有使用价值和交换价值两个因素,但却不承认使用价值在交换价值决定中的作用,因而在价值决定分析中将使用价值舍弃掉了,但事实上使用价值的作用却是不可忽视的:它既是简单商品生产和交换的目的,也是商品交换的依据,还决定着商品的价格。

作者还指出,传统劳动价值论所说的决定商品价值的"社会必要劳动量"其实是一个模糊不清的无法确定的概念,无论它是指社会平均生产条件,还是指大多数商品的生产条件,都会导致逻辑和事实上的矛盾。

作者还分析了马克思的转形理论。通过分析,他指出西方经济学家提出的转形问题本身并不能否定劳动价值论(这同他们运用的分析方法不妥有关),但这不能证明劳动价值论的正确性。在作者看来,利润总额并不等于剩余价值总额,价值总额与生产价格总额也不一致,这既有理论上的根据,也有实例的根据。这样一来也就从根本上动摇了以为劳动价值论具有普遍实用性的传统看法。

基于上述,作者提出,研究商品生产条件基本规律应以使用价值为基础,而使用价值规律(即"商品按照同等使用价值进行交换的规律",但此处使用价值是指商品与人的需求的关系,而不是指商品的物理的、化学的或其他自然性质)在他看来是一个普遍的规律,所谓普遍是说它存在于商品生产的一切阶段。另一方面,在简单商品阶段,还存在劳动价值规律即按照同量劳动交换的规律,不过这个规律与使用价值规律完全一致。到了资本主义

---

* 为靳毅民著:《经济学新原理》,中国社会科学出版社 2003 年版,撰写的评论。

生产阶段,使用价值规律依然存在,并与同量资本获得同量利润规律相一致了,这时候等量劳动获取等量使用价值的原则已被等量资本获取等量使用价值的原则所取代。也就是说,劳动价值论仅仅适用于简单商品生产,而不适用于资本主义商品生产。

可以对作者的这些见解表示不同意见,事实上其中一些观点也未臻成熟,值得进一步思索和探讨,但不可否认作者的确是在严肃认真地探讨问题,并且在探讨中尽力以他所看到的客观事实及所信服的逻辑方法和数学方法作为根据,而不管被质疑或批评的理论或观点出自何方权威,这种"不惟上,不惟书,只惟实"的精神值得肯定。传统劳动价值论的局限性已是昭然若揭的事实,已被越来越多的理论工作者所认识,而靳毅民的新著为这种认识增添了新的视角和要素;更值得重视的是,他强调使用价值的作用,主张借鉴西方经济学的供求均衡价格论,同时又对其据实加以修改,以之作为经济学理论基础的主线,这在我看来是中国理论经济学发展的必然趋势,虽然作者不是提出这一见解的第一人,但他的分析带有自己的特点。

访台讲演：大陆经济体制改革的前景[*]

在今天有限的时间内，我想谈两个问题，第一个问题是想从西方经济学发展的角度，结合关于计划与市场的争论这样一个大的背景，谈一谈中国大陆改革的意义和它的前景。第二个问题，就是想扼要地将大陆的对外开放做一个回顾与展望。我想这点是各位比较关心的。

大陆经济改革的意义与前景

首先在第一个问题方面，关于计划和市场的关系，通常有一传统的观念，就是觉得资本主义搞的就是自由经济、市场经济、自由市场经济；社会主义搞的就是计划经济，而且在相当长的时期里，在马克思主义理论界，包括大陆经济学界在内，还把社会主义就是搞指令性计划作为正统的观念，这点我想大家都是清楚的。当然话这样讲其实也不尽然，因为就西方主要资本主义国家来讲，或者就西方经济学界来讲，他们对于资本主义是不是就只仅仅是搞自由竞争的市场经济这一点，早就有了突破，无论在理论上和实践上都有很大的进展，远的不说，1929 到 1932 年的世界性经济危机，从理论上来讲，宣告了以马歇尔（Marshall）为主要代表的新古典学派所倡导的，以自由竞争为根本前提的经济学体系的破产，或者说，他们遇到了极大的障碍，因而，才有凯恩斯主义的出现。凯恩斯主义的出现，从一个角度来讲，岂不就是对于过去资本主义所通行的自由竞争、市场经济这样一种观念的突破。而罗斯福的新政及其他主要资本主义国家所实行的对于经济生活的大规模干预（过去已经有，但现在的特点是大规模的干预），是不是也可以看做在实践上对于资本主义的传统做法的突破。因此，我以为在资本主义世界，在非马克思主义理论里，对于问题的那一半，也就是说资本主义就一定仅仅是自

---

[*] 原载台湾《亚洲与世界》月刊 1993 年第 3 期。1993 年 4 月 26 日—5 月 3 日，我参加北京大学经济学家代表团应邀访台，该文即是在《亚洲与世界社》主办的《两岸关系新形势研讨会——市场经济与经济发展》上的发言。

由市场经济这一点，无论在理论上和实践上都有了突破。如果没有这种突破，我们很难想像在20世纪30年代之后，资本主义世界有一个相对长期和稳定的发展，尽管其中有所波动。

对于我们要谈的第二个方面，问题的另一半，即社会主义过去被认为仅仅是搞计划，就有了一个强烈的对照的背景。我们感到很遗憾的是，当西方突破他们传统的观念，在一定的程度上把计划引进他们原来以自由竞争之市场经济为基础的经济体制的时候，在社会主义国家，在马克思主义理论界，却固守着原来的观念，不论在理论上和实践上都没有突破原有的框架。也就是说，拒绝引入市场经济体制，以致引起了非常严重的后果，总的来说，就是效率较低、发展较慢、人民生活水平提高的不太快，这些都是众所周知的。对于这种情况，我觉得并不是不可以理解的，这涉及对马克思主义经济理论的看法。

我认为马克思基于对自由竞争资本主义制度的矛盾、运动规律的认识，指出资本主义必然要被计划经济所取代，从资本主义过渡到社会主义，从自由竞争的市场经济过渡到计划经济，认为经由这样一种途径，可以克服自由竞争资本主义的种种弊端，实现社会生产力的发展、社会经济生活以及其他方面的全面进步，这一点是可以理解的。而且，如果我们将马克思主义放在它所产生、形成和发挥作用的那一个历史时代的话，我们应当说马克思主义不愧是一种伟大的、革命的、先进的学说。

问题在于，马克思主义同任何一种科学真理一样，都不可避免地具有自己认识的和时代的局限性，因此马克思主义也不可能解决人类社会发展的全部问题，它没有为自己提出这样的任务，别人也没有、也不应当对之提出这样的要求。马克思并没有看到资本主义生产方式发展到一定程度，可以在它自身范围内、在某些方面取得突破，因而允许社会生产力有一个新的、更大的发展。然而这项突破在马克思之后还是出现了。但问题是，从马克思之后，现实在发展、历史在演变，可是社会主义者或是社会主义的同情者以及一大批信奉马克思理论的人们，在思想和理论方面并没有跟上时代的发展，仍然是把计划经济看做是社会主义经济惟一的模式，固守着社会主义就是计划经济这种观念。更值得注意的是，不仅社会主义者这样看，反社会主义者、非社会主义者、非马克思主义者，长期以来也抱有这种观念，即资本主义是搞市场经济，而社会主义就一定是搞计划经济。尽管政治立场不同，但是在把市场经济等同于资本主义，把计划经济视同社会主义这一点上，双方倒是共同的。不同之点在于：反对论者认为，因为市场经济是合理配置资源的惟一合理方式或者是主要的方式,社会主义和市场经济并不兼容,因此他们得到的结论是:社会主义不可能实现资源的合理配置。这一点,我们可从西方经济学界在 20 世纪 20 年代到 30 年代有名的大论战中获得理解。事实上,在这之前,对于计划和市场、计划、市场和社会主义的关系,已经有一个很长的时期存在着不同的观念和意见,这在刚才讲的共同点上,已经反映出来了。

这样一个共同的观念,在 20 世纪二三十年代的大争论中间,被进一步强化了,不是被争论的一方强化的,而是被争论的双方共同强化的,尽管双方得出的结论不同、立场各异,但是在把资本主义等同于市场经济、社会主义等同于计划经济这一点上,争论的双方实质上是一样的。在这个争论中间,一部分社会主义者坚持认为只有计划经济是惟一优越的制度,拒绝市场经济,拒绝把竞争机制引入市场机制。但另一部分人的观点则有所松动,他们认为社会主义虽然还不能够实行市场经济,但是在计划经济的体制之下,可以通过采取某种措施,具体来说,就是运用行政手段,经济主管当局(例如国家计委)采取"试错法",就可以实现资源的合理配置。这部分人后来就被称做市场社会主义者。在这争论中间,出现了一系列有名的人物,最有名的,在我看来就是奥斯卡·兰格(波兰经济学家),在他以前和以后也出现了一大批主张搞市场社会主义的人们。不过尽管他们的思想有所松动,对于市场机制和社会主义计划经济之间的关系,采取了一种稍有弹性的看法,但是他们从根本上来讲仍然没有脱出原有的传统观念,仍然把社会主义与计划经济相等同,他们只是想在计划机制的根本前提之下运用某些市场机制的方法,甚至于可以说,是让那个"计委"去起市场的作用,当然这是不可能实现的,这是办不到的,尽管这种思想同仅仅认为计划经济是惟一的、优越的思想比较起来,有了某种程度的松动。而后来的社会主义世界,无论是西边还是东边,从总体上来讲,坚持的都是计划经济体制,兰格等人的市场社会主义观念并没有被采纳,在这两个体系对峙的大背景下,由于其他种种的、社会的、经济的、策略的、战略等各方面因素的影响,使得原来的社会主义在这个计划经济体制的道路上愈走愈远,而且这路愈走愈窄,以致走到某一个程度感觉到如果再不改变就没有出路。因此,我觉得事实证明了一点:在原来的两种体制、两种思想认识之下,不管哪一方,能够最早地认识到自己原来那个经济体系的局限性,并且在实践上,力求采取某些有效的办法加以补救,那么谁就能继续前进并占上风。

20 世纪 30 年代之后,西方国家经济取得长足发展,我认为同他们在认识自己原有体系的局限性并且力求突破这一点上,不是没有关系的。同样的,30年代以后到今天,社会主义世界的发展相对落后与没有实现这种突破密不可分,尽管这不是惟一的原因,但这是一个带有根本性的原因,是绝不能忽略的。那么,在这样一个背景之下,我觉得,中国大陆14年的经济改革之所以了不起、之所以具有历史意义,正是因为在这样一个大国、这样一个大党,而且实行了40年的计划经济的国度里头,开始有了突破,也就是说,社会主义应当把市场机制引进来,现在达到了应该建立有自己特点的市场经济的深度;另一方面,在这个认识不断推进的同时,我们改革的实践,也在不断地深化、不断地扩大,方向就是朝着突破原有的形式,而且吸取过去被认为是不可兼容的、对立面的思想体系或经济体制的有效机制。也就是因为这一点,我觉得中国的改革是有希望的,大陆的改革是不可逆转的。因为事实证明:要逆转就没有出路,而没有出路的事情,人民是不会做的,老百姓不会这样做,一个大党也是不会做的。从这个角度来讲,我认为中国大陆的改革,必定会取得最终的胜利。我必须补充一句,现在仅仅是开始,突破还不是最终的结局,这就叫做胜利在望,而不是胜利在握。什么时候才能握到手呢?那恐怕不是一代人所能够达到的,没有三代也得有两代,因为西方国家在改革他们的体制、吸取计划经济的某些长处时,已经给我们昭示了那样的一个历史经验。

大陆开放政策的回顾与展望

接下来所要谈的是对中国大陆对外开放趋势的一个简单回顾及展望。我所以谈这个问题,是因为我发现同仁们很关心,我们自己也很关心。

不过在这个问题上,没有太多的道理好讲,我仅提供几个事实。首先是,改革开放14年来,各个方面,特别是就对外开放这个领域来讲,已取得了明显的进展,例如:大陆的进出口总额,在1950年仅仅只有11.3亿美元。在1978年,相隔28年后,增加到206亿美元,也就是说年增长率为10.9%。到1992年,就增加到了1656亿美元,也就是说从1978年到1992年,增加了7倍还要多,年递增率从过去的10.9%增加到16%多,这是一个很大的发展。这同对外开放的总格局是密不可分的。当然如果仔细分析起来,还有很多有意义的变化,例如:进出口的结构,有了很大的改善:在出口产品中,机电产品的比重有了很大的增加;在进口产品中间,先进的技术、关键设备增加的比重更大,而消费品增加比重较小。另外一个重要事实是:加快了技术引进的步伐,到1992年,大陆的三资企业总数已经超过了65 000家,其中已经开业的50 000家,它们的总产值和销售收入接近1 000亿美元。仅仅1992年,新批准的外商在大陆的直接投资,就有4万多项,协议的金额有458亿。除此之外,大陆方面还通过国家采购和其他方式,引进了好几百亿美元的技术装备。同时,对外技术经济合作也在不断加强,到目前为止,大约有一百多个国家和地区与大陆签订了劳务承包合同,还有一系列国际多边、双边的技术经济合作的协议。大陆的国际旅游事业也有了蓬勃的发展,虽然"六四"以后,有几年徘徊,但最近一两年又上来了。还有一个更重要、更有意义的方面,就是中国大陆的改革开放,逐渐形成这样一种格局,那就是,从一开始的几个特区后来扩展到沿海的几个对外开放的城市,然后又发展到沿边对外城市与周边国家的开放,再从沿海、沿边扩展到内地,我们把它概括一下,可以说这样的格局是有层次的,又是有重点的,好像一个波浪,一波一波地往里边推,这是最近几年以来,呈现的一个很明显的趋势。展望未来,在20世纪90年代,在我看来,大陆的对外开放,有进一步发展的趋势。首先是在地域上,开放的地域会不断地扩大,形成一种多层次、多渠道、全方位的开放格局,从沿海到沿边到内地,尤其是长江流域的开发最引世界注目,长江是我们的黄金水道,东有上海,西有重庆,整个这条路线,有二三十个大的重要城市,每一个都是明珠,在历史上和现实上都有重要的地位。而现在呢,沿着长江的开发逐渐地有了眉目,我想同仁们都是知道的。至于广东沿海,那更是先走一步了。除了地域的扩大之外,在利用外资方面,也在不断地扩展,尤其是交通、能源、技术产业以及其他的技术改造领域,而投下资金、技术密集型的企业,还有包括金融、房地产,这在一开始的几年,相对来说,还是比较少的。除此之外,大陆还在不断地扩展国际市场,促进同国外市场的衔接,如果实现了,就会有一个新的局面展现在大陆的面前。因此,我的看法是,中国大陆的开放不会退缩,只会进一步发展。

"三个代表"重要思想与中国经济学建设*

问:现在全国上下正掀起学习和贯彻"三个代表"重要思想的新热潮,作为经济学理论工作者,您怎样看待"三个代表"重要思想与经济学建设的关系?

答:我认为"三个代表"重要思想对我国经济学建设具有直接的指导意义。经济学是"经世济民"之学,其历史使命就是为国家繁荣富强、社会不断进步和人民生活逐步提高提供不同层次的理论支持或操作性指导。由于经济学的研究对象是探索和揭示生产、分配、交换、消费领域的一般法则或具体规范,所以它同国家经济和社会发展,同人民群众的生活有着直接的关系。因而在我看来经济学工作者就像我们党面临"立党为公"和"执政为民"的要求一样,在经济学家面前也摆着一个"治学为公"和"治学为民"的严肃课题。

问:你这样提出问题,那你怎样看待我国经济学以往取得的成就呢?

答:应当肯定地说,改革开放二十多年来,我们的经济学教学和研究已经取得了巨大进展和显著成就,为国家经济改革和社会发展做出了卓越贡献。提出从计划经济体制转向市场经济体制;提出公有制为主体、多种所有制并存;提出按劳分配为主,多种分配方式并存;等等,都是人所共知的标志性理论成果。更不用说经济学家在各种经济决策和执行层面上所发挥的作用了。当然,将这些巨大的理论和实践成就仅仅归结到经济学家头上是可笑的,但谁也不能否认经济学家起了不可替代的、有时是关键性的作用。应当说,我国经济学这些年来总体上实现了与我国经济改革和社会发展的同步成长,这在中国经济学发展史上是前所未有的。

问:"前所未有"是什么意思? 该怎样评价改革开放前我国经济学的状况呢?

答:我国是一个文明古国,经济思想的起源与发展源远流长,从孔夫子到孙中山,有许多宝贵的思想遗产值得我们加以总结和借鉴。然而,进入19世纪中叶以后中国落伍了。在封建专制统治和西方列强侵略之下,中国

---

* 原载《中国改革报》2003年8月17日。

逐渐沦入半殖民地半封建的悲惨境地，积贫积弱成了中国社会的基本特征。在这种条件下，原先的经济思想精华固然无以生存和发扬，就是企图独立自强的某些先驱者的经济思想也不可能成气候，而生硬地移植和宣扬西方主流经济学成为一种时尚。新中国成立后，局面为之一变，但又经历了很大曲折。简单地说，20世纪50年代中期以前，我国经济学呈现出勃勃生机，同时也深受苏联教条主义之害。随后我国走上独立自主之路，在对从苏联传入的政治经济学进行反思的觉醒下，开始提出了一些富有创见的宝贵思想。可惜刚刚开始的这种探索又被十年"文革"动乱所打断，经济学也随之受到重创。只是在改革开放以后，我们开始重新认识什么是社会主义，怎样建设社会主义之时，经济学才开始获得新生，并从过去的"沉闷的科学"发展成为一门"热度"极高的"显学"。上面提到的一些理论成果都是在这种新历史条件下出现的，这是时代的要求，也是时代发展的必然。

问：能否说这些理论成果的取得是"三个代表"重要思想的胜利呢？

答："三个代表"重要思想当时还没有正式提出，但是，我想这样说也没有什么不对，因为上面提到的这些经济学新思想和新主张所体现的就是"三个代表"。试想，如果不是为了追求发展生产力，而且要力求体现先进生产力的发展要求，如果不是为了增强国力和提高人民生产水平，为什么要打破旧的计划经济体制，坚决转向市场经济体制？为什么要打破公有制一统天下，实行公有制为主体的多种所有制结构？为什么要实行按劳分配和按要素贡献分配相结合的方式呢？

问：在你看来，在经济学的建设中，如何进一步贯彻"三个代表"重要思想呢？有什么值得注意的倾向性问题吗？

答：我以为虽然成绩巨大，但对照"三个代表"重要思想的要求，还有很大距离，还有很长的路要走。经济改革和经济发展的道路还很长，前面还会不断有新情况、新问题需要经济学给以回答，从这个意义上说，经济学的探索是永无止境的。另一方面，从经济学的教学和研究现状来说，也的确存在一些值得深思的问题。例如，如果本着实践的要求，提出深化认识劳动和劳动价值论，就是一个正确的要求和口号，但如果认为这种深化和发展只能在马克思原先的思路和框架内进行，否则就是背离马克思主义，这就成问题了。这不是从实践出发提出问题，不是以实践作为判断理论是非的标准，更不是以实践为依据来坚持和发展马克思经济学，这才是离开马克思主义真理论的基本精神和根本要求的，在我看来也不符合"三个代表"重要思想的精神。且不说在原先的框架和思路内深化和发展也根本行不通。

问：如何处理好坚持和发展马克思主义经济学,的确是摆在经济学家面前的一个难题,解决起来有一定的难度,但又必须解决,一次不行,再来一次,只有不断尝试才能不断前进,企图毕其功于一役是不现实的。

答：说得对。这是一个不断实践的过程,也是一个不断解放思想的过程。关键在于坚持以邓小平同志提出的"三个有利于"作为判断是非的标准或如陈云同志所说要"不惟上,不惟书,只惟实",这些思想和"三个代表"重要思想都是一脉相承的、完全一致的,也同样适用于对待马克思经济学。这就是说,马克思经济学的批判和求实精神必须坚持,但其理论原理和结论应当依据实践经验加以发展。应当将坚持和发展马克思经济学同坚持和发展中国特色社会主义的实践统一起来,做到尊重人民群众的创造和呼声,尊重当代世界和中国的发展要求,尊重客观经济规律的作用。

问：你说得很对,但是这些精神不也应该适用于对待西方经济学吗?难道在对待西方经济学方面没有类似的、值得注意的倾向吗?

答：这个问题提得好。改革开放以来,西方经济学如潮水般涌入,一时之间占据了我们经济学讲坛的半壁江山,甚至成了经济理论教学的主流。这究竟是好事还是坏事?要作具体分析。应当说,在我们必须搞市场经济,但又缺乏理论准备和实践经验的条件下,以市场经济为背景的西方经济学的涌入不仅是时代的必然,也是一种历史的进步。它不仅在一定程度上可作为我们实践的参考,而且也有助于打破长期以来中国经济学思想的禁锢,何况其中确实包含着一些科学真理。但是也要看到存在着食洋不化,照搬照抄的现象。在一些学者眼里,西方经济学完全正确。这是一种盲目性。事实上西方经济学中也有不少垃圾和废物,西方经济学内部出现的相互批判和替代就是一个明证。不要在摆脱对马克思经济学的教条主义倾向时,又一头扎进西方经济学的怀抱。

问：那你主张建设什么样的经济学呢?

答：我主张建立中国特色经济学。这种经济学应以当代世界背景下的中国为研究和服务对象,以中国历史和现实为依托,以研究和解决中国经济改革和经济发展问题为己任,要力求体现中国人的思维习惯和风格,其理论形态还要为群众乐于接受,特别为干部和青年所喜闻乐见。要建设这样的经济学,必须深入实践,努力总结改革发展的实践经验,同时注意吸取一切优秀的经济学成果。这种经济学是中国的,同时也是面向世界和完全开放的。除了实践,这种经济学不知道还有其他什么权威。

西方经济学史新论

西方史学史

选编

威廉·配第的价值论是二重的[*]

威廉·配第(1623—1687)是 17 世纪英国杰出的经济学家和统计学家,英国资产阶级古典政治经济学的创始人。他在《赋税论》、《爱尔兰的政治解剖》和《政治算术》等著作中,提出了包含劳动价值论萌芽的思想,对经济思想的发展作出了重要贡献,这是大家都知道的。然而,上述思想并不是威廉·配第价值论的全部内容,甚至也说不上是主要内容。除了劳动价值论的观点以外,他还有另外一种价值论。对威廉·配第价值论的这个方面,人们往往不大提及或者不予重视。有些著作虽曾提及,但未予详析。而忽视或对这个方面估计不够,便不能对他的价值论作出实事求是的全面的评价。

威廉·配第的另一种价值论,实际上是一种使用价值论。它体现在价值概念、价值源泉和价值尺度等各个方面。

应当指出,在经济学发展史中,价值这个范畴是随着商品交换的产生、发展而出现和逐渐明确起来的。在这明确化过程中,人们曾不可避免地把使用价值和交换价值(价值)这两个范畴相混淆。与此相关,对价值源泉和尺度问题也出现过彼此抵触的见解。因此,对价值概念等问题的二重观点并不始于威廉·配第,配第价值论的二重性是过去一直存在的二重见解的一种残余表现,而且应当说,他对这二重观点中的每一种,都作了相当充分的发挥。

威廉·配第多次论及商品与货币的"价值",在这些论述中,"价值"一词究竟何指? 通读一下他的有关著作,便可看出,这个概念在他那里有两种不同的含义。一种指的是商品的交换价值和价值,即指一定量谷物或其他商品值多少货币或其他商品。[①] 他还把这一意义上的价值分为"人为的价值"和"自然的价值"。人为的价值指谷物与白银之间的比率,自然的价值则指由"生产自然必需品所需要人手的多少"所决定的价值。他把自然价值也称为自然价格,而把生产中实际使用的人手所决定的价格称为政治价格,把政

---

[*] 原载《经济科学》1982 年第 1 期。
[①] 参阅威廉·配第著:《赋税论》,陈冬野等译,商务印书馆 1978 年版,第 41 页。

治价格的货币表现称为实际的市场价格。② 在这些地方,威廉·配第明确区分了价值与使用价值、价值与价格,甚至模糊地感觉到了商品的社会价值(自然价值和自然价格)与个别价值(政治价格)的不同,从而正确地把握了商品价值的含义。然而在另外一些场合,他又把价值同使用价值相混同,把商品的效用或用途称为价值。"例如,在一些天主教国家里,在四旬节的前期,鸡蛋几乎没有价值(因为在四旬节之前,鸡蛋的质量和味道是很差的);在犹太人看来,猪肉一文不值;在不敢吃食刺猬、青蛙、蜗牛、菌类等物的人们看来,这些东西有毒,或者不利于身体健康,所以也都一文不值。又如列万特出产的葡萄干以及西班牙出产的葡萄酒,由于敕令宣布它们使本国财富蒙受巨大损失要加以禁止,所以也就都没有价值。"③ 显然,他这里所说的价值其实是使用价值。类似的说法还可举出一些。④ 值得注意的是,威廉·配第还把使用价值意义上的价值概念用到"土地价值"和"人口价值"上。在他看来,土地和人口的"价值",意即土地和人口所能提供的产品数量。⑤ 把价值理解为使用价值,这就是威廉·配第的另一种价值概念。

　　威廉·配第的价值概念是二重的,价值源泉的观点也是二重的。一方面,他明确指出,生产商品或货币所花费的劳动是"各种价值相等和权衡比较的基础",认为"自然价值的高低,决定于生产自然必需品所需要人手的多少。"⑥ 还指出商品或货币的价值同劳动生产率成反比以及技术(即复杂劳动)可以说是倍加的简单劳动等等。这些都是威廉·配第对劳动价值论的宝贵贡献。然而,另一方面,他又认为价值源泉是劳动和土地(自然力)。他这样看是很自然的。他既把商品价值等同于使用价值,当然也就要把商品使用价值的源泉看做价值源泉。于是就有了下列各种说法。例如,"所有物品都是由两种自然单位——即土地和劳动——来评定价值,换句话说,我们应该说一艘船或一件上衣值若干面积的土地和若干数量的劳动。理由是,船

---

② 参阅威廉·配第著:《赋税论》,陈冬野等译,商务印书馆1978年版,第88页。
③ 同上书,第48页。
④ 参阅同上书,第42、66页等处。
⑤ 参阅同上书,第43、88页。《爱尔兰的政治解剖》,周锦如译,商务印书馆1974年版,第57页;《政治算术》,陈冬野译,商务印书馆1978年版,第55页等。
⑥ 顺便指出,认为配第只把生产金银的劳动视为创造价值的劳动这一说法是不能成立的。除了这里所引的这段话以外,他在其他各论述价值决定的话,包括说在一定时间内所生产的一定量白银是在同一时间内所生产的一定量谷物的自然价格那句有名的话(《赋税论》,商务印书馆1978年版,第41、48页),也都不能证明上述论断的正确性。相反,它证明配第所说的是没有差别,可以比较的一般劳动。尽管他没有一般劳动或抽象劳动的概念。

和上衣都是土地和投在土地上的人类劳动所创造的。"① 又如,"我们认为,土地为财富之母,而劳动则为财富之父和能动的要素。"② 这里所谓财富,与价值是同一含义。再如,"纯金和纯银之间价值的比例,是随着土地和人类劳动生产这两种东西的多少而变动的"。③ 至于土地和人口本身的价值,则取决于它们各自所生产的产品量。④

可见,在威廉·配第看来,价值源泉有时是一个——劳动,有时则是两个——土地和劳动。在后一种情形下,价值尺度也是两个:土地产品和劳动产品。以上所述,足以表明威廉·配第在发挥二重的价值论方面已经走得很远了,然而他并没有就此却步,而是沿着土地和劳动都是价值源泉和尺度的思路,进一步提出了这两个尺度能否还原为一个共同尺度的问题,并且不止一次地强调说,这是政治经济学中最重要的一个问题,具有重要的实践意义和理论意义。他说,如果我们能够发现土地和劳动之间"等价和等式的关系",把它们还原为一个共同的尺度,就可以只用土地或只用劳动来表示任何东西的价值。他还指出,黄金和白银是普遍的价值尺度,但是,衡量它们的重量和成色是有困难的。即使金银的成色和重量不变,它们的价格也会因生产或其他偶然原因而上涨或下落,从而导致以金银表示的价格发生变动。因此,他认为应该在不贬低黄金和白银作为价值尺度的情况下,发现另外一种同纯银一样稳定不变的自然标准和尺度。由此可见,在威廉·配第看来,解决和寻求一种共同的价值尺度是一件非常重要的事情,是土地和劳动都是价值源泉和尺度这一命题的深化,是价值论的重要组成部分。由此还可看出,认为配第提出寻找共同尺度是出于已经认识到劳动价值论的重要性及其具体应用中的困难而企图另找出路的说法是缺乏根据的。因为上述问题是在断言土地和劳动都是价值源泉和尺度之后,而不是在劳动价值论的范围内提出来的。

怎样找出这个共同的自然标准和尺度呢? 威廉·配第的办法是,根据土地和劳动创造价值的原理,首先把土地和劳动在产品价值中各自所占份额加以区分,然后找出可以表示各自份额价值的共同物品。这种物品在配第看来便是土地和劳动的共同价值尺度。他举例说,"假定圈起两亩牧地,在

---

① 威廉·配第著:《赋税论》,陈冬野等译,商务印书馆1978年版,第42页。
② 同上书,第66页。
③ 威廉·配第著:《爱尔兰的政治解剖》,周锦如译,商务印书馆1974年版,第59—60页。
④ 威廉·配第著:《赋税论》,陈冬野等译,商务印书馆1978年版,第43、88页;威廉·配第著:《爱尔兰的政治解剖》,周锦如译,商务印书馆1974年版,第33、55页等。

里面放进一只已经断乳的小牛,我认为在一年之后,这只小牛身上的可吃的肉将增加一英担。这一英担肉可以做五十天的食物,也是这只小牛的价值的利息;它就是这块土地的价值或年租。如果加上一个人一年的劳动,可以使这块土地生产出比六十天的食物还多的牛肉或其他东西,那么,多出来的若干天的食物就是这个人的工资。在这里,工资和土地的价值都是用若干天的食物来表示的。……因此,一个成年人平均一天的食物,而不是一天的劳动,乃是衡量价值的共同尺度。"①

把商品价值及其尺度归结为口粮(工资),显然是错误的。口粮(工资)本身还是有待确定的价值,何况从数量上来说,商品价值量总是多于生产该商品的工人的工资(口粮)。可是,这个错误的结论却是威廉·配第的土地和劳动创造价值这一观点的合乎逻辑的结果。

有人认为,威廉·配第只是表面上把土地看做价值源泉之一,实际上他认为价值源泉只是劳动。理由是,当威廉·配第建立土地和劳动之间的"等价和等式关系"时,他说的不是作为自然物质的土地,而是土地的价值——资本化的地租。似乎威廉·配第提出土地和劳动之间等同关系的前提,只能是把土地本身的价值归结为劳动。这种分析不符合配第著作的原意。前已指出,威廉·配第正是从土地和劳动都是价值源泉和尺度这一观点出发,才提出将它们还原为同一尺度的问题的,没有前者便没有后者,这是一。第二,在论述土地和劳动的等同关系时,他谈的既是自然物质的土地,又是土地的价值——地租。更准确些说,他谈的是土地本身(而不是劳动)生产出了地租,有如上例中那头小牛一年之后所增加的那一英担肉。威廉·配第在别的场合的确把地租归结为劳动(尽管不是雇佣劳动),从而对地租(实则剩余价值)的来源作了包含科学因素的解释。可是在论述土地和劳动的等同关系时,他虽然也把土地归结为土地价值,又把土地价值归结为地租,但却没有把地租归结为劳动,而是归结为土地本身的产物。所以,建立土地与劳动之间的等同关系,是威廉·配第的两个价值源泉和尺度这一观点的发展和运用,而不是对它的修正和抛弃。

事实证明,威廉·配第的价值论是二重的。他在提出包含劳动价值论萌芽思想的同时,也提出并多少系统地发挥了另一种价值论。这后一种价值论的特点是把价值等同于使用价值,把使用价值源泉(自然力和劳动)看做价值源泉,把土地和劳动的产品视为价值尺度,并且认为口粮(工资)可以作

---

① 威廉·配第著:《爱尔兰的政治解剖》,周锦如译,商务印书馆1974年版,第57—58页。

为任何物品的共同的价值尺度。

威廉·配第价值论的二重性,表明他还没有认识到私有制下劳动具有社会劳动与私人劳动、抽象劳动与具体劳动二重性。他直观地感觉到劳动是商品交换和权衡比较的基础,同时又看到要使物品变成有用物,光有劳动还不够,必须加上自然力(土地)。同时,由于没有摆脱掉人们通常以"价值"一词评估物品用途这一观念的束缚,于是在一些场合认为价值源泉是劳动,在另一些场合却认为是劳动和土地两者。他不理解劳动在创造价值和使用价值的过程中,起着不同的作用,具有不同的地位。历史证明,正确认识并明确区分劳动二重性从而建立科学的价值论,还有待于生产力水平的进一步发展以及对资本主义生产方式历史过渡性的科学理解。在威廉·配第时代,资本主义生产方式尚处在幼年时期,揭示劳动二重性的客观历史条件还远未形成。在这种情况下,威廉·配第提出二重的价值论是不可避免的。

尽管如此,对配第在价值论上的科学贡献,仍然应当给予充分地肯定,因为他毕竟是最早明确提出包含劳动价值论的思想的人之一,他还依据这一思想和实证的统计方法,对当时面临的一系列经济理论问题和实际问题,发表了很有见地的分析意见。他的思想和方法,是经济学发展史中的宝贵财富,标志着英国古典资产阶级经济学发展阶段的开端。

重评亚当·斯密的价值—价格论*

人们对亚当·斯密的价值—价格论似乎早已有了定论,即认为亚当·斯密的价值论是多元的、不一贯的、充满着相互抵触的观点。这种看法由来已久且相当流行。① 围绕着价值源泉问题,人们说亚当·斯密在《国民财富的性质和原因的研究》(1776年初版,以下简称《国富论》)中阐述其价值论时,混同了价值的内在尺度和外在尺度,提出了互不一致的各种论点,诸如耗费劳动论、支配和购买劳动论、生产三要素成本即三收入论以及供求论等。还有人认为,亚当·斯密从《关于法律、警察、岁入及军备的演讲》(1762—1763,以下简称《演讲》)到《国富论》(1776),在价值论方面发生了一个大的转变,即从效用论转到了劳动论,于是,如何理解和看待这两部著作在价值论上的对照也成了一个问题。对于流行已久的这些观念,近些年来在国外的一些文献中已经受到怀疑和挑战,② 我国著名学者陈岱孙教授在其《从古典经济学派到马克思》一书中

---

* 原载《北京大学学报》(哲学社会科学版)1989年第6期。

① J.B.萨伊可以说是最早明确提出这类看法的作者之一,而李嘉图和马尔萨斯等人实际上也抱有类似看法。19世纪70年代兴起的"边际革命"中出版的许多阐述边际效用论的著作,在批判古典学派的劳动价值论的成本价值论时,也不时地对亚当·斯密的价值分析提出批评。马克思对亚当·斯密的价值论作过全面、细微和深入的评析,他认为亚当·斯密对于价值概念提出了两种、三种,更确切地说,甚至四种尖锐对立的看法。在近来出版的经济学说史著作中,类似观点随处可见。例如:罗尔《经济思想史》,陆元诚译,商务印书馆1981年版,第154—169页;季德、利斯特《经济学说史》上册,徐卓英等译,商务印书馆1986年版,第91—96页;J.A. Schumpetor, *History of Economic Analysis*, p.180, pp.307—311; J.K. Ingram, *A History of Political Economy*, pp.104—121; M. Bowley, *Nassan Senier and Classical Economics*, pp.67—74。我国解放以来出版的各种教材、著作及论文都是对马克思对亚当·斯密价值论的评析的阐释。

② 例如 S. Kaushil 在其 *The Case of Adam Smith's Value Analysis* 一文中即试图重新评价亚当·斯密的价值分析。在众多有关文章中,笔者认为这是最富启发性的一篇,本文在某些地方也吸收了这篇文章的观点。刊于 *Oxford Economic Papers*, Vol.25(1), March 1973, pp.60—71, 转载于 *Adam Smith*, *Critical Assessments*, Vol.III, Edited by J.C. Wood, 1983, pp.275—286。与众不同的某些观点可见转载于同上书的以下各篇: H.M. Robertson and W.L. Taylor, Adam Smith's Approach to the Theory of Value, 原载 *Economic Journal*, Vol.67(266), Feb.1957, pp.181—198, 该文认为斯密的价值论与其前辈的观点恰成对照;而且他本人前后两本著作中的观点也形成对照。A. K. Das Gupta, Adam Smith on Value, 原载 *Indian Economic Review*, Vol.5(2), August 1960, pp.105—115, 该文认为斯密并没有一种明确的价值理论,甚至斯密的生产成本论也不是为了解释价值现象,作者还以为价值论在斯密体系中处于从属地位。R.M. Larsen, Adam Smith's Theory of market prices, 原载 *Indian Economic Review*, Vol.24(3), Feb.—mar. 1977, pp.219—235。此外,S.Hollander, *Classical Economics*, 1987年版, 第4章也值得一读。

提出了极富启发性的不同见解。① 本文则试图发表另外一些不同的意见。

是"价值反论"吗？

亚当·斯密的价值—价格论集中体现于《国富论》第一篇第五、六、七章，对其价值—价格论的探讨人们大多认为应当而且必须从第四章末尾几段开始。但是，对这几段文字的理解却存在相当大差异。亚当·斯密在论述了货币的起源及其效用之后，接着说："我现在要讨论人们在以货币交换货物或以货物交换货物时所遵循的法则。这些法则决定所谓商品相对价值或交换价值。"② 但事实上，他没有立即直接进入对这些法则的论述，却提出了下面这段著名的论断，人们有时称之为"价值反论"：

"应当注意，价值一词有两个不同的意义。它有时表示特定物品的效用，有时又表示由于占有某物而取得的对他种货物的购买力。前者可以叫做使用价值，后者可以叫做交换价值。使用价值很大的东西，往往具有极小的交换价值，甚或没有，反之，交换价值很大的东西，往往具有极小的使用价值，甚或没有。例如，水的用途最大，但我们不能以水购置任何物品，也不会拿任何物品与水交换。反之，金刚钻虽几乎无使用价值可言，但须有大量其他货物才能与之交换。"③

对这个论断，存在着肯定与否定两种看法。一种看法认为，这段话表明，亚当·斯密不仅明确区分了物品的使用价值和交换价值这两个概念，而且明确排除了以使用价值或效用说明价值大小及其来源的可能性，尽管其中有绝对化的地方。抱有劳动价值论观点的人乐于持这种看法，而且认为这个论断不啻是反驳效用价值论的一个有力论据。④ 另一方面，抱有效用价

---

① 陈岱孙：《从古典经济学派到马克思——若干主要学说发展论略》，上海人民出版社1981年版，第62—69页。作者特别指出亚当·斯密价值论中的二元论，实际表现在耗费劳动价值论和收入决定价值论上，而不是通常所谓的耗费劳动论和支配劳动论。
② 亚当·斯密著：《国富论》上卷，郭大力、王亚南译，商务印书馆1972年版，第25页。
③ 同上书，第25页。
④ 我国40年来出版的经济学说史教科书及有关论著几乎无例外地持这一看法。苏联学者卢森贝的《政治经济学史》在我国曾有较大影响，其中许多论述都应予重新思考。在这里所谈的问题上，卢森贝的看法是，亚当·斯密的这个论断"是太矫枉过正了一些……然而，交换价值并不受使用价值所决定，这个论点是完全正确的"（卢森贝著：《政治经济学史》，李侠公译，三联书店1959年版，第265页）。在经济学说史上，李嘉图的评论是很有代表性的，他在其代表作《政治经济学及赋税原理》（1817年初版）正文一开头论价值时就首先引述了亚当·斯密的这个论断，接着就从中得出这样一个判断："所以，效用对于交换价值说来虽是绝对不可缺少的，但却不能成为交换价值的尺度"（李嘉图著：《政治经济学及赋税原理》，郭大力、王亚南译，商务印书馆1972年版，第7页）。

值论观点的人似乎也不能否认这种理解,但否认其中的观点并视之为建立效用价值论道路上的一大障碍。边际效用价值论的出现和流行,在这种理论的创立者和拥护者看来,恰恰排除了这个障碍,解开了这个"价值反论"之谜。① 于是这些人认为,亚当·斯密的上述论断表明,他没有区分总效用和边际效用,而以总效用和价值相对应,必然陷入不可解脱的困境,以至于排除了以效用说明价值源泉和大小的可能性;若以边际效用而论,则难题迎刃而解;水的用途虽大,但其边际效用因其量极大而极小,所以价值低;金刚钻用途虽小,但其边际效用因其量极少而极大,所以价值高。

以上两种看法都以为亚当·斯密上述论断的本意即在于提出价值源泉问题,而且认为这段话已经从一个侧面(排除使用价值)回答了这个问题。诚然,水和金刚钻一类例证早被人用来说明效用和价值的关系,亚当·斯密在他先前的《演讲》中也以此为例说明"价廉在于物博",② 甚至在《国富论》

---

① 罗尔指出,亚当·斯密的这个"价值反论"为19世纪后期的经济学家提供了建立理论的起点,最终发展成为边际效用学说(罗尔著:《经济思想史》,陆元诚译,商务印书馆1981年版,第154页)。边际效用论者大都注意到这个"反论"并对边际效用论终于能够解开这个"反论"表示肯定和庆幸。例如奥国学派著名代表者庞巴维克承认:"效用最大而价值最小,这是一个奇怪的矛盾。这一异常的现象已经成为价值理论中的一个真正的绊脚石……曾有许多人企图用各种复杂的解释来调和这一致命的矛盾,但都失败了"(庞巴维克著:《资本实证论》,陈端译,商务印书馆1964年版,第158页)。在阐述了边际效用决定价值的原理之后,庞巴维克宣称,"对于原来使我们感到十分惊奇的这一现象——即珍珠、钻石等比较'无用'的东西,具有很高的价值,更加'有用'的东西如面包和铁等具有小得多的价值,而水和空气却毫无价值——我们在这里找到了十分自然的解释"(同上书,第171页)。持边际效用价值论的西方经济学(史)家通常也都抱类似看法。例如:萨缪尔森在《经济学》中认为边际效用论有助于解释亚当·斯密所碰到的这个价值反论,而亚当·斯密本人之所以不能解决,就是因为斯密还没有达到能够区别边际效用和总效用的境地。D. P.奥布赖恩则认为,亚当·斯密在《演讲》(1762—1763)中继承先辈的主观价值论,也以效用和相对稀少性说明价值,因而已经解决了"水和钻石"这样的价值反论(The Classical Economists, p.78)。这样就提出了亚当·斯密前后两部著作在价值论上的变化和相互关系的问题。关于这一点,下文还会讲到。按奥布赖恩的说法,亚当·斯密在《国富论》中提出"水和钻石"的对比显然不是为了提出价值问题,更不是要立即回答价值问题。

② E.凯南在为《国富论》及《演讲》所作的注脚中指出,斯密本人及经济思想史中先前的著作家们已经屡次描述过水与钻石的例子,见 The Wealth of Nations, ed. by E. Cannan, 第28页注25。亚当·斯密在《演讲》中指出:"价廉实际上即等于物博。水所以那么便宜,就是因为它可以取之不尽,而钻石所以那么昂贵,是因为它稀罕难得(人们似乎还没有发现钻石的真正用途)"(亚当·斯密著:《演讲》,陈福生等译,商务印书馆1982年版,第174页)。约翰·罗在《论货币与贸易》(1705)中说:"商品因为被使用而具有价值;商品价值的大小,与其说取决于其用处的大小或人们对它的需要程度,不如说取决于相对于需求的商品数量的多寡。例如,水有很大用途,价值却很小,因为水的数量远远大于对它的需求。钻石的用处很小,价值却很大,因为对钻石的需求远远大于钻石的数量"(约翰·罗著:《论货币与贸易》,朱泱译,商务印书馆1986年版,第1—2页)。哈里斯在《论货币和铸币》(1757年版,第1篇第3节)中也作了这样的对照。凯南在为亚当·斯密上述《演讲》所加的一个注中还指出:"水由于取之不尽用之不竭,因而廉贱无比,这是古人常说的话。巴贝拉(Barbeprac)在评普芬多夫(Pufendorf)著《自然法与国际法》第5篇第1章第4节时曾引用柏拉图(Plato)《尤齐迪默》(Eunhydem)(304B)下面的话:'尤齐迪默啊,凡是稀罕的都是贵重的。正如平德所说,水是因多而贱的最显著例子'(亚当·斯密著:《演讲》,陈福生等译,商务印书馆1982年版,第174页。)"。

中我们还能读到以下两段话，其一："在原始自然状态下，衣服和住宅材料总是过剩，因而没有多少价值，甚或完全没有价值。在进步状态下，此等材料往往缺乏，其价值于是增大。"① 其二："原生产物，有一部分往往要加工制造后才适于使用或消费。假设没有资本投在制造业中把它加工，则这种原生产物将永远不会被生产出来，因为没有对它的需求，或如果它是天然生长的，它就没有交换价值，不能增加社会财富。"② 作者显然把价值的有无及大小同物品的效用及稀少性联系在一起。可是，在我们讨论的这个场合，斯密的本意却不是这样，而且不会是这样。

不是这样，是因为从斯密在第四章论述的上下文的逻辑联系来看，还没有到提出价值源泉问题的时候，尽管这个问题接下去即将出现，当然更不到解决价值源泉问题的时候，那是第六章才集中讨论的对象。不会是这样，是因为在《国富论》第五章阐述价值或交换价值决定因素时未涉及使用价值或效用，到了第七章论述市场价值时才明确引入效用和需求的因素，这表明在正面讨论价值问题时，斯密是明确地将使用价值同价格而不是同价值联系在一起的，因此，我们有理由相信，斯密在刚刚引述的那两段话中所说的价值，实指价格。

那么斯密这里提出水和钻石为例的论述究竟意欲何为？斯密这里的本意不在于说明效用和价值的关系，不过是在展开讨论交换价值的种种问题之前，明确地区分交换价值和使用价值这两个概念，强调不可将两者混淆起来，以便为后面的论述准备条件。因而这段论述也不构成什么"价值反论"。至于后人（包括劳动价值论者和边际效用论者）不作如是观，那是由于他们融入了自己的理论观点的缘故。

亚当·斯密提出了三个问题

在区分了使用价值和交换价值之后，亚当·斯密说："为要探讨支配商品交换价值的原则，我将努力阐明以下三点：第一，什么是交换价值的真实尺度。换言之，构成一切商品真实价格的，究竟是什么？第二，构成真实价格的各部分，究竟是什么？第三，什么情况使上述价格的某些部分或全部，有时高于其自然价格或普通价格，有时又低于其自然价格或普通价格？换言

---

① 亚当·斯密著：《国富论》上卷，郭大力、王亚南译，商务印书馆1972年版，第155页。
② 同上书，第330页。

之,使商品市场价格或实际价格,有时不能与其自然价格恰相一致的原因何在?"①

话说得非常明白。为探讨交换价值法则,他要阐明交换价值尺度、真实价格的构成以及市场价格同自然价格的关系。然而,由于一些人只注意从斯密的论述中追寻作者对所谓价值源泉的看法,结果往往忽略了(或者更准确地说,不正视或不重视)作者对价值尺度的分析;或者硬要从价值源泉的角度来理解作者对尺度的分析,结果不仅造成了混乱(下面要讲到),而且同样忽略了作者对价值尺度的分析。另一方面,由于一些人误以为斯密所说的第三点仅仅是价格问题,不是价值分析本身,所以在研究作者的价值分析时,视其为可有可无而不予重视。这其实是一种极大的曲解。事实上,最后这一点像前两点一样,也是作者价值分析的不可缺少的有机组成部分。为了强调这一点,在论述中我宁愿并有意地标明亚当·斯密的价值—价格论,而不是仅仅标明价值论。

总之,作者为自己提出的任务有三点,我们的研究自然就应当把这三点都包括在内,这是完整准确地把握亚当·斯密有关交换价值法则理论所必需的。

交换价值的源泉还是尺度?

亚当·斯密在《国富论》第一篇第五章回答了他所提出的第一个问题即什么是交换价值的真实尺度?他的基本论点是:"劳动是衡量一切商品交换价值的真实尺度"。② 或者说"劳动是商品的真实价格,货币只是商品的名义价格"。③ 为什么?对于这个结论的前半部分,斯密作了这样的回答:这是由于"对于占有财富并愿用以交换一些新产品的人来说,它的价值,恰恰等于它使他们能够购买或支配的劳动量。"④ 这又是为什么呢?斯密实际上提出了互相联系和彼此一致的两方面理由。

一方面,在一个分工社会中,各人所需物品中的大部分须依赖他人劳动,"所以,他是贫是富,要看他能够支配多少劳动,换言之,要看他能够购买

---

① 亚当·斯密著:《国富论》上卷,郭大力、王亚南译,商务印书馆1972年版,第25页。
② 同上书,第26页。
③ 同上书,第29页。
④ 同上书,第26页。

多少劳动"。① 这是从社会条件角度说的。另一方面,"任何一个物品的真实价格,即要取得这物品实际上所付出的代价,乃是获得它的辛苦和麻烦。对于已得此物但愿用以交换他物的人来说,它的真正价值,等于因占有它而能自己省免并转加到别人身上去的辛苦和麻烦。……劳动是第一价格,是支付一切物品的原始购买货币。世间一切财富最初都是用劳动而不是用金银购买的"。②这是从交换的实质或实际内容和依据的角度说的。就是说,以货物或货币购买物品,实际上就是用劳动购买,交换实际上是具有同量"劳动价值"的物品的交换。可以认为,这是对于前一方面理由的补充,就是说,一个人能够支配或购买多少劳动,还要看他在自己占有,但不愿自己消费,而愿以之交换他物的物品上花费了多少辛苦和麻烦。在斯密的这些论证中,暗含着一个前提:他分析的是有分工但尚未出现资本积累和土地私有条件下的交换,即简单商品生产和交换。在这种条件下,一个人所能支配或购买的劳动同他实际付出的辛劳总是一致的。让我们记住这个前提。

为什么劳动是真实价格,而货币是名义价格呢?这是因为,在斯密看来,劳动本身价值绝不变动,随时随地可用以估量和比较各种商品的价值:"等量劳动,无论何时何地,对于劳动者都可以说有同等的价值。如果劳动者都具有一般的精力和熟练与技巧程度,那么在劳动时,就必然牺牲等量的安乐、自由与幸福"。③ 而货币(金银)的价值则时有变动,会随"此等金属由矿山上市所需劳动"的多少而涨落,因此等量金银货币在不同时间和地点往往不能交换或购买等量商品。货币尺度既不准确,本身价值又随生产金银的劳动量而变动,所以它是名义价格。以上便是这一章的核心内容。

它表明,这章的中心议题是斯密所谓的"价值尺度":真实尺度和名义尺度,或者叫真实价格和名义价格。他首先论证了这两种尺度是什么,又指出了区分它们的意义,还论述了作为价值尺度的货币制度。明确这一点是非常有必要的,因为我们很快就会明白,流行见解的某些偏颇恰与未能正确了解或忽略这一点有关。斯密在前一章阐述了货币的起源与效用,这已属价值尺度范畴,而在这章之所以还要继续论及价值尺度,就是因为,如斯密所反复论证的那样,价值尺度有真实的和名义的分别,这种分别在实践上有意义。解决这个尺度问题,在斯密看来,显然应是探讨交换价值原则的题中应

---

① 亚当·斯密著:《国富论》上卷,郭大力、王亚南译,商务印书馆 1972 年版,第 26 页。
② 同上。译文稍有改动,参阅 The Wealth of Nations, ed. by E. Cannan, Random House Inc., 1937, p.30.
③ 同上书,第 28—29 页。

有之义，它既是对前一章的继续和深化，又为下面两章提供了必要条件。

这章不是没有涉及价值源泉。前已指出，在论证价值尺度为什么是交换或购买的劳动时，斯密曾以获得物品的辛劳作答。可是，论述价值源泉并非该章主题，确切些说，它是为论证主题才在分析的某个层次上出现的，价值决定要到下一章才成为主题。这些应当是没有疑问的。

那么，斯密将价值尺度同价值决定（源泉）这样明确地加以区分，究竟有没有科学依据，或者说对不对呢？诚然，两者有一定的因果联系，而且在一定条件下甚至可被视为同一数量，如斯密已经指出的那样；但是，"尺度"毕竟不是"决定"或"源泉"，它是对既定价值量的衡量和比较，并不能说明这个价值量的来源，就如同砝码可以表示物体重量的多少却不能说明该重量的由来一样：尺度就是尺度，尺度并不就是来源。无论就亚当·斯密的原意来说，还是就事情的客观合理性来说，应当肯定价值尺度和价值决定是有一定联系的两个不同概念。

现在，我们可以转而分析和澄清与本章内容直接相关的若干流行的见解了。最为流行的一种是认为：亚当·斯密在这里提出了两种价值规定，即耗费劳动决定价值和支配或购买劳动决定价值，而这两者是不相等的，这是斯密价值论两重性的表现。对此，我们能说些什么呢？第一，耗费劳动量和购买或支配劳动量在简单商品生产和交换下，如斯密所暗指的那样，应当通常是相等的；两者有不相等的时候，如斯密在下一章将要指出的那样，可是到了这种时候，斯密就不再仅仅以耗费劳动的报酬来说明支配或购买劳动量了。第二，这是最重要的，如上所述，斯密从未把购买劳动或交换劳动作为价值决定因素，而只是作为价值尺度。这里不存在对价值决定的两种并存的规定，存在的是对价值尺度的不同规定。认为斯密价值论是两重性的人事实上是将"尺度"等同于"决定"了。第三，"两重性论"的偏颇还在于不适当地抬高和突出了耗费劳动决定"真实价格"这一论点在斯密论证中的地位，而且极易给人造成一种错觉，似乎第5章的中心议题即在于价值决定问题。事实上，前已指出，耗费劳动说是为论证价值尺度才提出来的，价值尺度问题才是全章的主线。

还有一种意见认为，所谓商品能够购买或支配的劳动量，是指一定量商品能够买到或支配的活劳动量，或一定量活劳动可以购得的商品量，而斯密又把这种活劳动量或商品量等同于劳动工资，所以，斯密又把工资作为价值尺度了，从而在前面所说的两重性之上又增加了工资决定价值这一层规定，而工资决定价值显然是不对的。这里的关键在于斯密所谓"能够购买或支配的劳动量"是否是指"一定量商品所能购换的活劳动量"或者"一定量活劳动所能购换的商品量"？应当说，斯密并没有对此作出明确回答，他甚至也没有明确提出这种问题。不过，从他论述中所暗含的前提来看，不会是这个意思。这种前提条件即是前已指出的简单商品生产和交换。在这种条件下，交换双方都是生产者，他们提供到市场上准备交换的对象，只是自己劳动的产品，而不会是活劳动。因此，至少在本章分析的范围内，无论在斯密心目中，还是在实际上，用以购换的劳动量或购换来的劳动量只能是体现在商品中的物化劳动，而不会是活劳动，自然也就没有工资存在的余地。至于在资本关系条件下，作为价值尺度的购换劳动不可避免地要同活劳动发生联系，但是，我们在分析下一章时将会看到，到那时候，在斯密看来，购换来的劳动量又不仅仅是工资了。再说，我们还没有发现斯密在何处将购换劳动与"劳动的价值"相等同。倒是可以看到他对英国的工资与生活资料价格之间关系的论述和看法，与上述论断大相径庭。①

在我国，人们通常是从马克思那里接触并接受我们刚刚评析的这些见解的②，然而实际上这些见解的始作俑者是李嘉图，李嘉图在评论亚当·斯密价值论时将"购换劳动"同"耗费劳动"相对立，从此开创了留传至今的误解斯密价值论的先例，这是一个值得深究的问题。③

为什么会从耗费劳动价值论转向收入价值论？

在第五章只是在说明价值尺度的限度内扼要论及的价值决定原理，在第六章"论商品价格组成部分"中成为论述的主题。亚当·斯密在这里提出了两种价值决定原理：耗费劳动论和收入论。这是人们早已指出的。笔者在此想要着重探讨的是，什么因素促成了这种转变。为了回答这个问题，需要清理亚当·斯密的思路。人们通常以为，在这里斯密的思路是很混乱的。其实不然。

---

① 例如，参阅亚当·斯密著：《国富论》第1篇第8章中关于英国的劳动工资水平及其同食品价格变动相互关系的论述。他指出：英国劳动工资显然超过了最低生活资料的需要的数额；它不随食品价格变动而变动，就不同年度说，食品价格变动大于劳动工资的变动，而就不同地方来说，后者却大于前者；劳动价格变动，不但不与食品价格变动相一致，而且往往相反。
② 《马克思恩格斯全集》第26卷第1分册，第3章第1节。又见《政治经济学批判》，第43页。
③ 李嘉图著：《政治经济学及赋税原理》，郭大力、王亚南译，商务印书馆1972年版，第1章，五年后我在《对李嘉图评亚当·斯密价值论的再评论》一文中"深究了"一下这个问题，该文已收入本书。

斯密首先指出："在资本积累和土地私有出现以前的早期原始社会状态里，获取各种物品所需要的劳动量之间的比例，似乎是可以为这些物品彼此交换提供尺度的惟一条件……在这种状态下，劳动的全部产品属于劳动者，获取或生产任何商品通常所用的劳动量，是能够调节通常应可购买、支配或交换的劳动量的惟一条件"。①同一原理在前一章已经提出，不过，原先暗含的条件现在作了明确表述："早期原始社会"；原理本身含义更明确，语气也更肯定了：不再是获得物品的"辛苦和麻烦"，而是"生产或获取商品的劳动量"，并且是调节交换价值的"惟一条件"；此外，还解释了其中缘由：劳动的全部产品属于劳动者。

在斯密以上论述中，最值得注意的就是最后指出的这个解释。斯密认为在"早期原始状态"实即指简单商品交换下，交换价值决定于生产商品所花费的劳动，这无疑是科学的规定；可是，他为此提出的解释却不对头。在斯密所说条件下，劳动的全部产品都属于劳动者，这是事实，但这个事实并不是耗费劳动决定价值的理由。产品属于谁，这是分配问题，是既定价值的归属问题，它并不能说明价值决定本身。对于为什么商品交换价值要由耗费劳动决定，斯密事实上没有作出解释。他的解释尽管不成其为理由，可是由于他指出的确实是事实，而且价值决定原理也符合历史实际，所以这个不能成立的理由暂时还没有危及到原理本身，甚至还呈现出一定的因果联系，然而，一旦分析到社会产品分配发生变化的条件，这个不科学的解释，或者确切些说，这个以产品的分配来论证价值决定的思路，就势必要导致抛弃刚刚确认的耗费劳动决定价值的原理了。

斯密往后的论述完全证明了这一点，他的收入价值论就是沿着这个思路导引出来的。既然在资本积累和土地私有条件下，产品不再专归劳动者所有，而要在劳动者、资本家和土地所有者之间"分享"，那么，按照上面的逻辑，价值自然不能只由耗费劳动决定了，而要由被分割的几个部分合起来决定，于是，工资、利润和地租就成为"一切收入和一切可交换价值的三个根本源泉"。② 前提并不错，确认资本主义社会存在三大基本阶级及相应的三种收入，特别是将利润确立为独立范畴，甚至还是斯密的历史功绩，然而他从这个客观事实中却不可避免地要得出错误的价值决定的结论。

---

① 亚当·斯密著：《国富论》上卷，郭大力、王亚南译，商务印书馆1972年版，第42页。译文稍有改动，参阅 The wealth of Nations, ed. by E. Cannan, Random House Inc., 1937, pp.47—48.
② 亚当·斯密著：《国富论》上卷，郭大力、王亚南译，商务印书馆1972年版，第47页。

既然斯密执意要从产品的归属和分配去说明价值决定,那么,他在论述价值决定这个本属生产领域的问题时却一再滞留和徘徊于产品分配领域,并着力于分析产品价值的分割,就毫不奇怪了,而且,他在探讨这种分割时,为什么居然会无视不变资本的存在,最终将产品全部价值只归结为三种收入也就可以理解了。要知道,不变资本的存在是再生产的条件,它通常不应被分割掉;可是,如果保留它的存在,就势必在收入之外再加上一个非收入的因素了,这同斯密的逻辑是不相容的。我们看到,他起初并没有把"原材料"价值排除出商品的价值,因为他所说的利润和地租都是对"劳动者对原材料增加的价值"的分割,而在这个限度内,斯密的说法也并不错。可是,这就意味着商品价值是由三收入加上原材料价值构成的。他显然有意要把这个原材料(或更一般地说,不变资本部分)的价值分解掉。他自问自答:"也许有人认为,农业资本的补充,即耕畜或其他农具消耗的补充,应作为第四个组成部分。但农业上一切用具的价格,本身就由上述那三个部分构成"。① 很难说斯密居然不知道(例如)农业资本会具有一种独立的物质形式的存在,但他自己的思路逻辑不允许它们在价值形式上独立存在,结果,他就用一种似是而非的分解法把不变资本价值从商品价格构成部分中排除出去了,确切些说,分解为收入了。这当然是一大错误,特别是当他说这种分解法或者构成法不仅适用于单个商品,而且适用于一国全部年产品时,其错误的危害就更大了:不仅导致了错误的价值论,而且堵塞了分析社会资本再生产的道路,因为正确划分社会产品价值构成是分析再生产的前提之一。

斯密以产品的归属来说明价值的源泉无疑是倒果为因了。值得探讨的是,当他以此逻辑来解释"资本积累和土地私有社会"中的价值决定时,为什么偏偏得出了三收入价值论,而不是别的什么价值论,比如说,交换或购买劳动论、耗费劳动与指挥监督劳动共同决定论或者甚至仍然坚持耗费劳动论?

关于交换或购买劳动在这种场合的作用,斯密有明确交代:"必须指出,这三个组成部分(指工资、利润和地租)各自的真实价值,由各自所能购买或所能支配的劳动量来衡量。劳动不仅衡量价格中分解为劳动的那一部分的价值,而且衡量价格中分解成为地租和利润的那些部分的价值。"② 这就是说,交换或购买劳动在新的历史条件下仍是价值尺度。他排除了以之说

---

① 亚当·斯密著:《国富论》上卷,郭大力、王亚南译,商务印书馆1972年版,第45页。
② 同上书,第44—45页。

明价值源泉的可能性,这同一些论者的看法是相左的。①

斯密也排除了以耗费劳动和监督劳动共同决定价值的可能。他虽肯定收入中的工资当然是工人劳动的成果,但同时明确肯定"资本的利润同所谓监督指挥这种劳动的数量、强度与技巧不成比例"。②

从理论上说,斯密仍然继续坚持耗费劳动决定全部价值的原理不是没有可能的。这是因为,他明白利润是对"劳动者对原材料增加的价值"的扣除,他也知道地租是不劳而获的地主从"劳动者生产或采集的生产物"中拿走的那部分产品,换言之,利润和地租都是耗费劳动的成果。既然如此,尽管工资这时不会是劳动的全部劳动产品了,③然而,他仍然可以说决定价值的是耗费劳动,而不越出他原来的思想逻辑。但他没有这样做。如果不是碰到了巨大的难题,他是不会改变思维方向的。

这个难题就是:一方面,斯密肯定资本利润来自"劳动者的劳动对原材料增加的价值",照此说来,利润应受劳动调节才对,可是,另一方面,斯密又注意到"利润和工资截然不同,它们受着两个完全不同的原则的支配……利润完全受所投资本的价值的支配,利润的多少与资本的大小恰成比例"。④来自劳动的利润,其大小却不受劳动的支配而受资本的支配,这样一个客观事实,显然既不允许斯密坚持原先的耗费劳动论,又不允许他断言资本也创造了价值和利润,就是说,不可能将价值决定归结为劳动和资本,更不会归结为劳动、资本和土地,结果只有一条路可走了:归结为由劳动创造而在劳动、资本和土地之间分配的工资、利润和地租。我以为,收入价值论在斯密那里实在是不得已而为之的结果,是他无法以劳动价值论去解释资本运动(平均利润率)规律的结果。⑤不理解资本主义条件下价值向生产价格的转化,势必会将价值规律在资本条件下作用形式的变化误以为价值规律的否

---

① 有人以为斯密提出收入价值论是为了符合其购买或交换劳动决定价值的论点。这是双重误解。(1)我们已经指出,购换劳动在斯密那里从未被看做是价值源泉,始终被视为价值尺度。(2)即使硬把它说成是斯密关于价值源泉的观点也难以此解释收入价值论,因为购换来的劳动,按照这种逻辑,也可用来说明耗费劳动价值论。

② 亚当·斯密著:《国富论》上卷,郭大力、王亚南译,商务印书馆1972年版,第43页。

③ 有人以为斯密这时仍认为工资是"劳动的价值"即全部劳动产品。这种说法是不能成立的,完全不合乎斯密的原意,也不合逻辑,他刚刚说过利润是对劳动者加到原材料上的价值的扣除,地租是对劳动者生活和采集的生产物的扣除,怎么可以设想他仍认为工资会是劳动者的全部产品呢? 这一点,只要通读有关上下文便可明白,例如:亚当·斯密著:《国富论》上卷,郭大力、王亚南译,商务印书馆1972年版,第43—44页。

④ 亚当·斯密著:《国富论》上卷,郭大力、王亚南译,商务印书馆1972年版,第43页。

⑤ 有人以为收入价值论的提出,是斯密无法以价值规律去解释劳动与资本交换的结果。这种看法同注①中指出的误解有关,也无法在斯密论述中找出根据。

定。斯密离理解这一转化还远得很呢。然而,斯密觉察并记录了这一客观矛盾,这是他的功绩,他面对这一矛盾而没有放弃有关利润和地租是对劳动产品的扣除的见解,这是他作为一个客观公正研究者科学精神的体现,他的收入价值论当然是不可取的,但他从劳动论转向收入论的过程却给后人以启发。至于斯密关于价值决定的观点,总起来说,就是在简单商品交换下,耗费劳动决定价值,在资本主义条件下,三种收入决定价值。而价值尺度,无论在哪种状态下,都是交换或购买的劳动,这种尺度,先后同耗费劳动量和三种收入相符合。

自然价格和市场价格

亚当·斯密为探讨支配交换价值原则而提出的第三个问题是在第七章"论商品的自然价格与市场价格"中研究的。曾有人以为"这部分没有什么理论上的意义"而不予重视。[①] 其实完全不是这样。这一章的理论意义集中到一点,就在于它在经济学史上首次系统地阐述了商品价值规律的作用形式和机制,它同前面阐述的价值尺度和价值决定理论一样,都是亚当·斯密价值论的不可缺少的有机构成部分。关于自然价格和市场价格问题,亚当·斯密在其《演讲》中已有论述,但相比之下,《国富论》中的论述更全面、更深入了。

把商品价格分为自然价格和市场价格,[②] 在斯密之前还未曾见过。[③]

"自然价格"被定义为按当时当地通行的或普通的、平均的报酬计算的生产成本;"一种商品价格,如果不多不少恰恰等于生产、制造这商品乃至运送这商品到市场所使用的按自然率支付的地租、工资和利润,这商品就可以

---

① 卢森贝:《政治经济学史》第1卷,三联书店1959年版,第298页。
② 斯密在《演讲》中指出,每种商品都有两种价格:自然价格和市场价格,这一表述到《国富论》已标明在我们正在分析的这一章的标题上。
③ 凯南指出,在斯密之前,曾有普芬多夫把价格区分为"一般的或自然的价格"和法定的价格,后者即政府规定的价格,而前者则是把亚当·斯密所谓的两种价格一起包括在内(参阅斯密著:《演讲》,陈福生等译,商务印书馆1982年版,第188页注①)。

说是按它的自然价格的价格出售的。"① 斯密说这价格恰相当于其价值或售卖者实际上所花的费用。这说法与他的收入价值论一致。其实应是相当于生产价格，因为其中的利润已不是全部剩余价值，而是平均利润了。

"市场价格"被定义为市场上实际支付的价格，它受实际供给量和有效需求量调节："每一个商品的市场价格，都受支配于它的实际供售量，和愿支付它的自然价格……的人的需要量之间的比例。"② 从这里可以看出，斯密实际上把价值理解为供求相等时的价格（自然价格），把价格（市场价格）理解为供求不一致时的价值，这正是斯密价值论和价格论内在联系之所在，尽管他在用词上有些不够确定。

斯密指出，商品市场价格有时高于它的自然价格，有时低于自然价格，有时与它相等。究竟如何，取决于供给量和有效需求量呈现何种关系：供不应求，市场价格上涨，供过于求，市场价格下跌。供求相等，市场价格与自然价格完全相同或大体相同。为什么会这样？竞争机制使然。供不应求，"于是竞争便在需求者中间发生"，使价格上升到自然价格之上；反之，供过于求，卖方的竞争会使市价降到自然价格以下。还有一个价格升降幅度问题。在前一场合，"价格上升程度的大小，要看货品的缺乏程度及竞争者富有程度和浪费程度所引起的竞争热烈程度的大小"，③ 用现代经济学术语来说，斯密显然已经看到了有效需求函数背后的诸种因素：稀缺性、收入和效用。在后一场合，"下降程度的大小，要看超过额是怎样加剧卖方的竞争"。④ 斯密提到加剧该竞争的因素，除了供过于求的超过程度之外，商品的耐久性就成了重要因素。这些也都是现代经济学的供给函数论经常提到的内容。

---

① 亚当·斯密著：《国富论》上卷，郭大力、王亚南译，商务印书馆1972年版，第49页。与斯密在《演讲》中所谓的自然价格有所不同，它名义上是指"劳动的自然价格—即工资，但在这工资中实际上还包括利润。他说："如果一个人所得的收入，足以维持他在劳动时期的生活，足以支付他的教育费，足以补偿不能长命和营业失败的风险，那么，他就得到了劳动的自然价格。如果人们能获得劳动的自然价格，他们就得到了足够的鼓励，而商品的生产就能和需求相称"（亚当·斯密著：《演讲》，陈福生等译，商务印书馆1982年版，第191页）。

② 亚当·斯密著：《国富论》上卷，郭大力、王亚南译，商务印书馆1972年版，第50页。斯密在《演讲》中对市场价格的决定因素的论述有所不同，他说："货物的市场价格视以下三种情况而定：第一，需求或对于货物需要的情况……第二，和需求对比的货物供应的充裕或缺乏。如果缺乏，价格就会上涨，如果能够应付需求，价格就会下降……第三，需求货物的人的贫富"（第191页）。有人以为，和斯密《国富论》中对市场价格的说明相比，这里的说明更强调了效用（第一点），所以两者形成强烈对照。其实，这里所说的第一点和第三点也就是《国富论》中所说的有效需求，即有支付能力的需求，而第二点则指商品的供给。两者没有实质区别。

③ 亚当·斯密著：《国富论》上卷，郭大力、王亚南译，商务印书馆1972年版，第51页。

④ 同上。

斯密还进而描述了市场价格在自然价格上下波动对(用现代经济学术语来说)生产资源的配置的影响。在供求关系调节下,市场价格上升(或下降)到自然价格以上(或以下)。如上升(或下降)部分是地租,地主的利害关系便促使他们准备更多的土地投入该商品生产(或撤回一部分土地),如上升(或下降)部分是工资或利润,劳动者或资本家的利害关系便促使他们使用更多劳动或资本来生产该商品(或由原用途撤回一部分劳动或资本),这样最终会使市场价格又下降(或上升)到自然价格水平,使全部价格又与自然价格相一致。斯密指出:"这样,自然价格可以说是中心价格,一切商品价格都不断受其吸引。各种意外的事件,固然有时会把商品价格抬高到这中心价格以上,有时会把市场价格强抑到这中心价格以下。可是,尽管有各种障碍使得商品价格不能固定在这恒固的中心,但商品价格时时刻刻都向着这个中心。"① 斯密这里所提供的,恰是一百年后所谓新古典经济学(以马歇尔为代表)的市场长期均衡分析的雏型和框架。它还告诉人们,在斯密心目中,商品的价格决定是通例,而价值决定只是其中供求相等时的一种情形,因而是特例。

斯密还分析了使市场价格在相当长时期内超过其自然价格的种种原因:特殊的偶发事件、自然条件差异以及垄断法规的实施。斯密在《演讲》中也分析了这个问题,并且着重指出了属于政策和制度方面的原因及其后果。他说:"……使货物市价永远停留于自然价格之上的事物,都会减少国家的财富。这些事物如下:(1) 对工业所课的一切的税,对皮革、鞋(人民对这种税反对最烈)、盐、啤酒或酒(因为任何国家都有酒)所课的税……(2) 专利制度也会破坏国家的富裕。专利品的价格,总是高于足以鼓励人们去从事这种劳动的价格……(3) 把独占权给予公司也有同样的结果……正像把市价抬高到自然价格以上的措施不利于国家的富裕,使市价跌到自然价格以下的措施也有同样的影响……因此,总的说来,最好的政策,还是听任事物自然发展,既不给予津贴,也不对货物课税。"② 看起来,斯密关于自然价格和市场价格的论述不仅具有重要的理论意义,而且显然也具有鲜明的实践意义,它为斯密一贯主张的自由放任经济政策提供了一部分论据。

总之,亚当·斯密的价值—价格论并不像通常人们所说的那样"不一贯"、矛盾百出和混淆不清。在价值尺度问题上,他明确区分了商品价值的

---

① 亚当·斯密著:《国富论》上卷,郭大力、王亚南译,商务印书馆1972年版,第52页。
② 亚当·斯密著:《演讲》,陈福生等译,商务印书馆1982年版,第193—196页。

真实尺度和名义尺度并着重强调了购换或支配的劳动量作为价值尺度的意义,在价值决定问题上,他确有二元论的观点,但这并不表现在耗费劳动论和购换或支配劳动论的并列,后者从未被他看做是价值决定因素,而只看做是价值的衡量尺度,他的二元论表现在从耗费劳动论转向收入决定价值论,且不说其中是否包含着历史的合理性和丰富的教训,单就他并不想也没有将这两者并列同等看待,在往后的分析中始终遵循劳动价值论来说,也不宜过分强调收入价值论在斯密著作中的分量,笼统地肯定他的价值论就是二元论或多元论;在价值规律的作用机制及其后果方面,斯密也作了系统说明。当然,斯密的价值—价格论还存在种种的不足和错误,从问题的提出到问题的解答,从范畴和概念的确定和阐释,到分析工具的选择和应用,用现代经济分析的水平来看,无不显露其粗糙、不准确以及层次较低等特点,但这无损于二百多年前出现的这部巨著在人类经济思想发展中的里程碑式的历史地位。

魁奈经济学研究的新成果*
——瓦吉《魁奈经济学》评介

弗朗索瓦·魁奈(1694—1774),18世纪法国重农学派创始人,他提出的自然秩序观念、纯产品学说以及试图说明社会总产品流转过程和规律的第一次伟大尝试——《经济表》,代表了亚当·斯密划时代巨著《国富论》问世以前,西方资本主义发展初期经济理论发展的最高成就。近些年来,由于对魁奈《经济表》版本的新发现(参阅 M.库钦斯基和 R.米克编:《魁奈经济表》,麦克米伦公司1972年版),重新激起了对魁奈经济表及重农学派学说研究的热潮。在国内,陈岱孙教授十年前依据上述二人新发现的材料,联系经济表的不同版本、模式及文字说明,对经济表所论再生产规模问题,作了富有说服力的独到分析,加深了对魁奈学说的理解和认识。

帕维亚(Pavia)大学经济思想史副教授瓦吉(Gianni Vaggi)于1987年出版的《魁奈经济学》一书[①],却一反只分析魁奈《经济表》的常规,依据魁奈的全部著作(不限于经济表)重新审视了魁奈的价值论观点,并由此入手评价了魁奈的全部学说。应当说,他取得了成功。

(一)

瓦吉首先论述和确定了魁奈关于财富和收入的概念同价值(价格)的关系,提出了一系列重要论点。

(1) 同传统看法相反,作者指出,魁奈实际上认为财富的构成不仅在于物质量,而且在于价值量。魁奈最有代表性的表述是:"收入随市场价值而

---

* 原载《经济科学》1989年第5期。
① Gianni Vaggi, *The Economics of Franeois Quesnay*, Bocsingstoke, Hampshire: Macmillan, 1987.

定。丰富而无价值不等于财富。稀缺加贵重等于财富。丰富又贵重便是丰裕"①。魁奈指出,两国如产品数量相同,则其价值高者比价值低者更富裕,更有力量;对个人(土地所有者)之间比较来说也是如此(第35页)。魁奈由此得出的实际结论是:要改善农业生产条件,必须保持农产品高价格。

(2) 同传统看法相反,作者指出,魁奈及其门徒对收入的看法也包含着价值概念。魁奈的大弟子米拉波说:"一国收入不仅由一国土地产品构成,而且必须有超过耕作费用的市场价格,只有这个剩余才带来收入或纯产品"(第37页)。作者就此指出:"可见,纯产品是一个价值概念,其大小决定于农产品售价和生产费用之差额"(第37页)。

(3) 魁奈认识到,土地产品要具有市场性(marketability),必须具备两个条件:为私人占有并可售卖;有市场,有需求。能售卖才有价值,才能构成财富和收入(第38—40页)。

(4) 市场有"第一手市场"(first hand market)和转售贸易(resale trade)之分。前者是指"生产者阶级"和最初购买农产品的商人或手工业者的交换。对重农主义者来说,每年的财富由生产者阶级在第一手交换中得来的全部收入所构成。为保证收入,第一手市场价格不仅要高于成本,而且要稳定和持久(第40—42页)。

(5) 魁奈认为,商业只是一种等价性的交换,不增加价值,因此它是不生产的,尽管它对价值和收入来说是重要的(第42—46页)。

(6) 魁奈把农业纯产品归结为农产品售价与农业投入价值的差额,事实上把农产品和农业生产资料视为同质,否则无法比较;另一方面,从魁奈关于农业原预付的构成要素也可看出他已具有价值概念,因为该预付中既有农产品还有工业品,也就是说,农业并非自给自足,它同工业的交换当然要以价值尺度来进行(第46—52页)。

(7) 最后,魁奈还把价格的相对变动看做致富的一种手段,这同一般看法认为魁奈总是假定价格固定不变正好相反。为此,魁奈要求自由贸易,取消对法国农产品出口的限制,以保证法国农产品的高价格(第53—57页)。

瓦吉进而着重地研讨了魁奈的价格理论。这又分为两步,首先论述魁奈关于市场法则和市场作用的观点,然后论述魁奈关于市场价格最终决定因素的观点。

---

① Gianni Vaggi, *The Economics of Franeois Quesnay*, Bocsingstoke, Hampshire: Macmillan, 1987, p.34. 以下直接在文中标注的引语页码除另注明外均指该书。

关于魁奈对市场法则和市场价格作用的看法,瓦吉归结为以下几方面:

(1) 为了说明商品交换价值的决定,魁奈区分了价值和使用价值。他看到使用价值虽是交换的一个条件,但财富量只决定于交换价值,不决定于使用价值。他先于亚当·斯密,已经提出了食物和钻石的例子(后来的所谓"价值反论")以说明这个观点(第58—60页)。

(2) 市场交换结果取决于买卖双方(第61—62页)。

(3) 魁奈区分了市价(current price)和零售价(retail price)。市价是指商人向农业资本家和工匠支付的价格,也就是前面提及的"第一手售价",它是衡量国民财富的尺度,它出现在"第一手市场",魁奈用它来说明国际竞争,用它来估价财富和收入。零售价则是出现在零售市场上,由消费者支付给商人的价格。处于第一手市场和零售市场之间的中介人物即是商人(第62—66页)。

(4) 魁奈分析了商人居间活动的积极影响和消极影响。通过这种分析使人感到,一般人所熟知的魁奈对全国人口的三分法(生产者阶级、所有者阶级和不生产阶级)只是他的一种划分,因为事实上,魁奈对于商人在国民经济中的作用有相当充足的描述。在分析农产品(主要是谷物)市价波动原因时,魁奈指出了耕者贫富不均、外贸缺乏自由以及买者之间缺乏竞争等因素,显示了魁奈对法国当时商品流通中的各种矛盾和冲突已有深入的理解。

(5) 魁奈十分看重竞争的作用。平等而不加限制的竞争被视为商业交易的惟一法则,它可起到消除特权,保证公平合理价格从而保证农业利润的重要作用。为此,他又十分强调自由贸易,因为在他看来,限制法国农产品出口参与国际竞争,极不利于保持其高价格,于国于民均不利(第70—76页)。

以上这些内容已经在很大程度上有助于消除以往认为魁奈没有分析价格问题的误解了。它们有力地显示出,魁奈不仅区分了商品的使用价值和交换价值,而且对市价的作用等问题已有许多了解,所有这些又都同他针对当时法国农业凋敝、经济不振而提出的政策主张直接联系在一起。

然而,这还不是最重要的。笔者以为,最具重要性和挑战性的地方,在于瓦吉对魁奈的"基础价格"(fundamental price)的突出强调和独到阐释,这一解释不仅最终地消除了上述误解,而且提出了必须重新评价魁奈生产论、分配论和他在经济思想史上地位的新课题。

(1) 瓦吉指出,"基础价格"概念是魁奈在探求市价决定因素时提出来的,它是市价的标尺。

(2) 所谓基础价格,以往通常都理解为农业生产技术成本,包括工资、原料以及农用固定资本消耗等。瓦吉则依据大量材料证明,除去农业生产技术成本以外,实际上还包括租金和税收。人们通常只注意到魁奈说"生产粮食产品所必需的费用构成基础价格,如果售价跌到基础价格以下,就会亏本",或"基础价格是由生产产品所需的支出构成的",却没有注意到魁奈还有进一步的补充说明:"基础价格中还包括赋税和租借费,因为如果农村居民的工资以及土地所有者和君主的收入不减少,生产费用就不可能降低。"问题的关键在于,在当时法国,赋税和租借费(作为收入支付给土地所有者和君主)恰是生产者阶级进行经营的必要条件,因而会构成农业生产成本的一部分,这就是说,当魁奈说基础价格由生产成本构成时,他心目中实际所指的,不仅有通常所说的农业生产技术成本,而且有非技术成本,后者是法国当时社会关系的体现。其实,这也就是说,基础价格实际上是指农产品的除去农业利润的全部价值,或为马克思所说的 $C+V+m$(不包括利润)。澄清这一点,是《魁奈经济学》作者的一大贡献。

(3) 应当注意的是,瓦吉还指出,魁奈还有一个"正常价格"概念,指的是生产成本+农业正常利润:"谷物的价格,应当超过耕种的费用。……谷物价格都必须能够保证取得一定的利润"。这样,我们终于弄明白了魁奈的思想:基础价格是保本的价格,正常价格才是获利的价格。基础价格+正常利润=正常价格(即农产品的全部价值)。

(4) 基于以上分析,瓦吉提醒人们注意,传统观念只把租金看做收入,其实它还是成本的一个不可缺少的部分;传统观念总是把纯产品只理解为租金(包括赋税),其实还应包括农业利润。

这样,瓦吉就可以有根据地指出,除了局限于农业才有生产性这一点之外,魁奈在价值论上实际已为亚当·斯密提供了一个通向更科学、更周密解释的基础。

(二)

传统观念既然以为魁奈没有分析商品价值,只以实物分析为限,并且把纯产品仅仅归结为农产品的实物差额,所以合乎逻辑地断定,魁奈把纯产品的来源必然归结为自然界的恩赐,并指此为重农主义的一大缺点。瓦吉既已证明魁奈分析了商品价值,并把纯产品归结为农产品的价格差额,那该如何重新解释魁奈关于纯产品来源观点呢?这是瓦吉在论述魁奈关于生产理论的核心问题。如果魁奈及其追随者并不像传统观点解释的那样，即并不以自然恩赐为纯产品来源，那么他们势必要将纯产品来源扩及农业以外的生产领域，这就牵扯到重农学派是否始终坚持他们关于农业是惟一的生产性部门这一根本观念以及这种观念在他们看来还能否成立的问题了。

果然，瓦吉对此作了明确而合乎逻辑的回答。他说："农业惟一生产性理论为剩余和财富来源提供了重农主义的答案。这是他们所关切的主要问题，并为其各种政策建议提供了必要根据。单一土地税，有利于土地产品的商业政策以及鼓励消费农产品等各项措施，均来自只有农业部门生产纯产品这一信念。应当把这种理论看做重农主义者一些著作的前提，首先是各种形式的《经济表》的前提，但它并不是全部重农主义经济学的前提。魁奈及其门徒远非单纯假定只在农业中存在纯产品，他们企图解释这个事实并使对手信服。重农主义者试图提出一种国民财富的起源及如何使其增长的理论"（第94页）。在瓦吉看来，魁奈用以证明农业惟一（或者，至少较高）生产性的种种概念表明，这一理论并不是以有利于农业部门的"自然的"和"物质的"前提条件为基础的。传统观念认为，魁奈把纯产品来源只归于农业，从而只有农业具有生产性，或是说他是依据"自然的恩赐"，或是说他把农业看做供养其他生产部门的基础部门，或是说（这是新近的一种看法）他把农业剩余看做历史上的一种既成事实和理所当然的条件。瓦吉认为，所有这三种解释（第94—96页）都强调了重农主义的若干令人感兴趣的方面，却未指出魁奈为论证其余来源看法所作的实际努力，因为以上三种说法无一是重农主义者和反对者之间论争的问题。作者以加利阿尼的著作为例概述了当时反对论者的主要论据。在加利阿尼看来，农业固然重要，但这不是工业不重要甚至不具有生产性的理由。相反，工业由于（通过外贸）能为国家带来货币和财富，且可以具有比农产品更稳定的市场价格（农业受自然条件极大影响），所以具有比农业更大的生产性，瓦吉就此指出，可见加利阿尼既未提出工农业产品具有不同的使用价值问题，也未讨论大自然的作用，他是依据工农业两部门中生产过程的不同条件而主张工业比农业更具生产性的。

显然，用自然恩赐等理由不足以回答这些诘难，因为加利阿尼所攻击的是一种价值观念而不是实物的概念，回答这种攻击当然就需要一定的价值论，这是一；第二，加利阿尼提出的是一种经济组织问题，而不是自然条件问题。瓦吉认为，魁奈不曾有意识地回答后面这个问题，但魁奈十分强调资本积累（"年预付"，特别是"原预付"）对保证和提高农业生产率的作用，表明他实际上是从农业生产的社会条件和生产机构来说明问题的。在魁奈看来，预付的数量和质量决定着农业生产的进退和成败,决定着农业纯产品数量的多寡,因而农业投资被视为财富和收入的最主要原因(第 99 页);他认为,农业中资本的积累具有两种重要影响:(1)耕种的土地越多,才会有越多的产品用于国内消费和出口。(2)生产方法的改进仰赖于有无大笔投资和预付,预付越多,生产方法越先进,纯产品比重(在总产品中的比重)越大(第 99 页)。他甚至进而指出,假定预付不足,生产方法落后,人民(实指农业雇工)"失业",农业便无纯产品可言。诚然,重农主义将生产性归于农业这一特定部门的劳动,但是,在他们看来,只有在提供大笔预付的条件下,劳动才有生产性。同样一个人,用马耕比用牛耕更具生产性,盖因饲养马匹费用(原预付的一部分)比养牛要高(第 100 页)。总之,瓦吉得出结论,魁奈认为农业剩余的出现和大小,主要取决于农业的生产技术条件,而不是自然条件。魁奈对当时英国农业生产赞扬备至,他的着眼点正在这里。

　　魁奈如何依据价值分析来论证惟有农业具有生产性而工业不具有生产性这一独特观点呢?瓦吉引述魁奈的最后一批经济著作和文章为证,并且指出魁奈作此价值分析恰是为了答复反对论者的责难。魁奈的论证,集中到一点,就是说工业品和农业品的价格决定因素不同,工业品价格决定于其生产成本(包括生产支出和劳动工资),而农产品价格决定因素,除了生产成本,还有其他(赋税、纯产品)。为什么会这样呢?市场条件使然。具体来说是由于竞争在工业品和农业品市场上的作用不同。在魁奈看来,工业品市场上的竞争终会使其价格趋向生产成本,而不会有剩余;有剩余的话,也是拥有某种特权的结果(第 102—103 页)。"如果竞争使制造成为不生产的,为什么它却使农业成为生产性的呢?"魁奈对自己提出的这个问题的回答是,存在着许多其他因素,使土地产品的价格不仅仅是耕作支出,即使耕作支出节省了,土地产品的销售价格还是能够维持的(参阅第 103 页)。在这许多原因中,魁奈排除了垄断,认为它是一个失常原因。魁奈认为,原因在于对土地产品的需求较高。因而使土地产品价格总会高于耕作支出。遗憾的是,他没有明确地解释为什么会有这一过分的需求,瓦吉则将散见于各处的片断论述作了一个综述(第 104—106 页)。魁奈不仅想解释为什么对单位农产品的需求较高,而且想说明对农产品的总需求也很高(第 106—109 页)。除了需求,重农主义者还试图从生产者竞争的角度说明出现农业剩余的原因(第 114—116 页)。瓦吉认为,魁奈的上述论证并不成功,但它毕竟证明了这样一点:魁奈(至少在后期)是想从价值角度来证明农业具有惟一生产性而工业不具生产性的命题,这也就是说,传统的看法即认为魁奈是以自然恩赐一类因素说明农业剩余的来源是不妥当的。

接着,瓦吉在"重农主义关于剩余来源理论的若干缺点"一节中指出,魁奈及其门徒对市场作了较有说服力的分析,但对生产方面的说明却有许多不足。魁奈虽认识到资本在农业生产中的重要作用,但他不曾有意识地将这一点同农业中剩余产品的出现联系起来。他也没有分析劳动分工的作用,没有说明为什么较多的预付会使工人的生产率提高。他对纯产品来源的说明偏重于市场领域的因素。瓦吉认为,魁奈分析中另一个也是更重要的缺点在于其理论陷进一种恶性循环:"土地所有者一定会把他们的收入用于购买农产品,政府一定会鼓励农产品出口,因为它是能为国家带来剩余的惟一部分。可是,只要对法国农产品存在大量国内外的消费,从而有高的有效需求,便可确保超过成本的剩余在农业部门的存在。有利于农产品消费的各项措施是以农业惟一生产性理论来论证的,但这一理论又以巨大的总需求的存在为依据"(第118页)。瓦吉指出,重农主义关于农业惟一生产性的论断同当时法国经济状况有关,有其历史的理由,但作为一种理论毕竟是不科学的。尽管如此,他关于农业剩余问题的理论仍给政治经济学古典作家们(尤其是亚当·斯密)留下了重要的启示和遗产。(1)在这种类型的经济学中,剩余和财富来源的理论是极端重要的。(2)在一种市场交换经济中,纯产品不仅表现为一定的实物量,还表现为一定的价值量。因此势必涉及剩余和财富的生产,这要求分析价格。(3)对资本主义生产组织的研究着重于生产资料的数量和质量同农业生产的关系。(4)分析市场法则即研究竞争作用会涉及有效需求概念,解释其构成要素,特别是对外贸易。

应当说,瓦吉的上述论述和分析为读者提供了一幅颇不同于以往传统观念的图画,明确显示出魁奈及其追随者在对生产剩余的实际因素的研究中已经取得的成就和不足,从而在很大程度上恢复了重农学派在纯产品的源泉这一关键问题上的真实思想,这是作者的又一贡献。

(三)

瓦吉认为,魁奈的价值和市场分析对其有关农业剩余产品的分配理论也有重要影响。人们通常以为,重农主义者总是把全部剩余作为租金看待,似乎支付给土地所有者的地租即是全部纯产品(例如,马克思就是如此)。但是,瓦吉指出,实际上纯产品还包括支付给君主和僧侣的赋税,更重要的是还包括农业家的利润。他认为这样理解魁奈关于农业剩余的分配观点同魁奈的价值论是完全一致的。瓦吉从魁奈等人著述中作了许多引证以说明魁奈及其门徒对农业家利润及其在经济中的重要作用已有明确的理解。例如,魁奈在谈及谷物生产中的纯产品的分配方式时指出:3/5 归地主,1/5 归赋税(人头税),1/5 归租地农场主。在酿酒业场合,分给酿酒业者的利润份额甚至比租金和人头税的份额还多。瓦吉特别指出,魁奈等人的这些看法同其价值观念直接相关,是从后者引申出来的。因为他们明确指出农业家利润由市价和基础价格的差额所构成,而基础价格,如前所述,除了生产成本以外,还有租金和赋税。例如,瓦吉引用了魁奈的另一位大弟子杜邦的下述说明:"售卖者的一般价格必然稍高于一般基础价格;他会依据其支出计算来变更价格,他显然还要为自己保留一小部分收入。"这样解释魁奈的利润论也可从魁奈在《租地农场主论》和《谷物论》中所列的许多表中的数例所证实。

在进而论述魁奈所谓利润的性质时,作者认为,它多半是一种"让渡利润",因为构成基础价格的项目(生产技术成本、租金和赋税)在售卖之前便可确定,惟有农业家利润需依市场状况变化而定,依商品售价与基础价格的差额为准。不止如此,魁奈还看到利润的多少同资本支出额(生产成本)成正比例增长(第126页):在谷物生产的例子中利润与成本之比大约为6%,而在需要成本更多的酿酒业中大约是15%。魁奈对利润性质及其不如租金和赋税收入稳定的看法实际上是当时法国社会经济状况的反映:在这里,租金和赋税是纯产品的基本构成部分,利润还只是一种次要因素。

魁奈对农业家的利润是极为重视的,认为它是资本积累的正常和可靠来源,为使农业家愿将利润转化为投资,利润数额还必须足够高。作者在此顺便澄清了魁奈在其著作中多次提及的一个价格概念的内涵,即"好价钱"(bon prix)。以往传统看法认为它是指生产技术成本,按照现在的解释,除此之外,还应有租金、赋税(以上三者构成基础价格)和农业利润,而且是足以再投资入农业的利润。换句话说,"好价钱"应是指包括以上四种要素的市场价格。

"好价钱"和利润的概念有助于说明重农主义者关于土地耕作者在经济发展中的作用的观点。在他们看来,这种作用与土地所有者相比完全不同。"土地耕作者必须将其收益再投资并监督生产增长,而土地所有者则通过支出他们的收入维持着一定的活动水平。土地所有者为国家福利所能作的一切就是消费土地产品。租地农场主的作用肯定更为重要,他们实际上协调着资本积累过程,而这个过程被认为是国家发展和增长过程的决定性特征"

(第134页)。

为什么甚至到近些年许多人仍以为魁奈并没有视利润为纯产品的一个有机组成部分呢？瓦吉认为这多半同米克教授的权威性解释有关。米克的看法是，魁奈在其早期文章中因受康悌隆的影响曾将利润包括在农业剩余之内，但在后来，他认为农业家的收益不过是纯产品中一种暂时的成分或"反常的收入"，最终要归于地租。瓦吉认为，米克教授的这一被广泛接受的观点，实际上是对魁奈及其门徒关于农业家之间竞争会促使地租上涨这一论述的误解。在瓦吉看来，同米克的观点相反，魁奈等人的这些论述并不是重农主义思想的必然逻辑发展。对重农主义者来说，土地耕作者之间的竞争恰是他们著作的调子发生转折的一个契机，从有利于土地所有者转向让前两个等级(贵族和教士)成员放心：农业家并不是一种经济的和政治的威胁。此外，瓦吉还说，对于重农主义的利润学说，如果我们不仅从利润在时间上的持久性，而且从它作为新的生产资料的来源来看，将会得出进一步理由，说明米克的解释是站不住脚的。笔者以为，瓦吉提出的三点反驳理由是有道理的。这三点理由是：第一，同米克的论断相反，魁奈没有必要修正他关于利润是纯产品的一部分的看法，以便同其单一土地税主张相协调(第139—140页)。第二，魁奈的看法在其关于在一种正确经济和社会环境下的利润的态度上也没有发生变化(第140—150页)。第三，米克的解释混同了两个问题：一个是重农学派关于剩余的定义，这是社会产品价值与其生产资料价值的差额；另一个是构成这一剩余的各种成分在时间上的持久性问题(第150—164页)。总之，瓦吉认为，米克的解释指出了重农主义学说中一个很有趣的方面，而且在他们的著述中也能找到一些根据，但是它可能导致对重农主义经济学的误释，特别是它不可能对资本积累过程予以合理解释，而资本的积累在重农主义者看来是国家致富的至关紧要的条件。限于篇幅，这里不拟详细评价米克的论述和瓦吉的分析和辩驳了。

（四）

最后，瓦吉对他关于魁奈理论分析的内容、意义及其对剩余价值理论发展的贡献的独到研究作了一个总结：瓦吉正确地指出，就魁奈对经济学作为一门科学的形成和发展的贡献来看，他的最大功绩在于对价值(价格)和剩余概念的分析和研究。瓦吉对前述各章的观点作了如下的概括：魁奈及其门徒以价值大小来看待财富和收入并不是重农主义经济学的无关紧要的方面,相反,这显示出他们试图对市场经济条件下的再生产制度的运行作出系统解释;魁奈等人对市场现象和价格形成给予极大注意,他们提出了一系列彼此紧密联系的价格概念:对描述商品流通过程以及反对商人活动来说,"市场价"和"零售价"的概念是重要的;"第一手价格"表明他们区分开生产财富的活动和不生产财富(只单纯地交换已经决定的价值)的"转售贸易";不过,最重要的是他们企图将价格决定问题同再生产问题联系起来。这最明显地反映在"基础价格"概念上,它不仅包括生产技术成本,而且包括纯产品(地租)和赋税,后两者同样是租地农场主继续生产的条件。由此引起两个重要结果:第一,基础价格是将市场现象同再生产联系起来的理论范畴,第二,它显然是从前重农主义价格论过渡到亚当·斯密的"自然价格"论的一座桥梁。对魁奈经济学中价格和市场的上述分析导致了对其生产论和分配论的再考察。例如,重农主义者利用市场竞争概念支持他们关于惟有农业带来剩余的看法;他们以农产品自由贸易主张来证明会对农产品保持持久的过度需求,从而保持超过单位生产成本的市场价格。在分配论方面,农产品的"好价钱"和基础价格之差额为租地农业家留下了利润。这种利润被看做是农业中新预付(投资)的源泉,因而对经济发展至关紧要。然而,为了确保统治阶级的经济和政治权力不受富裕的租地农业家的挑战,重农主义者又不得不贬低作为剩余的一份额的利润的意义且将它们排除在生产剩余之外,仅作为流通中的价格差额来看待。他们关于租地农业家之间的竞争使全部利润归于消失的论证不过是为政治上的考虑提出来的,不能说明魁奈等人认为租地农业家没有得到利润。

怎样看待魁奈经济学中的这些新东西呢?瓦吉认为,最重要的是应将它们放到当时的历史和经济环境之下加以考察,研究它们同其他古典经济学家和马克思的关系,从而恰当地估价魁奈在经济思想史上的地位。为此,作者提出,应当确立这样一种总的指导路线,以便能够说明和解释魁奈经济学的成就和缺点及其对后世的影响。瓦吉认为,这种指导路线应基于如下事实:魁奈所研究的是一种正经历着巨大变革的经济制度,其中充满着两种不同的生产方式的机制和势力。魁奈处于从封建社会向工业资本主义过渡时期,他们描述的恰是当时(18世纪)并存于法国的这两种生产方式的特征。他及其门徒的兴趣和关注便游移于这两种新旧经济现象之间,决定了他们的学说具有独特的复杂性。以往研究者(例如米克)也不是没有注意到这一点,但由于他们未对魁奈经济学中的价格、市场和竞争分析予以足够和全面理解,因而不可能对魁奈游转于新旧两制度之间的全部领域加以考察。

瓦吉认为,价值和价格概念为魁奈及其门徒开辟了一条道路,沿着这条道路既可探察正在兴起的资本主义生产方式的某些方面,又可保留旧制度的大多数社会政治经济特征。

基于以上考察和前面的全部研究,瓦吉对魁奈经济学作出如下基本评价。首先,魁奈及其门徒显然看到了在当时法国经济生活中封建的和资本主义的生产方式并存这一特征。他们分析了旧的统治阶级和正在兴起的农业企业家社会集团之间的日益尖锐的冲突,着重考察了这一冲突在纯产品的生产和分配过程中的表现(第 165—171 页)。

其次,魁奈及其门徒试图利用市场竞争来解释这些冲突所引起的理论分析上的困难,但是没有成功,并由此带来了他们理论中一系列的缺点和错误,其中最主要的是:(1)认为只有农业才有生产性,才生产纯产品。(2)让渡利润的概念。(3)不恰当地看待市场竞争在国内贸易和国际贸易中的作用(第 171—187 页)。

总起来说,瓦吉认为,魁奈对许多正确问题给予了错误回答,但他的理论中的若干矛盾和缺点并未使其提出的这些问题失去科学意义。杜尔阁、亚当·斯密、李嘉图和马克思对魁奈提出的某些问题提出了更好的回答,但魁奈肯定为他们开辟了道路。瓦吉的研究冲破了以往魁奈经济学研究中的许多传统的观念,提出了若干新问题、新材料和新观念,它们无疑会加深人们对重农主义学说的理解,有助于消除显然已被证明是不全面或不准确的看法。

评析德·昆西《三位法学家的对话》*

在1820年到1830年英国学术界进行的一场拥护和反对李嘉图理论的斗争中，托马斯·德·昆西(1785—1859, Thomas De Quincey)是一位引人注目的人物。马克思在研究李嘉图学派解体过程时，曾对他的著作做过扼要而中肯的评论，但马克思没有详谈，既没有详细征引德·昆西的著作，也没有展开评论。德·昆西的著作早已成为珍本，① 近年国外虽重印过，② 但在国内仍不易找到。本文试图部分地弥补这一缺憾，依据德·昆西的原著，③对其最主要经济著作作一扼要评介。

德·昆西是英国评论家和作家，以《一个英国鸦片服用者的自白》(1821年9、10月发表于《伦敦杂志》，以下简称《自白》)闻名。他出身商人家庭，1803年12月入牛津大学伍斯特学院，抱有"启迪人类"的大志。他兴趣广泛，写作范围遍及历史、政治、经济、心理、传记、心理学和德国玄学，可谓一位杂家。1804年为减轻面部神经病痛开始吸鸦片，烟瘾日甚一日。1821年发表《自白》后立即闻名。

早在1809年，德·昆西即开始阅读经济著作，但在此后10年间对经济学既未深究，亦无好感，加之1813年前后他已成了正牌鸦片"瘾君子"，搞得身体虚弱，精神萎靡，对任何学问皆不感兴趣。可是，1818年晚些时候，一本问世不久的著作引起了他的注意，甚至使他的精神也为之一振。这本书就是李嘉图的《政治经济学及赋税原理》(本文以下简称《原理》)。德·昆西自己说："惊奇和好奇心本来早已同我无缘。但我又一次感到吃惊——吃惊的是我又想阅读了，更吃惊的是这本书。这本深奥的著作真是在19世纪如

---

* 原载《马克思主义来源研究论丛》，商务印书馆1990年第12期。

① 德·昆西自编文集(爱丁堡版)出版于1856年；作者死后出版的文集主要有：1871年完成的16卷本(爱丁堡版)；1877年的美国版；1897年前后出齐的14卷本选集(伦敦版，编者大卫·梅森)等。

② 指1970年重印本。

③ The Collected Writings of Thomas De Quincy(后文标注引文时，直接译为《德·昆西选集》，指的是同一个版本), Vol. IX, ed. by David Masson, London A. &C. Black, Soho Square, 1897.

此混乱的期间写成的吗？一个英国人，没有受过正规学院教育，只不过有从商和当议员的经历，果真就能成就欧洲的许多大学和一个世纪的思想都未曾有丝毫推动的事业？以往作家一直被大量事实细节和例外情况所压倒，而李嘉图先生却预先地从对事实的理解中引出了规律，从而首次向各种混乱不清的资料投入了一束光明，把迄今只是收集各种推测性讨论的事情建设成为一种具有各个正规组成部分的科学，因为它第一次建立在内在基础之上。"① 从这时起，德·昆西开始成为李嘉图的热心追随者，他曾想结识李嘉图并拜他为师，未能如愿；还曾想著书宣传李嘉图学说，亦因身体状况欠佳以及忙于《自白》等文的写作而搁置。不过，如他自己所说："1821年8、9月间，我在写作《一个英国鸦片服用者的自白》这本小书的过程中，曾抓住机会表达了我作为政治经济学的一名学生对李嘉图先生的《原理》的感激之情。"② 结果招致不赞成李嘉图学说的人的批评。德·昆西曾想著书反驳，又因忙于它事未果。1823年9月李嘉图去世，这使德·昆西深感悲伤。③他越发痛切地感到有必要通俗地宣传（他认为李嘉图理论过于抽象）他所崇敬的这位伟人的学说，反驳对李嘉图的一切攻击，并在某些地方对李嘉图的学说加以修改和完善。1824年8月，即李嘉图去世半年后，德·昆西在《伦敦杂志》上发表了《李嘉图先生对政治经济学的贡献》一文，表明了他对李嘉图理论的基本态度以及宣传评介这一理论的愿望（已如上述）。接下去的4、5月号即连载了《三位法学家关于政治经济学的对话，主要是关于李嘉图先生的〈原理〉》（以下简称《对话》）。这是德·昆西维护李嘉图理论的一本主要著作，也是他的最主要经济著作。④

《对话》包括：(1) 广告；(2) 预备性对话；(3) 六个正式对话，这是全书的主要部分。

《对话》的中心问题是李嘉图的价值理论，德·昆西对此有明确说明。他在"广告"中请求读者勿为价值问题的冗长讨论而感到厌烦："价值问题本身是一个纯理论问题；但对政治经济学来说却是最为重要的，这门学科中流行

---

① 转引自《德·昆西选集》第9卷，第2页，编者序。
② 同上书，第39页。
③ "我不记得我们时代的任何一个公众事件，像李嘉图先生去世那样使我个人深感悲伤。"（《德·昆西选集》第9卷，第37页）
④ 德·昆西的另一本经济著作是《政治经济学逻辑》（1844年），这本书是由1842年9、10、12月连载于《布莱克伍德杂志》上的三篇文章合并而成。全书除绪言外，共有五章：(1) 价值；(2) 市场价值；(3) 工资；(4) 地租；(5) 利润。除了通俗系统地阐释他在《对话》中已经发挥的基本观点外，没有增添什么新东西，正如马克思所说这是"一本较差的著作"。

的大部分谬误(比谬误更糟的是许多的混乱)盖出于此。李嘉图先生是使这个问题得以澄清的第一位著作家;正是他,在其《原理》最后一版中依然表示,价值问题是一个'困难的'问题。对李嘉图都感到困难的问题是不可能用三言两语就说清楚的;不过,一旦读者透彻地把握了这个部分,这门科学的其余部分也就迎刃而解了。"① 这种看法显然是有道理的。

"预备性对话"首先介绍了三位对话者。他们是三位法学家或学法律学科的学生,对李嘉图学说的态度不大相同:两人怀疑或犹豫,一人坚信。坚信者是作者本人的化身,他的观点代表了作者的看法。

反驳马尔萨斯等人对李嘉图学说的下述指责,是"预备性对话"的主要内容。这种指责是说李嘉图的学说含糊不清和自相矛盾。例如,马尔萨斯反复抱怨李嘉图混淆了"成本"和"价值"两个概念,"他的意思是说,新的价值论考虑到了工资,却没有考虑到利润,因此,按马尔萨斯的说法,这种理论所表示的是成本而不是一件物品的价值。"② 德·昆西引述了李嘉图在回答马尔萨斯指责时所作的分析。李嘉图说,马尔萨斯先生似乎认为物品的成本和价值相同这一说法是我的理论的一部分。如果他所说的成本是指包括利润在内的成本,情形就是这样;如果他所说的成本不包括利润,情形就不是这样。德·昆西指出,马尔萨斯对李嘉图的这个答复没有否认,可是后来他又重复了上述指责。由此可见,德·昆西正确地看出了李嘉图和马尔萨斯在价值论上的一个分歧点,即李嘉图把利润排除在价值组成部分之外,认为利润并不是决定价值的一个因素,而马尔萨斯却将利润包括在价值组成部分之内,认为利润是决定价值的因素之一,所以,德·昆西实际上指出,混同成本和价值的不是李嘉图,而是马尔萨斯。

不仅如此,德·昆西还指出,李嘉图是论述明晰性的典范。就概念的运用来说,李嘉图是始终一贯的。"例如,李嘉图先生坚定不移地坚持价值一词的真正含义,而且,(这对大多数人来说更显得奇怪)坚持只在一种含义上使用它。在萨伊、马尔萨斯、《论价值》的作者看来,这自然就显得含糊不清和自相矛盾了,因为这些人轻率地把他们对这个词的理解同日常的经不起推敲的用法扭在一起了。因此,看到马尔萨斯下述抱怨就不会大惊小怪了:马尔萨斯说,'对一般用语的反常的使用'使李嘉图先生的著作'对许多人来说变得难以理解';事实上,他(李嘉图)对术语的运用并无任何反常之处,有

---

① 《德·昆西选集》第 9 卷,第 44 页。
② 同上书,第 47 页。

的只是他坚定不移地坚持同样的用法。"① 应当说,德·昆西的这个看法是符合事实的。

德·昆西在预备性对话的最后,对李嘉图的《政治经济学及赋税原理》的结构作了大致准确和有意思的分析。他指出,在全书 32 章(第 8 版)中,有 14 章是关于赋税的,即第 8—18、22、23 和 29 章;其余 18 章是关于一般原理的,在这 18 章中,属于正面阐述的有 13 章,属于批判和争论的有 5 章,即:

属于正面阐述的章

1、4、30:论价值

2、3:论地租

5:论工资

6:论利润

7:论对外贸易

19:论商业的突然变化

21:论积累

25:论殖民地贸易

27:论通货和银行

31:论机器

属于批判或争论的章

20:论价值与财富:反对亚当·斯密,劳德戴尔爵士,萨伊

24:土地地租:反对亚当·斯密

26:总收入和纯收入:反对亚当·斯密

28:黄金,谷物和劳动在一定条件下的关系:反对亚当·斯密

32:地租:反对马尔萨斯先生

德·昆西说:"去掉争论各章,还有 13 章是正面的或理论的部分:其中有一章(第 27 章)通常应同政治经济学的其他部分隔离开来。这样,全书 32 章中只有 12 章对初学者来说是重要的;我打算把我们的讨论限于这 12 章。"② 现在,就让我们分别考察一下六个对话的主要内容。

---

① 《德·昆西选集》第 9 卷,第 49—50 页。
② 同上书,第 54 页。

第一个对话:政治济经学的基本原理

这个对话的主旨在于阐释李嘉图的劳动价值原理,其特点是以同前人(主要是亚当·斯密)对比的手法突出李嘉图原理的正确性和科学地位,加深对它的理解,澄清模糊认识,反驳论敌攻击。作者是这样提出问题的:"政治经济学中,是否有一种可以从中引出其余所有原理的原理呢?……有。这样一种原理存在于价值理论中。整个政治经济学得以前进的出发点,这门科学的一切困难可以归结为这样一个问题:什么是交换价值的基础?"① 这表明,德·昆西"知道问题之所在"(马克思语),知道这个问题在整个政治经济学中的地位和意义。作者接着说:"发现(这个问题的答案)的全部功劳归于李嘉图先生。即:一切物品的价值的基础在于生产它们的劳动的量("量"一词应特别标出)。这是一个伟大的原理,它是全部站得住脚的政经济学的基石;它的正确与否,关系到全部政治经济学的成败"。② 这个回答当然是正确的,只是把全部功劳都归于李嘉图一人未免有些过分。不过,从下面的论述可以看出,作者的上述论断,包括着对李嘉图以前思想家所作贡献的理解和评价;在突出李嘉图贡献的同时,对其他先驱者(主要是亚当·斯密)的观点的理解则有欠全面和公允。

首先(而且主要)是李嘉图和亚当·斯密在这个问题上的关系,围绕着该问题的讨论占了第一个对话的大部分篇幅,其基本内容可分为两方面。第一,作者强调指出,李嘉图的价值原理同亚当·斯密的价值原理是不一致的:"李嘉图先生的理论是:当生产 A 的劳动量同生产 B 的劳动量一样时,A 和 B 在价值上才彼此相等。……你断定这也就是亚当·斯密的法则;在一定程度上,你是对的;因为在《国富论》中肯定可以找到类似法则。但是,这部著作公开地肯定了这个法则,暗地里又否定了它,而且最终抛弃了它。亚当·斯密的观点(作为一个同义的公式)是:A 和 B 在价值上彼此相等是由于生产 A 的劳动的价值等于生产 B 的劳动的价值。"③ 德·昆西明确指出,所谓劳动的价值也就是工资。应当指出,工资价值论和劳动价值论自然是不一致的;可是,它不是亚当·斯密价值论中惟一的观点。诚然,德·昆西也注意

---

① 《德·昆西选集》第 9 卷,第 54 页。
② 同上书,第 55 页。
③ 同上书,第 54 页。

到了亚当·斯密著作中包含着以劳动量说明价值的观点,可是,断言这个观点被"公开肯定、暗中否定、终于抛弃"则失之简单化。因为尽管还提出了购买劳动、三种收入、工资决定等观点,但在分配论和积累论中,亚当·斯密仍然坚持着劳动价值论(至少是部分地坚持)而不是完全转向其他观点,更没有完全转向工资决定价值论。德·昆西的论述和对比却恰恰给人这样一种印象,似乎亚当·斯密的价值论实际上仅仅是工资价值论,这种看法显然是不全面的。但无论如何,亚当·斯密确有工资价值论,而这种理论同劳动价值论不是一回事。德·昆西指出这一点是对的。

第二,德·昆西强调指出,以劳动量还是以劳动价值(即工资)说明价值,绝非"名词之争",两者也不是"同一规律的不同说法",而是两个不同的概念,它们对价值具有不同影响。在这里,作者发挥了李嘉图有关的论点。他举例说,如果先前的情况是生产一顶帽子需要4天,每天工资3先令,4天的劳动的价值(工资)是12先令。现在假定生产一顶帽子所需时间仍是4天,但每天工资上升25%,即为3先令9便士,则工资总数为15先令。再假定每天工资仍是3先令,但劳动时间延至5天,则工资总数亦是15先令。这就是说,增加的3先令工资在前一种情况下是劳动价值(工资)上涨的结果。而在后一种情况下了劳动量增加的结果。现在的问题是:这两种原因对价值(德·昆西认为也就是价格)的影响是否一样?作者的答复是:不一样。帽子的价格在后一种情况、即劳动量增加的情况下会提高,而在前一种情况,即工资提高的情况下却不变。

这自然坚持了李嘉图的价值原理,因为如果承认工资变动影响价值(价格),也就意味着劳动量决定价值原理的失效。但事实上,工资变动固然不影响价值,却不能不影响价格。否认工资影响价格,而且以为这也就是否认工资对价值有影响,从而坚持了劳动价值论,这种思路恰恰表明,德·昆西把价值和价格混同了。在这一点上,他犯了李嘉图所犯的同样错误。但李嘉图至少还觉察到这里存在着同他的价值原理不一致的事实,因为价格终究要受工资的影响(不管经过多少曲折的过程)。[①]他力求降低这种影响,认为价值变动的主因是劳动量的变动,次因是工资(或利润)的变动。[②] 但毕竟肯

[①] 李嘉图说:"工资每有上涨或利润每有下降(其实是一回事)时,就会使运用性质耐久的资本生产出来的商品的相对价值降低,并使运用较易耗损的资本生产出来的商品的相对价值相应地提高。工资跌落时结果就恰好相反。"(李嘉图著:《政治经济学及赋税原理》,郭大力、王亚南译,商务印书馆1972年版,第31—32页。)

[②] 参见同上书,第34页。

定了工资对价格的影响,可现在,德·昆西却完全否认这种影响。在这一点上,他甚至比李嘉图还倒退了一步:他根本没有觉察到这里存在着困难。

如果工资增加了,而价格却未变,那么谁来支付增加的工资呢?且看德·昆西如何解释这个他必然要遇到的难题。价格未变,这意味着增加的工资不由购买者支付。剩下的惟一出路是降低利润。利润同工资成反比,互为消长。而这种比例关系的变动并不影响价格。德·昆西重申了李嘉图的这一套理论。但他没有就此止步,他要进一步证明:即使把增加工资转移到价格上,使价格提高了,但到头来还是要由利润中支付。原因是:制帽业者固然可以从提高价格中支付增加的工资,但是,当他购买其他商品时,又不得不把多收入的部分支付出去,因为帽子提价必然引起其他工人的工资提高(帽子是工人生活必需品),从而使其他工人生产的产品价格上涨,如此连锁反应的结果是价格普遍上涨,制帽业者最终还是逃不过从利润中支付增加工资的结局。德·昆西总结说:"为什么劳动价值的一切变动不可能转嫁到它的产品的价值上呢?原因在于这种变动会扩展到一切种类劳动以及所有相关的商品:一切物品价格同等升降并不扰乱各物品之间的关系。……劳动量的变动却不然。例如,生产帽子所需劳动的增减,不能不影响帽子的价值,因为这种变动只限于帽子,而且也仅仅起因于同帽子有关的条件;生产手套、酒或马车所需劳动并未增加,因此其他所有这些物品不受影响。"①工资变动会扩展,劳动量变动则不然,这就是德·昆西的基本论点。应当怎样评价这种论证呢?这种思辨的深度"与其说是真实的,不如说是矫揉造作的"(马克思语)。类似的情况下面还有。

德·昆西最后指出:(1)亚当·斯密对劳动量和劳动价值这两个重大的有差别的概念失察的原因是,他从未注意到这种差别,也没有觉得有差别。这种说法比较符合实情。既然如此,作者在前面为什么一口咬定亚当·斯密抛弃了劳动价值论,只有工资价值论呢?(2)作者指出,在前人中只有威廉·配第注意到这种差别,但并未明确意识到两者的对立及其意义。这种说法不无道理,不过应当补充一句:以劳动量说明交换价值基础的第一人,不是李嘉图,而是威廉·配第,因此,作者断言"这个(劳动价值)原理不比李嘉图先生著作的初版更久远",这是不符合历史实际的。

---

① 《德·昆西选集》第9卷,第63页。

第二个对话:归谬法

德·昆西以归谬法继续论证在第一个对话中已经提出的观点:工资的增加不影响价值(价格),增加的工资只从利润中支付。

照这样的说法,工资的增加只影响利润,而且以利润为限。作者同意这种推论。他说:"我认为,劳动价值的上涨不能超过利润所允许的数额:一旦利润被吞没,增加的工资便无从支付,帽业生产将会停止。"① 且不说这种说法是否合乎实际,至少,作者坚持了逻辑的一贯性。

不仅如此,为了坚持逻辑一贯性,他还应当主张:工资的增加超过利润是不可能的。事实上他真的这样做了,他在这个对话中着重要证明的就是:如果工资增加超过利润的限度,从而影响到价值(价格),使价值(价格)上涨,那么必然导致(1)无意义的、(2)暂时偶然的以及(3)荒谬的结果。

如果工资从而价格的上涨只以货币来估价,这便是无意义的。"这不过表明了货币价值跌落;在这种场合,帽价可能以货币价值下跌的任何幅度上涨;但是得不到任何增加价值。"②

如果工资与价格上涨以其他商品来估计,比如说,一顶帽子过去只值4双手套,现在却值(由于生产帽子的工人工资增加了)$4+y$双手套,情况又如何呢?德·昆西说,要回答这个问题,还要看工资上涨是普遍的还是不普遍的。假定是不普遍的,就是说工资上涨只涉及(例如)帽子而不涉及手套价格,那么,帽子价格的上涨"就必定是一种由于人手短缺而引起的偶然上涨;它属于市场价值,与李嘉图先生所探求的自然价值法则无关。"③ 这就是说,工资在个别或局部产品生产上的增长所引起的价格变动是暂时的、偶然的变动,不会影响他所维护的根本原理。

但是,假定工资上涨是普遍的,例如,生产帽子和手套的工人工资都上涨了,而且彼此以对方来估计(而不是以货币来估计),它们的价格会是怎样的呢?德·昆西说:"以手套来估计的帽子的价格是$x+Y$。以帽子来估计的手套的价格也是$x+Y$。换句话说:$H-Y=x$。$H+Y=x$。即:$H-Y=H+Y$。……这就是主张工资的上涨能转移到产品价值上的人想要逃避

---

① 《德·昆西选集》第9卷,第70页。
② 同上书,第71页。
③ 同上。

的荒谬境地"。①

上述论证可以说是"矫揉造作"的又一体现。李嘉图由于混淆了价值和生产价格,因而无法解释工资变动对价格的影响同他的劳动价值原理之间的矛盾;但是,他觉察并承认这个矛盾,表现出他的科学诚实态度。德·昆西则千方百计地抹杀这个矛盾,宣称工资变动不影响价格,即使影响,如上所述,或是无意义的,或是暂时性的,或是要导致荒谬结论。可是,如果货币不贬值,增加工资对价格的影响也是无意义的吗? 这是一。第二,宣称"市场价值"的暂时变动不属于李嘉图所研究的"自然价值",除了表明他无力将他拥护的理论同现实相协调之外,还能说明什么呢? 第三,德·昆西把对方置于荒谬结局的逻辑是令人费解的。$H - Y = H + Y$ 当然是荒唐的,可是,人们不明白的是,H 指的什么? 为什么 $H - Y = x$,又有 $H + Y = x$。德·昆西用了一个"换句话说",可是,他没有交代,何以能够从表示帽子和手套价格的两个 $x + Y$ 公式中"换出"上述荒谬的公式。德·昆西之所以如此费力而不能自拔,同他所坚持的理论有缺陷,而他对此又无所觉察的情况直接有关,这种情形在以下的对话中继续起作用。

第三个对话:价值原理(续)

德·昆西在前面对话中反复强调的中心论点是,决定价值的只是劳动的数量,而不是劳动的价值(即工资);工资变动不影响价值(价格),只影响利润,两者互为消长:增加的工资只能从利润中支付;一旦利润被工资全部吞掉,生产即告停止——价格始终不会因工资增加而上涨。第三个对话的意图在于对这些结论加以修正和补充,以避开可能出现的一种指责。这种指责是说,在德·昆西的上述论证中犯了"预期理由"的错误,把尚待证明的命题作为论据了。因为按照德·昆西的说法,似乎利润有可能被全部吞掉;而价格也绝不会因工资上涨而上涨。可是,指责者指出,这两条能否成立还大成问题:李嘉图并没有说什么时候利润会被吞掉,什么时候它们将会被吞掉;我所否认的就是它们可能被吞掉这一点。当工资迅速增加时,有什么东西能阻止价格不作同样的增加? 在这种场合,利润决不会被吞掉。

针对这种指责,德·昆西辩解说,他并没有假定价格必定维持不动,也没有假定利润真的会被完全吞掉,而只是说,如果增加的工资不由利润而由价

① 《德·昆西选集》第9卷,第71页。

格支付,则"工资的变动不可能引起价格上相应的变动。"① 这显然比先前的说法后退了一步,在一定程度上承认了劳动工资对价格的影响;至于这样一来同他一再重申的劳动量决定价值原理如何协调,他却没有触及。工资变动为什么不会引起价格相应的变动呢? 德·昆西举例如下:假定生产一顶帽子需要4天,而生产18先令银也要4天,依据李嘉图的劳动价值原理,这顶帽子便值18先令。如果20先令等于4盎司银,则帽子值4盎司的9/10。现在,如果工资从12先令上涨到14先令,而增加的工资不由利润支付,却由价格支付,帽子价格会是怎样的呢? 德·昆西说,在这种情况下,利润仍为先前的6先令,为了支付已经上涨的工资,价格须从18先令上升到20先令。就是说,现在一顶帽子值4盎司,比过去多了1/10盎司。"但是,银矿4天劳动的产品的价值由于同样的原因必定也要上涨。作为这4天劳动的产品的4盎司银,现在则相当于过去的22.22先令价值。结果,4盎司银过去能交换 $1\frac{1}{9}$ 顶帽子,现在则能交换 $1\frac{2}{9}$ 顶(小数略去)。这样,依照任何反李嘉图理论,用一顶帽子显然可获得4盎司银,但与此同时,它不能获得4盎司加4盎司的1/5。"② 这固然证明了工资变动不会在商品价格上引起相应的变动,但也打破了工资变动不会影响价格的教条。第三个对话的要点就是这样。

第四个对话:价值理论中两个著名区别的用途和滥用

这个对话的篇幅很长,和第一个对话差不多,但其内容的层次并不多。这里所说的两个著名区别是指名义价值和实际价值的区分。作者反复论证的中心论点是,名义价值指物品所能支配或交换的商品量或货币量,实际价值指生产物品所花费的劳动,两者之间有一定联系,但不一定是正比例关系,也可能是反比例关系。

就工资而言,德·昆西说:"我认为,当劳动者获得较大量(例如)谷物时,非但不能推论说工资因此会有高的实际价值,而且完全可能具有很低的实际价值,相反的,我断定,当工资处在最高实际价值时,劳动者获得的却是最少量谷物"。③ 作者指出,在购买量和所购买的物品价值之间有一定联系,但

---

① 《德·昆西选集》第9卷,第76页。
② 同上。
③ 同上书,第81页。

这种联系不是正比,而是反比。"我的论题是,在两者之间不存在这样一种可以做出任何推论的关系,这种推论是:实际价值大是因为它所购买的数量大,或者,反过来,实际价值小是因为它购买的量小。"① 确切地说:"假定 A 的价值加倍,它不会因此就支配比过去加倍的 B 的量。它可能如此;它也可能支配比过去多(或少)500 倍的 B。"②

为什么会这样?因为交换双方商品的价值都可能变化,变化的幅度不同,对商品实际价值和名义价值的对比关系的影响也不同。"如果 A 的价值以两倍比率增长,B 的价值以三倍的比率增长,则 A 所支配的 B 的量非但不会更多,而且会更少;如果 A 继续以平方比率增长,B 继续以立方比率增长,则 A 的价值尽管会继续增长,但它所支配的 B 量将继续减少,直至最终实际上什么也支配不了"。③

德·昆西强调正确认识上述两种价值的区别是有积极意义的。正如他自己所说:"我们认为,除非以某种别的方式发现价值,否则,依据所支配的量是不可能发现价值是高还是低的;关于支配的量也是这样。除非以某种别的方式知道它,否则,从支配的价值是绝不可能知道它的。"④

德·昆西根据以上观点评论了亚当·斯密和马尔萨斯的有关看法。亚当·斯密说,从出售商品所得到的货币只表示该商品的名义价值,从中得到的劳动才表示它的实际价值。德·昆西认为这种劳动并不比货币量更能表示实际价值,两者都是错误的表示,因为都含糊不清。一顶帽子过去能交换的劳动量只是现在能交换的劳动量的一半,但这不一定能表示该商品的实际价值确实提高了,虽然货币价格加倍了。因为货币价格加倍既可来自商品价值的提高,也可来自货币价值的跌落。"假定货币价值跌落 1/4,那么,加倍的货币价值非但不表示帽子实际价值已经提高,而且表示它的实际价值绝对地跌落了一半,它必须同那些价值不变的东西相比,否则它所得到的货币价格不仅会加倍,而且会四倍。"⑤ 关于以劳动作为实际价值的检验亦是如此。"我的帽子现在可获得 x 量劳动,而过去只能获得 $x/2$。就算这样吧,但是全部的实际变化可能都在劳动上,劳动现在可能是其过去价值的一半,在这种场合,我的帽子所得到的是一样的实际价格——两个劳动量现在

---

① 《德·昆西选集》第 9 卷,第 82 页。
② 同上书,第 83 页。
③ 同上书,第 87 页。
④ 同上书,第 86 页。
⑤ 同上书,第 87 页。

表示同一价值。假定劳动价值比前下跌 9/10，这非但不能证明实际价值（现在购得加倍劳动量）提高了 100%，而且证明我的帽子价值已经跌落到以前的 1/5；此外，它对我不仅值 x 量劳动（是其以前价值 $x/2$ 的加倍），而且值 $5x$ 或 10 倍于以前的价值。"①

总之，在考虑名义价值或实际价值时，必须兼顾劳动和货币两方面价值的变动，才能作出正确判断。与此相关的一点是，德·昆西指出，亚当·斯密和马尔萨斯(在他生前最后一年)都认为存在着一种不变的价值尺度——劳动，这是错误的。以上是在名义价值和实际价值问题上对亚当·斯密观点的评论，最后我们来谈德·昆西对马尔萨斯观点的评论。②

德·昆西指出，从马尔萨斯关于名义价值和实际价值的论述中可以看出，他混同了财富和价值，而这一点早被李嘉图指出和澄清了。德·昆西说："真正的争论在于，已知美国劳动者生活富裕，我们能否十分接近于正确地把他的工资看做实际价值，这正是问题之所在，而我们不能这样看则是显而易见的。"③ 因为工资的实际价值决定于生产工资物品所需劳动量，而它的名义价值指它所能交换的货币量或商品量。仅知交换量而不知货币或商品的价值，便不知工资的实际价值。德·昆西据此进一步指出，工资的实际价值高可以同劳动者几乎赤贫相并存，而工资的实际价值低可以同劳动者生活舒适相并存。这些论断显然是有道理的。

第五个对话：新价值论的直接用途

围绕着如何看待和认识李嘉图价值论的用途及作用问题，德·昆西批驳了马尔萨斯的责难，阐明了自己的观点。

作者指出，本不该提李嘉图价值论有何用途这类问题，"因为持什么样立场才能对任何一门科学的任何真理的用途提出怀疑呢？更不必说是对一

---

① 《德·昆西选集》第 9 卷，第 88 页。
② 马尔萨斯说："如果有人告诉我们某个国家日劳动工资现在是每天 4 便士，或 700～800 年前某位国王的年收入是 40 万英镑，我们从这些名义价值中得不到有关信息，表明下层阶级的状况和国王的财富。没有关于这个问题的进一步的知识，我们就根本不能说该国劳动者是饥寒交迫还是十分丰裕，也不能说这位国王的收入很不充裕，还是这个数目大得令人难以置信。很清楚，在这个不断重复出现的场合，以贵金属估价的工资、收入或商品的价值对我们没有什么用处。我们需要进一步了解的是这样一种估计，它可以被称为交换的实际价值，包括这些工资、收入或商品能使其所有者支配的生活必需品和方便品数量。"（出自马尔萨斯：《政治经济学原理》，据德·昆西引文翻译，与中译本有出入，见《德·昆西选集》第 9 卷，第 89—90 页。)
③ 《德·昆西选集》第 9 卷，第 90 页。

个基本真理提出怀疑,最不该的是对这个基本真理的用途提出怀疑,然而,这样的怀疑却由马尔萨斯先生提出来了。"①

德·昆西又指出,马尔萨斯写了许多东西,反对李嘉图的价值原理。他的目的在于证明这些原理是错误的;或是证明即使是真实的,但没有用处。在现在谈的问题上,马尔萨斯即认为,李嘉图的价值原理不能作为价值尺度。德·昆西首先指出,马尔萨斯认为李嘉图想把他自己的价值原理作为价值尺度,这本身就是一种误解:李嘉图反复告诉读者,他完全拒绝任何这类尺度的可能性。德·昆西解释说,价值尺度应是价值不变者,但不存在价值不变的商品。农业品会因土地肥力递减而价值增加,工业品价值会因机器和技术改进而减少,"因此,李嘉图如果提出什么价值尺度,他必定忘记了他自己的价值原理。"②

那么,李嘉图的价值原理能起什么作用呢? 德·昆西回答说,能作为价值的基础。就是说,这个原理指明了商品的价值决定于生产该商品所花费的劳动量,劳动是价值的本源和基础。作者指出,价值基础和价值尺度是两个不同的概念,后者只是测定价值的一种标准,就像温度计只是测定温度的尺度而不是温度本身或温度的基础一样。又如,可以用谷物作为尺度来比较不同时代一天劳动的价值,但谷物不是劳动价值的基础。

德·昆西认为,马尔萨斯在两种意义上使用价值尺度一词:"当他把它(价值尺度)作为商品A的价值的'计算'来谈时,他指的是价值基础;当把它作为A的价值的'估计'来谈时,指的是价值的标准。……他始终混淆了价值的基础和价值的尺度这两个思想。"③

最后,德·昆西反复强调了李嘉图价值原理的重要意义:"缺少它,一门科学便不能存在;它的用途可以同这门科学本身等量齐观;作为一个基本法则,它的变动会在所有派生的法则上打下印记,从而证明自己的重要性。"④就其直接用途而言,作者认为至少有以下两点:(1) 有助于纠正以下错误认识:似乎商品价值决定于工资,工资又决定于有关商品的价值。这是循环论证。正确的看法应当是:商品价值不决定于工资,工资本身不过是"劳动的价值",劳动产品的价值不决定于价值而决定于劳动量。(2) 原料价值过去常被忘记,现在可以得到解释了:"像其他的劳动产品一样,它的价值也决定

---

① 《德·昆西选集》第9卷,第92页。
② 同上书,第94页。
③ 同上书,第99页。
④ 同上。

于获得它所用的劳动量;这种产品量也像制造品一样在工资和利润之间进行分割?"①

第六个对话:论对新价值论的异议

德·昆西在最后这个对话中,集中分析和批判了马尔萨斯在《价值的尺度》(1823年)中对李嘉图劳动价值论的异议。马尔萨斯的论点主要是以下两点。(1)商品所能交换或支配的劳动是商品价值的标准尺度,这种支配的劳动量包括商品实际消耗的累积劳动与直接劳动加上以劳动估算的一切预付的不等量利润。这实际上是支配劳动决定价值论和收入价值论的混合。马尔萨斯以此反对李嘉图的耗费劳动价值论。(2)劳动的价值(即工资)既是价值尺度,它本身就应该是不变的;如果变动,也不是由于劳动耗费变动,而是由于所有商品的价值变动了。而在李嘉图看来,劳动工资不变是不可思议的。马尔萨斯的上述观点集中反映在一张表上(见下页),德·昆西的第六个对话就是针对这张表展开的。他的批判分为两步:第一步,依据李嘉图原理,阐明该表中有关项目的数值应该是多少。第二步,扼要指出马尔萨斯这张表的几个混乱和错误。

说明劳动价值不变及其结果的统计表(摘录)

质量不同的各种土地	1 10个人生产的谷物数(夸特)	2 每个劳动者每年的谷物工资(夸特)	3 10个人每年的谷物工资(夸特)	4 在前述假定条件下的利润率(%)	5 生产10个人的工资所需要的劳动量	6 按劳动预付计算的利润量	7 一定数目工人的工资的不变价值	8 在假定的各种变化情况下100夸特谷物的价值	9 在假定的各种情况下10个人劳动产品的价值
A	150	12	120	25	8	2	10	8.33	12.5
B	150	13	130	15.38	8.66	1.34	10	7.7	11.53
C	150	10	100	50	6.6	3.4	10	10	15
…	…	…	…	…	…	…	…	…	…
K	100	9	90	11.1	9	1	10	11.1	11.1
L	100	8	80	25	8	2	10	12.5	12.5
M	90	8	80	12.5	8.88	1.12	10	12.5	11.25

---

① 《德·昆西选集》第9卷,第96页。

第1栏表示相同劳动者数(10人)在肥力不同的土地上所生产的不同产量。现在的问题——德·昆西首先提出的问题是：这些各不相同的产量的价格应当是什么样的？作者正确地回答说，就货币价格来说，A、B、C…K、L、M 可以各不相同；但就实际价格或价值来说又是相同的，因为它们都是10个人劳动的产品，而货币价格还要涉及货币价值本身的变动。但马尔萨斯却认为它们的"价值"是不同的，如第9栏所示：A 的价值是 12.5，B 的价值是 11.53，M 的价值是 11.25。其实他所说的是支配的劳动。关于这一点，后面还要谈到。接下来的问题是：这些数目是以什么为单位计算出来的呢？应依据一个不变的价值尺度。作者指出，马尔萨斯认为存在着这样一种尺度，即交换或支配的劳动或工资。但实际上这种不变的尺度是不存在的，因为生产工资所需要的劳动量可能变化。

德·昆西指出，马尔萨斯上述统计表中的 5—7 项是从 1—4 项中引出来的，于是他以 A 为例，逐项地评说了统计表的内容和正误。第1栏，10人生产谷物 150 夸特；第2栏，每个劳动者得到 12 夸特工资；第3栏，10人共得 120 夸特；第4栏，利润率(实指剩余价值率，如指利润率，应假设略去不变资本)(150－120)/120＝25%。在这些条件下，马尔萨斯坚持说，10人的工资(如第3栏所示)决不会高于或低于一个不变价值 10(第7栏)。"依据这个说法，全部的逻辑力量取决于上述估价(在第7栏中对第3栏估价)的准确性。如果这个估价是正确的，可以由此得出结论，在生产工资的劳动量发生各种变化的情况下，工资的实际价值决不变动，换句话说，劳动的价值是不变的。"①

德·昆西认为，马尔萨斯的这个估价是错误的，而且不能把14种情况(从 A 到 M)的工资实际价值归结为一种情况。他又指出，第7栏这个错误的估计是从第5、6栏引出来的，因此必须分析这两栏的错误。按马尔萨斯的说法，10人生产 150 夸特，1人生产 15 夸特，则 120 夸特(10人工资)需 8人生产(第5栏)。德·昆西则认为只需 6.4人。这是怎么得出来的呢？他首先提出一个问题：8人生产的 120 夸特中有多少留作他们的工资呢？他的回答是 96 夸特，因为 1人工资 12 夸特，8人工资是 96 夸特。从此可以看出，第3栏的 120 夸特在马尔萨斯看来是全部工资，但在德·昆西看来其中只有 96 夸特是工资，其余 24 夸特是利润，换句话说，两者之和即是全部价值(不变资本略而不计)，而且"利润率"即 24/96＝25%(与第4栏相同)。剩

---

① 《德·昆西选集》第9卷，第105页。

余 24 夸特需要多少劳动呢？1.6 人而不是 2 人。德·昆西说，马尔萨斯的目的是确定生产 120 夸特的成本（以劳动量计算的工资和利润），但他在第 5 栏本应只表示生产工资的劳动量(6.4)的地方也算入了利润量（以劳动量计 1.6），这样，在第 6 栏就重复了表示利润量的数字，而第 7 栏的数字（作为第 5、6 栏数字之和）自然就不正确了，它不是 10，而是 8。至此，作者结束了对马尔萨斯统计表的第一步批判。

现在我们把作者第二步批判即对前述批判的归纳和发挥扼要叙述如下。

(1) 马尔萨斯第 7 栏对工资价值的估计是不准确的。就 A 来说，它应是 8，而不是 10。

(2) 即使这种估计是正确的，我们也必须否认马尔萨斯原理，因为第 6 栏是依据生产劳动量来计算的，这其实正是马尔萨斯所要否认的李嘉图的原理。如果依据马尔萨斯的观点，即以支配劳动计算，又会发生第 9 栏同第 1 栏的矛盾，而它们本应是一样的。

(3) 第 9 栏所表示的是支配劳动量：12 夸特支配 1 人，150 夸特支配 12.5 人。这不过是同义反复，且同第 5—6 栏相矛盾，理由同上。如按生产劳动量计，第 9 栏 A 的值应是 10，因为 150 夸特谷物是由 10 人生产的。

(4) 按马尔萨斯的理论，价值变动只能是支配劳动量变动。但是，作者指出，支配劳动量变动只能是价值变动的结果，而绝不会是价值变动的原因。这是容易理解的：在其他条件不变条件下，除非商品 A 本身的价值发生变化，否则它所支配的劳动量不会变化。第六个对话的基本内容就是这样。

在比较详细地评述了德·昆西《三位法学家的对话》之后，会更深刻地理解马克思对他的评论。马克思说：德·昆西"试图反驳一切对李嘉图的攻击。……他是知道问题所在的……在这一著作中常常尖锐地揭露李嘉图观点的不充分，虽然在这样做的时候，其辩证法的深度与其说是真实的，不如说是矫揉造作的。真正的困难……根本没有解决，甚至根本没有觉察到。……德·昆西尖锐地表述了李嘉图观点和前人观点不同之处，并且没有像后来人们所作的那样，企图通过重新解释来削弱或抛弃问题中所有独特的东西，只在文句上加以保留，从而为悠闲的无原则的折衷主义敞开大门。"[①] 马克思的话，非常恰当地指出了德·昆西在李嘉图学派解体过程中的地位和作用，他同李嘉图学说的关系，以及他同使李嘉图学派归于解体的詹姆士·穆勒、麦克库洛赫等人的区别。

---

① 《马克思恩格斯全集》第 26 卷 III，人民出版社 1974 年版，第 132—133 页。

W.S.究竟是谁?*
——关于1581年《论英王国公共财富》作者的阅读札记

（一）

1581年,英国出版了一本对话体的小册子,题为《对近来我国同胞常有的一些抱怨的简单考察》,该书一直被誉为是对"英格兰都铎王朝经济思想的最先进的陈述"①,也被公认为英国(也是西欧各国)早期重商主义的最早代表作品。然而,由伦敦出版商托马斯·马什(Thomas Marshe)出版的这本书并未标出作者全名,只用了"绅士 W. S."(W. S. Gentleman)这个简称,于是就遗留下"W. S."究指何人之谜。至今还无最后定论。

该书1581年初版时的全名是《对近来我国同胞常有的一些抱怨的简单考察:虽然有些抱怨是不公正和轻率的,但都在对话中得到了透彻的争辩和讨论》。以这个书名和"绅士 W. S."作者署名的版本后来多次重印:1751年、1808年、1813年和1876年。关于作者,在此期间先后出现过两种说法。

一种说法是1751年版的出版者查尔斯·马希(Charles Marsh)提出来的。大概是由于该书由对话体写成,而 W. S. 又恰好是英国伟大剧作家莎士比亚姓名的简写即 W(illiam) S(hakespeare),所以他断言:"对英格兰政策的这一论述必定出自最渊博和多产的天才、每个时代和国家都未曾出现的无

---

* 原载《经济科学》1990年第3期。

《论英王国公共财富》被视为英国早期重商主义代表作,1581年出版时署名"绅士 W.S.",这个署名究指何人,几百年来其说不一,几经变迁。最初说是"莎士比亚",后被"威廉·斯塔福"所取代,此说在流传约二百年后,终被该书1893年版编者伊丽莎白·拉蒙德所否定,"约翰·海尔斯"被认定为作者;最新的说法是1969年版编者迪尤尔提出来的,她断定"绅士 W. S."是该书出版者威廉·史密斯,而实际作者则是其叔父托马斯·史密斯。

① G. Unwin, 转引自 Mary Dewar, The Authorship of the Discourse of the Commonweal, *Economic History Review*, Vol. XIX, 1966, p.388.

与伦比的莎士比亚的手笔。"①可是他忘记了当年(1581年)莎翁还是一位17岁的年轻人。说这部书出自一位如此年轻的人的手笔是难以令人相信的,这种说法理所当然地被排除了。

另一种说法是由古文物收藏家安托尼·伍德(Anthony Wood, 1632—1695)在17世纪末提出来的,他认为W.S.是指威廉·斯塔福(William Stafford)②。这个说法在很长一段时期被人们接受。例如,马克思在《资本论》第一卷第七篇第24章注228中就是采取这一说法。③ 对这一说法的否定性看法出现在1876年,弗尼瓦尔博士(Dr. Furnivall)在为该书1876年版所写序言中,据史实指出W.S.不可能是威廉·斯塔福④,但他未提出肯定性看法。

(二)

该书其他稿本的发现、根据不同稿本编辑出版的不同版本的问世,以及对有关史实(包括有关人物生平)的了解不断扩大和加深,使人们对W.S.之谜有了新的认识。

突破出现在1893年。这一年,伊丽莎白·拉蒙德(Elizabeth Lamond)生前已基本准备就绪而由威廉·坎宁安(William Cunningham)付梓的新版本问世了。该版所依据的是一份比较早的稿本(William Lambarde MS.),与1581年版相比,在用词及若干段落的安排及论述上均有一些增删,书名也依据稿本改为《论英王国公共福利》。拉蒙德还为这版本撰写了长篇序言,详细论述了编辑新版本的宗旨、该书写作时间、该书所涉及的地点和环境、参与对话的各种人物的原型、该书作者、稿本和版本以及正文和注释(注释系依据另一稿本即Boldleian MS.所加)等各方面问题。关于该书作者,拉蒙德提出应是约翰·海尔斯(John Hales)。拉蒙德的这个版本,后来于1929年和1954年两次重印,成为人们研读该书的最新读本,而作者是约翰·海尔斯的论断也被人们普遍接受。

---

① 转引自Mary Dewar, *Discourse of the Commonweal of this Realm of England*, Charlottesville, 1969, p. xviii.
② 同上。
③ 《马克思恩格斯全集》第23卷,人民出版社1972年版,第812页。
④ 据拉蒙德(《英王国公共福利》一书1893年新版编者)叙述,弗尼瓦尔博士在序言中指出,只消了解下述一点即可断定作者不会是斯塔福,因为斯塔福参与其事的惟一的情节发生在1587年,即该书问世6年之后,所以发表于1581年的该书献词不可能涉及这一情节。

但争论没有就此结束。

1934年，布朗奇(J. Yves Le Branchu)注意到该书另一稿本(Hatfield MS.)，倾向于认为作者是托马斯·史密斯(Thomas Smith)。

1937年，休斯(E. Hughes)注意到该书又一稿本(B. M. Addit MS.，即 T. Yelverton MS.)，并提出许多根据说明作者是托·史密斯，但未提出决定性证据，也未对拉蒙德的论断——认为作者是海尔斯而不会是托·史密斯——作出回答。

力求为作者应是托·史密斯提出决定性论据并对拉蒙德的论断作出回答者是玛丽·迪尤尔(Mary Dewar)，她于1966年发表了《〈论英王国公共福利〉的作者》一文，经详细考证和论述，提出作者应是托·史密斯，而不会是海尔斯。1969年，迪尤尔编辑出版了该书新版——作为福尔杰莎士比亚图书馆都铎和斯图亚特王朝文献系列丛书之一种——并在该书长篇序言中着重论述了该书作者问题，重申了她在上述论文中的论断。

这样，在近百年来的研究中，人们早已排除了关于W.S.系指莎士比亚或威廉·斯塔福的说法，而将争论的焦点集中在是海尔斯还是托·史密斯身上。人们也看到，迄今为止，该书已经依据不同的稿本出现了三种不同的版本：

(1) 1581年版，1751、1808、1831和1876年重印；(2) 1893年版，1929、1954年重印；(3) 1969年版。

除了1581年初版以外，人们至今所发现的该书稿本共有五种：

(1) The Lambarde MS.；

(2) The Bodleian MS.；

(3) The Hatfield MS.；

(4) The Albany MS.；

(5) The Yelverton MS.(B. M. Add. Ms.)。

（三）

与《论英王国公共福利》作者同时代的一位肯特郡的考古学家威廉·兰巴特(William Lambarde)在他收藏的该书稿本上写到："本书以《对英国政策的简单考察》为题，于1581年由W.S.出版。它是由托马斯·史密斯爵士(一些人认为)或约翰·海尔斯先生(另一些人认为)在很久以前即亨利八世或爱德华六世时撰写的。写于1565年的这份稿本我早就有了。"①

前已述及,拉蒙德就是依据这位兰巴特的稿本重新编辑出版1893年版本的。她在新版序言中说:"(兰巴特的)这个信息为澄清同该《对话》有关的各种问题提供了新的可能。这个新版的目的,即在于依据这份更早的稿本显现其内容,并指出W.S.在1581年发表它时所作的各种更动和修改。作者问题已不再限于确定W.S.究为何人,而是借助于在其更早形式上的这些论述所提供的内在证据,重新加以研究。"②

在排除了早先有关作者是莎士比亚和斯塔福的说法之后,剩下的就是在兰巴特指出的海尔斯和史密斯之中确定一人了;而拉蒙德在为新版准备的长篇序言中首先考证的各项问题及其结论,也为进一步确定作者准备了条件。她认为,该书写作时间应在1549年夏;所涉及的地点应是考文垂市及其邻近地区;她倾向于认为书中所述对话真有其事,并力求确认书中参与对话者的原型——例如,尽管有若干反证,但从观点、语气以及与涉及的地点和事件的关系来看,她认为书中的骑士应该是约翰·海尔斯的化身。

关于作者,拉蒙德说:"有关作者情况的惟一提示可在该稿本前言中找到,作者在这里谈到有关他本人的三点事实:(1)他不是王室枢密院成员;(2)他是国会议员;(3)他当时有假期。更一般地还可以说,他必定同情博士在对话中所发表的政治和宗教观点;他还必定是一位学识渊博的学者,否则提不出我们所看到的种种理由,也谈不到对各种古典及现时文献的暗示。"③

拉蒙德早先已确认了对话中的骑士的原型,现在又结合写作时间、地点考察了海尔斯的生平,尤其是他1549年前后的任职及去向,最后得出结论说:"从其兴趣和教育来看,在此时极有可能作此论述的人是约翰·海尔斯,他也就是我们已经谈到的可能是骑士原型的那个人。他的经历看来表明,他能满足前言提及的所有条件。"④

拉蒙德指出,海尔斯是一位国会议员,他参加了爱德华六世的第一届国会,但他不曾任职于王室枢密院。他1549年夏在英格兰,此后曾有一短暂期间离开英格兰,可能是去处理圈地委员会引起的纷争。1552年海尔斯肯

---

① E. Lamnnd 为 *Discourse of the Commonweal of this Realm of England*,1893年版所写序言,pp. IX—X.
② 同上书,p. X.
③ 同上书,p. XXV.
④ 同上书,pp. XXV—XXVI.

定在斯德拉斯堡。玛丽女王时期他侨居国外(法兰克福)。看来他在欧洲大陆的那些日子使他有暇得以秉笔撰述他1549年在英格兰期间的亲身体验的情况。拉蒙德说,如按此推想,写作该书年代就应在1549年以后;类似证据还有。但她更相信应是1549年海尔斯在英格兰国内居住期间撰写的。

拉蒙德还指出:能表明对话中的骑士系出自海尔斯本人的所有迹象,也能表明海尔斯具备了使他成为该书作者所需的特有知识。如前所述,这些迹象包括骑士对话时的语气和用词;骑士论及他在国会的经历;以及骑士与考文垂市的密切关系。在拉蒙德看来,这些迹象也都是一种证据,说明作者是海尔斯。不过,她也指出存在若干反证:海尔斯无军事经历;不是骑士;单身,但认为这些反证不足以否定上述论断。

拉蒙德认为,托马斯·史密斯"不大可能"是该书作者。理由如下:"在该书撰写期间,他(托马斯·史密斯)任国务秘书和枢密院议员,但在爱德华六世时期不是国会议员。他任国务秘书并于1548年出使布鲁塞尔。他在宗教事务上花费不少时日,但没有为圈地委员会做什么事,而且在他如此引人注目时他并不在英国;此外,他同考文垂市也没有什么让人知晓的联系,而且他在1549年间也没有脱产假期(以资写作)。他对铸币一类问题极表兴趣,但观点同对话中的看法格格不入。"[1]

根据上述研究,作者已被确定为约翰·海尔斯,这就排除了W.S.是作者的署名的可能性。那么,W.S.究竟是谁呢?此人起了什么作用呢?拉蒙德依据她对手头的更早稿本与1581年版本的对比,提出W.S.应是该书编者,此人在出版1581年初版时,删掉了原稿中少数几个段落,也增加了一处论述,除此以外没有对全书正文作什么加工;而且从此人已作处理的这些地方看来,他的文化水平并不高,因而不可能承担修定全文之责。拉蒙德指出,从1581年版所附献词的措辞来看,其作者(署名W.S.)似乎具有一定政治地位,可望在当时的 State Papers 中查到他的名字。在1581年前几年提到的W.S.中惟有一人可资证明者,他就是威廉·史密斯。此人是托马斯·史密斯的侄子,1580年前曾力图取得继承其在爱尔兰地产的权利,未果。他可能就是这个人,不过没有充足的证据可以证明这一文字恶作剧竟出自深受尊敬的一位乡村绅士之手,使人相信W.S.确实是威廉·史密斯。[2] 这就是

---

[1] E. Lamnnd 为 *Discourse of the Commonweal of this Realm of England*,1893年版所写序言,pp. XXVIII—XXIX。

[2] 同上书,p. XXXVI。

说,拉蒙德确信 W.S.不是作者,只会是编者;W.S.可能是威廉·史密斯,但不能肯定。至于威廉·史密斯同作者海尔斯是什么关系以及为什么会由前者为后者出书,都还存在疑点,这些疑点在迪尤尔的研究中似都得到了满意的答案。

(四)

玛丽·迪尤尔也把兰巴特的那段批语作为她论述该书写作时间及作者的出发点,这就是说,同拉蒙德一样,她也认为在人们获知这段重要信息之后,研究工作已不再限于确认 W.S.究竟是何人,更不应追求作者姓名与 W.S.字面上的一致,而是应当根据海尔斯和史密斯的生平、著作和观点,在同《论英格兰王国公共福利》作出比较分析的基础上,在这两人之中确认一个。

关于该书写作时间,迪尤尔认为"兰巴特说那是更早的一本书,这是正确的";她也同意拉蒙德认为该书写于1549年夏天晚些时候(8—9月)的论断,而且依据该书涉及的若干史实作了补充说明。但在作者问题上,她同拉蒙德的看法正好相反,迪尤尔指出:"自从兰巴特开始提出作者是约翰·海尔斯或者托马斯·史密斯爵士以来,这桩悬案一直是众多争论的对象。在一段时间内,约翰·海尔斯这位爱德华六世时汉纳波的执事和1548年圈地委员会的主要成员曾经独占鳌头。然而,对史密斯生平新近更多的了解,对他其他著作的考察却表明,说《论公共财富》出自史密斯的手笔的理由要充分得多。"[①]

迪尤尔在对史密斯生平著作的了解上似乎占有某种优势。作为《托马斯·史密斯传》(1963年版)的作者,她有充分的根据作出论断。据迪尤尔说,史密斯有出众的学历,多方面的行政经历以及丰富多彩的学术成就。史密斯能阅读六种语言,他曾研究过天文学,数学、化学、医学、神学、哲学和法学;史密斯著述范围很广泛,涉及英文和希腊文语法及发音、罗马货币、伊丽莎白无后嗣之危险、诗歌、爱尔兰殖民化、英国政府及法律制度等。迪尤尔说:"任何熟知史密斯这些著作的人都会相信《论公共财富》确是出自他的手笔。这本书无论在文风上还是内容上都是他的其他著作的再现。博士是作

---

① Mary Dewar, *Discourse of the Commonweal of this Realm of England*, Charlottesvllie, 1969, p. XX.

者的代言人(这同拉蒙德的看法不同:后者认为作者代言人是骑士),史密斯的所有信念、观点以及个人的怪癖均在博士的言谈之中显露无遗。"①

迪尤尔接着对史密斯借博士之口表达的观点作了如下归纳:"他(史密斯)像博士一样,对毁损铸币的危险与祸害抱有极强烈的看法,坚信它是价格飞涨的惟一原因,对王国特别有害。他像博士一样,认为铸币(注定要经用多年)中的金与银有其'自然的'比例。他们都强调有必要进行广泛的人道主义教育,而不是强调技术上的专长;他们对青年人在宗教和法律一类事务上的轻率判断深感悲叹。两人都认为宗教上的争论对一般人是无益之事,宁愿将这种争论完全留给教会中人。在经济问题上,他们都希望抑制羊毛出口,鼓励国内制造服装。作者对服装贸易的细节显得很熟悉,这同其父母是'布商'恐不无关系。他尊重罗马法,对奢华服饰和奢侈浪费深为悲叹,但对史密斯本人沉溺于国内工艺品的奢华开销却表现出相当宽容的态度。"②

迪尤尔指出,约翰·海尔斯的观点与此大相径庭,形成了鲜明对照:"他厌恶罗马法,他积极参与教会事务,他不鼓励在国内发展服装业,他对当时的通货膨胀抱有完全不同的看法以及他继承了传统的'公共福利'观点,即认为社会动乱的根源仅在于人的贪婪之心,对此应以法律加以遏制。"③

前已指出,拉蒙德认为1549年夏即该书成书之时史密斯不在英国国内,以此作为否定史密斯是作者的一个理由。迪尤尔则指出,"对史密斯来说,1549年7月到9月中旬,却偏偏是一段他所不情愿的闲暇之日。当时他任国务秘书。为避免铸币进一步毁损,他制定了一项严厉的财政计划,在6月底作了最后一次努力,想使萨默塞特(Somerset)执政接受,结果失败了。他的建议被拒绝,从而使他在萨默塞特面前的地位也显得极为不稳。他被迫滞留在伊顿学校近三月之久(时任该校校监),不许返回宫廷。国务秘书一职被塞西尔(Cecil)接替。正当社会动荡不安和国家事务失去严密控制之时,他却赋闲,这使他深感焦虑,为'如此令人沮丧的状况和公共福利'而发愁。……极有可能,他正是在这些日子里决意把自己的想法以决不冒犯当

---

① Mary Dewar, *Discourse of the Commonweal of this Realm of England*, Charlottesvllie, 1969, p. XXII.
② 同上书, pp. XXII—XXIII.
③ 同上书, p. XXIII. 详见 Mary Dewar, The Authorship of the Discourse of the Commonweal, *Economic History Review*, Vol, XIX. 1966, pp. 388—400, 作者对两人的见解作了详细比较。

局的形式整理成文。过去他也曾这样做过……"。①

迪尤尔甚至断言,《论公共财富》可能正是送给(接替他职务的)塞西尔看的。史密斯深知干预国王事务的危险,所以他强调该书只是为我们两人商榷之用,不为公开发表。迪尤尔说,萨默塞特众所周知的厌恶批评,无疑对该书作者含糊其辞的署名起了作用;用五人之间设想的对话方式来表达作者意向既方便应手(史密斯早先即以此类似对话体裁著述)又比公开表示观点较少风险。

至于"W.S.",迪尤尔同意拉蒙德的看法,即认为它是托马斯·史密斯之侄威廉·史密斯的简写。迪尤尔考证了威廉·史密斯的生平,搞清楚了他继承其叔父托马斯·史密斯遗产以及准备出版其叔父这本书的前后经过,并着重指出(同拉蒙德看法一样),威廉·史密斯不具备写此作品的条件,甚至经他之手对原文所作的几处文字上的改动也颇显不当,更不必说对原文中更精深之处作出适当修正了。

迪尤尔的结论是:"在所有这些基本点上,史密斯作为作者的呼声均盖过海尔斯:与《论公共财富》主要和次要论题上观点的一致;与其他著作相比,在形式和风格上的类似;先前已对该书所讨论的各项问题极表关注;当时的遭遇给予他论述这些问题以刺激;闲暇、能力以及先前已有写作《论公共财富》一类作品的得心应手之经历以及其他种种次要的涉及个性和气质的线索,均使人确信该书的作者非史密斯莫属。最要紧的是要找到一人能与这部著作的作者相配。这部书不是公共福利文献方面的平庸之作,它显示出极高的首创性以及卓越和有力的才能。我们对史密斯所知道的一切使人坚信,他写该书一定胜任愉快,而根据我们对海尔斯的全部了解,对于他是该书作者的说法实难苟同。"②

这就是迪尤尔的新判断。据笔者目力所及,迪尤尔的新论断自20世纪60年代后期提出以来,在很长一段时间没有引起人们的注意和反响。不过,在新近问世的一部专论《亚当·斯密以前》的著作(1988年版)中,著名经济学史家T.W.哈奇逊则明确地接受了迪尤尔的论断,说作者是W.S.之父(实为叔父)托马斯·史密斯。③

---

① 同上所引文章,第389页。
② 同上所引文章,第399—400页。
③ T.W. Hutchison, *Before Adam Smith*, Basil Blackwell, 1988, p.20.

对李嘉图评论斯密价值论的再评论*

长期以来,在我国经济学(史)界流行一种观点,认为亚当·斯密价值论是二重性的,即耗费劳动论和购换(购买或交换来的)劳动论,甚至是三重性的,即再加上一种工资决定价值论。笔者五年前在一篇全面系统评论斯密的价值—价格论的论文中,① 在论述其他问题的同时,曾着力对上述传统观点作了澄清。在我看来,斯密价值论确实有两重性,但不是上述的两重性,而是耗费劳动论和收入价值论这样的两重性,至于购换劳动论,在斯密那里从未作为价值决定论提出,而始终是把它看做价值尺度,价值尺度和价值决定在斯密那里不是一回事。在作了这些分析和澄清后,笔者在该论文中还指出了上述误解的来源:"在我国,人们通常是从马克思那里接触并接受我们刚刚评析的这些见解的,然而,实际上,这些见解的始作俑者是李嘉图。李嘉图在评论亚当·斯密价值论时,将购换劳动同耗费劳动相对立,从此开创了留传至今的误解斯密价值论的先例,这是一个值得深究的问题。"② 本文就来深究一下以前提出的这个问题。我们先对李嘉图评论斯密价值论的各主要点(集中在李嘉图的《政治经济学及赋税原理》第一章)加以缕析,区分李嘉图对斯密价值论的看法中哪些是符合斯密原意的,哪些是不符合或不完全符合原意的,然后探讨一下出现误解或偏颇的缘由,这对正确理解和把握英国古典经济学的这两位伟大代表者的学说和马克思的相关论述或许不是无益的。

1. 对斯密以水和钻石为例所作的著名论断的评论。李嘉图在《论价值》一章开头直接引用了斯密的话,并以此为据得出结论:"所以,效用对于交换价值说来虽是绝对不可缺少的,但却不能成为交换价值的尺度。"③ 李

---

* 原载《江淮论坛》1994年第3期。
① 晏智杰著:《重评亚当·斯密的价值—价格论》,《北京大学学报》1989年第6期,第1—10页。
② 同上文,第5页。
③ 李嘉图:《李嘉图著作和通信集》第1卷或《政治经济学与赋税原理》,郭大力、王亚南译,商务印书馆1972年版,第7页。

嘉图显然是从交换价值的决定(在他看来,价值决定和价值尺度是一个概念)是什么,以及交换价值与效用的关系的角度去理解斯密的论断了,然而,我愿重申前述论文的分析和看法,即李嘉图的这个理解不符合斯密的原意。斯密在《国富论》第一篇第四章末尾提出"使用价值很大的东西,往往具有极小的交换价值,甚或没有;反之,交换价值很大的东西,往往具有较小的使用价值,甚或没有。"① 斯密不过是要明确区分使用价值和交换价值这两个概念,从而为进一步分析交换价值作准备;他在这里还没有提出(更不消说回答)价值尺度和价值源泉问题,事实上也还不到提出这些问题的时候;李嘉图之所以从价值尺度和源泉的角度去理解这个论断,是由于他认为这个论断有助于确立他本人的看法,换言之,他对斯密论断的理解是出于他论证自己观点的需要,而不是出于斯密的原意。

2. 怎样看待斯密关于价值尺度和价值源泉的观点和思路？李嘉图对斯密区分价值尺度和价值源泉(决定)的思路和观点未加理会,事实上把两者看做一回事,于是出现了对斯密观点的不恰当的理解和判断,误以为斯密价值论中有这样的两重性;既认为商品价值决定于耗费劳动,又认为它决定于购换来的劳动。让我们看一下这种误解是怎样产生的。

李嘉图认为,"在社会的早期阶段,这些商品的交换价值,即决定这一商品交换另一商品时所应付出的数量的尺度,几乎完全取决于各商品上所费的相对劳动量。"② 他接着援引了人们所熟知的斯密的两段话加以支持。③ 就这两段话本身的含义来说,李嘉图的理解大体不错,表明斯密是赞同劳动价值原理的。然而,如果稍加探究,便不难发现,斯密的这两段话是在论述不同问题时,在分析的不同层次上分别提出来的,包含着不同的分析前提条件即不同的时代,李嘉图对此却未予注意(我们暂且这样说)。他所援引的斯密的后一段话有明确的时限,即指"资本积累和土地占有以前的早期原始社会状态",而前面一段话则没有这个时限。出现这差异的缘由在于,斯密的后一段话是要具体回答价值源泉问题(这是《国富论》第一篇第六章的主题),而价值源泉在斯密看来会依时代的变迁而变化。他的前一段话是在论述价值尺度问题(这是第五章的主题)时顺便论及的,而价值尺度在斯密看

---

① 亚当·斯密著:《国富论》上卷,郭大力、王亚南译,商务印书馆1972年版,第25页。
② 李嘉图著:《李嘉图著作和通信集》第1卷或《政治经济学与赋税原理》,郭大力、王亚南译,商务印书馆1972年版,第8页。
③ 李嘉图著:《政治经济学与赋税原理》,商务印书馆1972年版,第8—9页;又见亚当·斯密:《国富论》上卷,郭大力、王亚南译,商务印书馆1972年版,第26、42页。

来无论何时都是一样的(下面还要着重谈到这一点),所以为说明这一尺度而提出的论证自然也不需要(也不应当)在时限上加以限定,像说明价值源泉时必须作的那样。李嘉图把上述两段话不加区分地归结到一起,说明他不理解斯密对价值尺度和价值源泉从概念上和分析层次上所作的区分。如果说这种理解上的偏颇在这时候还不够明显的话,那么,当他往下继续评论斯密的观点时,这种偏颇就发展成误解了。

3. 斯密价值论中是否有耗费劳动论和购换劳动论这样的两重性?李嘉图虽没有作出这样的概括,但他的论述表明,他显然是这样认为的。在援引斯密的话证明在社会早期阶段商品交换价值应取决于耗费劳动量,并强调"这一点实际上是一切东西的交换价值的基础。这是政治经济学上一个极端重要的学说"① 之后,李嘉图接着说:"亚当·斯密如此精确地说明了交换价值的原始源泉,他要使自己的说法前后一贯,就应该认为一切物品价值的大小和他们的生产过程中所投下的劳动量成比例;但他自己却又树立了另一种价值标准尺度,并说各种物品价值的大小和它们所能交换的这种标准尺度的量成比例。他有时把谷物当做标准尺度,有时又把劳动当做标准尺度。这里所说的劳动已经不是投在任何物品生产上的劳动量,而是该物在市场上所能换得的劳动量。好像这两种说法是相等的……"。② 李嘉图接着从好几个角度说明这两种量即耗费劳动量和交换劳动量并不相等,进一步确认价值应由投入生产中的劳动量而不是交换来的劳动量决定。

认为斯密价值论有耗费劳动论和交换劳动论的看法就这样形成了,后来马克思重申了李嘉图的这一分析,并将斯密的价值论概括为两重性理论,③ 甚至三重性理论——除耗费劳动论和交换劳动论外,还加上了工资决定价值论,因为,据李嘉图说(马克思也这样认为),所谓交换来的劳动量无非就是劳动者的报酬即工资;它或指可以买到商品的活劳动量,或指可以买到一定量活劳动的商品量;而工资同商品中耗费的劳动量在资本主义条件下无论如何是不会相等的。

这种流传已久似成定论的理解和说法符合亚当·斯密的原意吗?如果

---

① 李嘉图著:《李嘉图著作和通信集》第 1 卷或《政治经济学与赋税原理》,郭大力、王亚南译,商务印书馆 1972 年版,第 9 页。
② 同上书,第 9 页。
③ 《政治经济学批判》,《马克思恩格斯全集》第 13 卷,人民出版社 1962 年版,第 49—50 页;又见《马克思恩格斯全集》第 26 卷第 I 分册,人民出版社 1972 年版,第 47—49 页。

亚当·斯密在"如此精确地说明了交换价值的原始源泉",①即耗费劳动决定价值(在早期社会)之外,又树立了另一种价值决定原则(指交换劳动论),那么,李嘉图(和马克思)的论断就是正确的,不仅说斯密价值论是二重性(耗费劳动论和交换劳动论)是站得住的,说是三重性(加上工资决定论)也未尝不可。然而,情形并非如此。亚当·斯密在耗费劳动论之外,并没有树立交换劳动这一种的价值决定原则(至于他是否树立了别的什么价值决定论,下面再谈),那么,斯密把交换劳动作为一种什么概念提出来的呢?它同耗费劳动论是怎样一种关系呢?

对于第一个问题,李嘉图其实已经作出了回答:斯密是把交换劳动作为价值尺度提出来的,或如李嘉图所说,斯密又树立了另一种价值标准尺度。问题就在于,价值尺度和价值决定原则是不是一回事?李嘉图的回答显然是肯定的,这事实上正是他把交换劳动论与耗费劳动论并列为斯密二重价值论的一个暗含的前提。但亚当·斯密的论述告诉我们,在他心目中,价值尺度和价值决定原则是有联系但又相互区别的两个概念,而且是在不同层次上加以说明的。

4. 斯密的思路和基本观点。在我看来,斯密在我们现在分析的这个问题上的思路和基本观点可以归纳如下:(1) 价值尺度是第五章论述的主题,价值决定原则是第六章的主题;(2) 在第四章论述了商品交换价值的名义尺度即货币的起源及其效用之后,在第五章转而着重论述交换价值的真实尺度;(3) 这尺度也是用来衡量一个人是贫是富以及权力大小的标准,而贫富或权力是指一个人拥有的或有权支配的必需品、便利品和娱乐品即物质产品和精神产品;(4) 这个真实尺度(相对于货币这个名义尺度而言)就是能够购买或支配的劳动量,"因此,劳动是衡量一切商品交换价值的真实尺度"。(5) 形成这种尺度的原因,一方面是社会分工使各人所需物品的绝大部分须仰赖他人劳动,另一方面任何人都要索取相当代价才肯让出(交换)自己物品,这代价就是为获得物品所付出的"辛苦与麻烦"。(6) 相比之下,劳动这尺度由于具有自身价值不变(?)的特点,所以它优于谷物,也优于货币;但货币尺度又有其不可替代的重要作用。由此可见,斯密始终把交换或购买劳动看做价值尺度,并没有认为它是价值决定原则,这就说明价值的尺度和价值的决定在他那里是两个而不是一个概念。斯密在解释这个尺度的由来时涉及价值决定,把获得物品时付出的辛劳作为该尺度的条件之一并

---

① 李嘉图著:《政治经济学及赋税原理》,郭大力、王亚南译,商务印书馆1972年版,第9页。

将价值决定原则放到下一章去展开论述,都进一步表明价值的尺度和决定问题在他那里是作为不同层次的现象来看待的。因此,我们有充分理由认为,在斯密价值论中,不存在李嘉图所说的那种两重性。支配或交换劳动只是作为价值尺度这一点,在我们全面了解斯密关于价值决定的观点之后可以看得更清楚,到那时便可完全回答前面提出的第二个问题即交换劳动论与耗费劳动论是怎样一种关系了。在此需要补充一句的是,斯密将价值的尺度和价值的决定加以区分不是没有根据和意义的,因为价值尺度毕竟不是价值决定本身,何况在斯密看来,如下面即将指出的,价值尺度在任何时代都一样(交换劳动),但价值决定原则却会随时代条件的变迁而变更。

5. 斯密价值论中实际的两重性(耗费劳动论和收入价值论)以及李嘉图的评论。前已指出,价值决定原则是《国富论》第一篇第六章《论商品价格组成部分》的主题,正是在这一章他全面系统地阐述了价值决定原则,同时也指出了他所说的这些原则与价值尺度的关系。在这里,斯密的确提出了两种价值决定原理,不过,不是耗费劳动论和购换劳动论(已如上述),而是耗费劳动论和三种收入(工资、利润和地租)价值论。这才是斯密关于价值决定的真正的两重性观点,而且他认为这两重的价值规定适用于人类社会发展的不同时期。

斯密说:"在资本积累和土地私有出现以前的早期原始社会状态里,获取各种物品所需要的劳动量之间的比例,似乎是可以为这些物品彼此交换尺度的惟一条件……在这种状态下,劳动的全部产品属于劳动者;获取或生产任何商品通常所用的劳动量,是能够调节通常应可购买、支配或交换的劳动量的惟一条件。"① 他继续分析说,一旦资本在个别人手中积累起来,土地被少数人占有,产品不再专归劳动者所有,而要在劳动者、资本家和土地所有者之间分享,在这种条件下,商品价值便不能只由耗费劳动决定了,而要由几部分收入合起来决定,于是,"工资、利润和地租,是一切收入和一切可交换价值的三个根本源泉"。② 收入价值论就这样提出来了。它同前面所说的购换劳动是什么关系呢?斯密有明确的交代:"必须指出,这三个组成部分各自的真实价值,由各自所能购买或所能支配的劳动量来衡量。劳动不仅衡量价格中分解为劳动(指工资)的那一部分的价值,而且衡量价格中分

---

① 参阅亚当·斯密著:《国富论》上卷,郭大力、王亚南译,商务印书馆1972年版,第42页(译文稍有改动)。
② 同上书,第43页。

解成为地租和利润的那些部分的价值。"① 这就是说购换劳动在新的历史条件下仍是价值尺度。由此可见,斯密关于价值决定和价值尺度的基本观点是:在简单商品交换下,耗费劳动决定价值,在资本主义商品交换下,三种收入决定价值;而价值尺度始终是购换劳动,这尺度先后同耗费劳动及三种收入相符合。显然,在斯密那里,作为价值尺度的购换劳动始终只表现为价值源泉的外在形式和被决定的因素,它同耗费劳动或三种收入这些价值源泉是不能并列的。

李嘉图对斯密的上述分析作出了怎样的评论呢? 他没有指出斯密的收入价值论事实上是在耗费劳动论之外又树立起的另一种价值决定论,但他注意到斯密仅把耗费劳动论限于应用在资本积累和土地占有之前的早期社会状态,注意到斯密认为利润和地租出现之后,它们便同劳动一起影响价值决定这一观点的变化。对斯密观点的这种变化的客观历史背景及深刻的内涵,李嘉图似乎不感兴趣,更准确些说是没有认识到,他反而认为斯密在任何地方都没有分析过资本积累和土地占有对价值决定的影响,于是他为自己提出了确定这种影响的课题,因此,我们又可以把李嘉图对该项课题的研究看做是对斯密收入价值论的一种回答。斯密认为资本积累和土地占有会使耗费劳动决定原则改变为三收入原则,李嘉图则坚持说它们会使原先的原则发生一些变更和修正,但基本原则仍然是耗费劳动决定价值。

李嘉图指出,如果不同行业所使用的固定资本的耐久性不同;如果流动资本和固定资本的比例各异;商品价值决定原则便会发生很大变更。这变更首先在于商品价值大小不再同投入其内的劳动量而同所使用的资本量成比例,否则便不能使等量资本获得等量利润(平均利润率法则);其次,上述条件在劳动量之外又引进了一个影响价值变动的因素即工资的涨落影响。这种影响的发生是由于工资会影响利润(率),后者又会影响作为固定资本利润而计入资本额的数量,从而在使用不同比例固定资本的各资本之间形成价值的差异。当工资上涨时,即使劳动量没有变化,生产时使用了固定资本的商品的交换价值也会跌落,固定资本量越大,跌落的程度越大。李嘉图在很片面的形式上觉察到了劳动价值原理与平均利润率法则之间的矛盾,但由于他没有(也不可能提出)价值形式转化学说,以致把上述影响生产价格的因素误以为是影响并使价值法则发生变更的因素。但在他看来,这些因素的影响较小,甚至只是一种例外(其实这不是例外),故而他宣称不影响

---

① 参阅亚当·斯密著:《国富论》上卷,郭大力、王亚南译,商务印书馆1972年版,第44—45页。

他的劳动价值基本原则。

6. 面对从简单商品生产转变到资本主义商品生产这一客观历史进程，亚当·斯密以价值量分配状况的变化为据，抛开劳动价值原理，转向了三种收入论；收入价值论当然是不足取的，但它却显示出斯密有较强的历史感。李嘉图不否认生产条件和分配状况的变化会对价值（其实是指价格）发生影响，但他通过宣布这些影响很小（甚至是例外），而在字面上坚持了他的劳动价值原理。这表明他缺乏历史感，从而也就不可能真正科学地解决劳动价值原理与资本主义现实之间的矛盾，这当然同他的资产阶级的立场和眼界的局限性直接有关。

由于李嘉图坚持认为在任何时代都通行劳动价值原则，又由于他不理解斯密转向三种收入价值论的历史合理性（尽管理论本身不可取），只把斯密的三种收入价值论看做是认识的局限而不是认识的转折，因而李嘉图不把收入价值论并列为斯密的另一种价值论就不是不可理解的了。至于李嘉图把在斯密那里显然加以区分并在不同层次上分析的价值尺度和价值决定这两个不同问题加以结合，从而实际上把斯密价值论归结为耗费劳动和购换劳动论这样的两重性，则同他确认不存在不变的价值尺度有关，而按照斯密的说法，却有这种适用于任何时代的价值尺度即购换劳动。

为《中国大百科全书》(第二版)撰写条目选[*]

古典经济学(Classical Political Economy)

　　古典经济学是指自由竞争资本主义时代的西方经济学,它起始于17世纪中叶,在反对和批判重商主义思想和政策过程中产生和发展起来,其根本信条和特征是推崇经济自由主义,维护自由竞争资本主义生产方式,是这个时代的产业资本的利益的忠实代表,在19世纪70年代后表现出明显的对抗社会主义运动和马克思主义经济学的倾向,这种经济学在20世纪30年代世界资本主义大危机和长期萧条的冲击下遭到重创,遂被倡导新条件下国家干预主义的凯恩斯主义经济学所取代。

　　古典经济学经过长期的探索逐渐建立起四个基本理论支柱。第一,在私人资本主义条件下可以实现个人利益与社会利益的和谐。第二,市场价格制度能够保障生产资源的最佳配置,实现效率最大化。第三,自由市场交换制度能够实现公平交换,使交换双方实现利益最大化。第四,按照生产要素的边际生产力进行分配能够实现公平分配。该学说的核心和基本结论是:自由竞争机制能使储蓄和投资自动达到均衡,供给和需求自动达到均衡;经济危机或生产过剩是暂时和局部的现象,分配不公平可以通过某些改良主义办法加以克服。

　　古典政治经济学的发展可分为三个基本阶段,第一个阶段是产生阶段,从17世纪中叶到18世纪中叶,主要代表者是英国的W.配第和法国的布阿吉尔贝尔。他们分别从英法的具体国情出发,分析各自的经济问题并提出政策建议,前者旨在使英国国力强大,争夺世界霸权;后者旨在振兴法国经济,特别是农业生产力。他们力图透过商品交换的表面现象,发现经济生活的本质和内在联系,把致富源泉的研究从流通领域转移到生产领域,最先提出劳动价值论,为古典政治经济学的发展奠定了理论基础。

---

[*] 收入本书时保持原貌。

第二阶段是蓬勃发展阶段,从 18 世纪中叶到 19 世纪中叶,大约是从英国工场手工业极盛时期到第一次产业革命,先后在英法等国完成,主要代表人物是英国的 A.斯密和 D.李嘉图,法国的 F.魁奈和 J.C.L.S.de 西斯蒙第等。他们对市场机制作了初步分析,指出市场供给和需求的相互作用是影响和决定商品价格的主要机制,而价格波动会直接影响商品生产、分配、交换和消费并导致社会资源的最佳配置;出于反对封建势力(但在重农学派学说中还有封建外衣)的需要,也基于资本主义生产方式初期,市场需求尚未构成生产力发展的不可克服的重大障碍的现实以及劳动已经成为生产力发展的主要要素的现实,他们着重从生产角度探索了市场交换的基本法则并将商品价值源泉归结为劳动;依据劳动价值论,他们论证了土地贵族利益与社会利益的对立,也不否认劳动和资本的矛盾;他们坚信自由竞争市场机制可以实现经济生活各方面的均衡与和谐。上述古典经济学的基本信条,除了边际生产力分配论以外,其他几个都得到了比较充分的论证,成为社会上的支配性思想观念。

第三阶段是古典经济学进一步发展时期,即所谓边际革命和新古典经济学时期,从 19 世纪 70 年代到 20 世纪 30 年代。适应产业革命的深化和资本主义社会发展的需要,这时期的西方经济学在继续信奉经济自由主义信条的同时,又为改进和加强这种信条提供了若干新的理论成分,主要包括以边际效用价值论取代传统的劳动价值论及其变种生产成本论,以边际生产力分配论证明资本主义分配制度的公平性以及最终以市场供求均衡论取代单方面强调市场供给决定价格论或单方面强调个人和市场需求决定价格论。其主要代表人物有——边际革命的三位奠基者:英国的 W.S.杰文斯,奥地利的 C.门格尔和法国的 L.瓦尔拉斯;第二代边际主义理论家:奥地利的 F.v.维塞尔和 E.v.庞巴维克,意大利的 F.帕累托,美国的 J.B.克拉克等;最重要的是集古典传统和边际主义于一身的英国的 A.马歇尔新古典经济学体系,该体系是古典经济学的最后的代表性形态;新古典经济学既是国家干预主义经济学的批判对象,同时它又孕育了凯恩斯经济学;而在后凯恩斯主义新时期,古典经济学传统又成为新古典综合派的有机构成部分。

"古典政治经济学"一语为马克思所首创。基于对资本主义生产方式和资产阶级经济学的性质和发展趋势的判断,马克思将古典政治经济学限于上述第一阶段,并称继起者是庸俗政治经济学(止于 19 世纪 50 年代末)。他在创建无产阶级政治经济学过程中对资产阶级经济学进行了系统深入的研究,指出了它们的性质、历史地位和作用,对古典经济学有批判有继承,这种经济学成了马克思主义经济学的三个来源之一,同时又对庸俗经济学进行了无情地揭露和批判。马克思着重指出:法国重农学派把农业看做惟一的生产部门,他们提出的"纯产品"学说接触到剩余价值起源,为分析资本主义生产奠定了基础;重农学派还对社会资本的再生产和流通进行了初步的分析;斯密以资本主义较为发达的英国为背景,在发展经济科学方面前进了一大步。他在总结前人研究成果的基础上,第一次系统论述了劳动价值论原理,并在此基础上把利润和地租看做是对工人劳动所创造的价值的一种扣除,即资本家和地主不劳而获的收入;他也初步揭示了财富增长和经济发展的规律。马克思还指出,古典政治经济学在李嘉图理论中达到最高峰。李嘉图对劳动价值论进行了更为坚定的论述,而且抛弃了斯密用三种收入说明价值的观点,并把劳动价值论作为分析整个资本主义及其经济范畴的出发点。他把工资和利润看做是劳动创造的价值的两个部分,把地租看做是一种超额利润,从而第一次揭示了工资和利润、利润和地租之间的矛盾与对立,表述了资本主义社会各阶级在经济利益上的矛盾。马克思的这些分析和批判具有经典的历史的意义。

经济自由主义(Economic Liberalism)

西方经济思想发展两大基本思潮中,与国家干预主义相对立和彼此消长的一种思潮或流派。18世纪初期随着自由竞争资本主义生产方式的形成和发展,在反对重商主义形式的国家干预主义背景下形成了被称为古典的经济自由主义,其基本信条在西方经济学和西方国家的经济政策中的支配地位延续并发展到20世纪初期。20世纪20—30年代的世界资本主义经济危机宣告了古典经济自由主义的破产,引发了以凯恩斯主义为代表的现代国家干预主义,70年代以来西方国家经济"滞胀"局面的持续发展使凯恩斯主义陷于困境,也激发了作为现代国家干预主义对立面的新经济自由主义思潮的复兴。

亚当·斯密(Adam Smith)是公认的古典经济自由主义的奠基者;其他著名代表人物有属于古典经济学派的李嘉图(David Ricardo)、萨伊(J. B. Say)和约翰·穆勒(L. B. Mill)等,以及属于新古典经济学派的杰文斯(W. S. Jevons)、门格尔(C. Menger)、瓦尔拉斯(L. Walras)、克拉克(J. B. Clark)和马歇尔(A. Mashall)等。古典经济自由主义的基本理论支柱是:第一,自由竞争市场制度可以实现私人利益和公共利益的协调。第二,自由竞争市场价格是引导经济资源达到最佳配置的信号和标志。第三,只有在自由竞争市场上才能实现公平的,即按产品实际消耗或成本进行交换。第四,在自由竞争制度下才能实现公平的即按要素贡献的收入分配。古典经济自由主义反对重商主义时代所推行的保护各种垄断特权的限制措施,反对国家对社会经济生活的过分干预,要求"自由放任"即实行自由经营和自由贸易,他们认为国家充其量只能充当"守夜人"的角色。古典经济自由主义为这一历史时期西方资本主义国家主流的自由主义经济政策提供了理论基础,这种思想和政策是当时先进资本主义国家及新兴资产阶级利益的反映,在客观上促进了社会生产力的发展,但它是以剥削各国劳苦大众和牺牲世界其他国家的利益为代价的。

现代新经济自由主义是一个范围庞大的思潮的总称,其中包括以米塞斯(L. Mises)和哈耶克(F. Hayek)等人为代表的新奥地利学派,以欧根(W. Eucken)为奠基人的西德弗莱堡学派,以罗宾斯(L. Robbins)为代表的伦敦学派,以弗里德曼(M. Friedman)为创始人的现代货币主义,以卢卡斯(R. Lucas)为代表的理性预期学派,以布坎南(J. Buchanan)为创始人的公共选择学派以及以科斯(R. H. Coase)为代表的新制度经济学等。现代经济自由主义各个学派虽然各有侧重和特点,但在继承和发挥古典经济自由主义上述基本信条方面是大体一致的。一般来说,他们都坚信市场机制的自发调节作用,主张自由放任,反对凯恩斯主义的国家干预主义,但他们并不完全拒绝国家干预,而是主张尽可能减少这种干预,同时要求国家为市场机制的顺利运行创造必要条件。维护私有制度,认为它是竞争制度的前提和经济发展的根本动力。主张实行健全财政原则,反对赤字财政。主张物价稳定,反对通货膨胀。他们一般要求实行减税、压缩社会福利、实行国有企业私有化等。预计经济自由主义和国家干预主义的并存和消长局面还会继续下去。

《经济表》(Tableau Economique)

法国重农学派的首领弗朗索瓦·魁奈(1694—1774年)所作的"一种基本经济秩序表,以容易掌握的方式描述支出和产品,并且提出一个关于政府可能造成的有组织和无组织状态的明确概念"(魁奈语)[①]。魁奈的经济表是针对法国重商主义政策所造成的农业衰败的严重后果而提出来的,旨在说

[①] R. Meek, *The Economics of Physiocracy*, Harvard University Press, 1963, p.65.

明必须具备怎样的条件才能维持农业的简单再生产和扩大再生产,说明怎样的政策就必然导致缩小再生产。为此魁奈分析了"纯产品"(每年农业总产品价值扣除各种补偿之后的剩余产品价值)流通的前提、过程和结果。在魁奈看来,这种纯产品就是社会总剩余产品,也就是维持社会再生产的基础。他认为纯产品是由租地农场主即所谓"生产者阶级"生产出来并作为土地地租交纳给土地所有者等"所有者阶级"的。

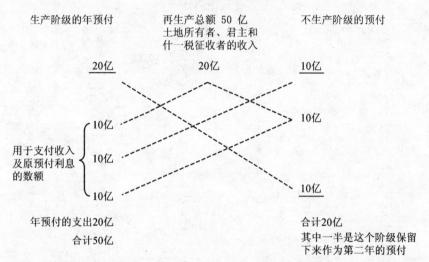

1766 年的《经济表的图式》

魁奈的《经济表》据不完全统计共有 12 张,其中所谓"初版"3 张表先后写作于 1758 年 12 月、1759 年 2—3 月和 1759 年晚些时候,都是给其大弟子米拉波看的,同时还附有相关的信件或说明,未见出版,其形式是曲折连接线式;第 4—7 张表见于魁奈与米拉波合著的《农业哲学》,其形式是简要说明式;第 8 张见于魁奈的《经济表的分析》(1766 年),这是算学图式,也是经济表最后最成熟的形式,该形式的经济表见于《第一经济问题》(第 9 张,1766 年)和《第二经济问题》(第 10—12 张,1767 年)。

人们在《经济表》面世百年间对它一直缺乏应有的理解,首先解开《经济表》之谜的是马克思。他详尽地剖析了经济表的内容,高度评价了它的历史地位。他指出:"实际上,这是一种尝试……这个尝试是在 18 世纪 30 至 60 年代政治经济学幼年时期做出的,这是一个极有天才的思想,毫无疑问是政治经济学至今所提出的一切思想中最有天才的思想。"(《马克思恩格斯全集》第 26 卷第 1 分册,人民出版社 1972 年版,第 366 页)。

陈岱孙
学术思想探讨

陈岱孙的学术生涯与成就[*]

《陈岱孙文集》的出版,是我国经济学界和教育界令人欣喜的一件大事。

陈岱孙是我国老一辈著名经济学家和教育家,早已蜚声海内外。他的出类拔萃的学历和对我国高等教育事业所作的贡献,他的高尚品格和道德风范,他渊博的学识、严谨的治学态度和卓越的教学艺术,几十年来一直被人们所称道,赢得了广泛的尊敬和钦佩。

许久以来,人们希望将陈岱孙在长期的教学、研究和社会活动中发表的各种思想成果加以收集和整理,结集出版。这不仅会使人们对陈岱孙的生平、著作和学术思想有更多了解,而且会对我国经济建设、思想文化建设和教育事业的发展产生良好的作用。20 世纪三四十年代,中国遭受的外患,使陈岱孙痛失了将已经花费大量心血作好了准备的学术专著《比较预算制度》整理和出版的机会;而史无前例的"文革"十年内乱连同前此若干年已属非常的政治气氛和环境,又使他丧失了著书立说的宝贵时光。这就使得将他的文论结集出版愈发必要了。

可是,向来自谦的作者总觉自己一生平凡,无甚可称道之成就而不愿为自己出集,只是在学术界和出版界众多同事、友人和学生们的坚持要求和一再催促下,陈岱孙才勉为其难地顺从了众人的心愿并亲自参与和指导了本文集的各项准备工作。

本文集分为上下两卷。上卷辑录了作者在新中国成立以前发表的主要论文四十余篇,始于 1926 年的博士论文,终于 1947 年解放前不久针砭时弊的论文。下卷辑录的文章,除了 1959 年的一篇短文外,其余均为 1979 年以后的作品。其间长达 20 年引人注目的空白,像一面无声的镜子,如实地映照出一位正直科学家当年的处境和心情。

一

陈岱孙原名陈总,他于 1900 年 10 月 20 日(农历闰八月二十七日)出生

---

* 为《陈岱孙文集》(上下卷)撰写的编者前言,北京大学出版社 1989 年版。

在福建省闽侯县一个"书香门第"的家庭。陈岱孙6岁入私塾读线装书，1915年秋考入福州市鹤岭英华中学，1919年夏赴上海考取了清华学堂高等科的三年级插班生，1920年夏毕业后被录取为公费留美生，赴美深造。他先入美国威斯康星州立大学经济系，1922年6月从该校毕业，于同年秋进入哈佛大学研究院，1924年6月被授予哈佛大学文学硕士学位，1926年获哈佛大学哲学博士学位。1926年4月赴欧洲大陆游学，主要在巴黎大学旁听金融方面的课程。同年底离开巴黎经马赛乘海轮回国，1927年2月抵沪，旋即奔赴阔别7年的福建老家。

从6岁进私塾，到26岁获哈佛大学博士学位，陈岱孙系统地接受了中西文化的教育和熏陶，为他日后的事业奠定了深厚而牢固的基础。勤奋学习是他这一时期生活的主要内容和显著特点，以至于在时隔大半个世纪之后，回首往事时，陈岱孙对少时躲在家里装满书箱的藏书阁楼遍览历史和小说等各类书籍的岁月仍记忆犹新，对留学哈佛大学时有幸在图书馆获一单人小隔间，专心致志、如饥似渴地吮吸知识营养的经历仍无限神往。

爱学习必爱老师。陈岱孙对引他进入知识宝库、教导他做人的道理的启蒙老师尤其怀有深深的敬意和感激之情。读过《私塾内外——童年学习生活片断》一文，体味一下陈岱孙的教师题在团扇上赠给他的那首他一直记着，不敢忘的含意深远的诗，读者就不难领悟到陈岱孙一生谦虚谨慎、不骄不躁、始终进取的精神不是没有来由的。诗云：

本是龙门诩李赝，虬枝得所气休矜，

人间饮啄原前定，不露聪明即寿徵。

如果说幼年入塾读线装书是家庭的必然要求和安排，躲进阁楼"乱看书"是兴趣所致，那么，当陈岱孙迈出家乡，来到上海和北京以后，耳闻目睹或亲身经历的种种事件则使他对国家民族的命运有了更多的思考，青年陈岱孙的思想渐趋成熟了。

1918年夏陈岱孙赴沪投考清华学堂期间，在黄浦江畔公园门前撞见"华人与狗不得入内"牌子后的痛苦感受是他永远不能忘却的。"我陡然地止步了"，陈岱孙回忆说，"瞪着这牌子，只觉得似乎全身的血都涌向头部。在这牌子前站多久才透过气来，我不知道。最后，我掉头走回客店，嗒然若丧，第二天乘船回家。我们民族遭到这样凌辱创伤，对一个青年来说是个刺心刻骨的打击。"次年爆发的震惊中外的"五四运动"又给正在清华学堂就读的陈岱孙上了深刻的一课。他参加了游行、请愿、宣传等活动，尽管"只有摇旗呐喊的份儿"。陈岱孙回忆说："我当时总觉我们似乎有一个基本问题需要解决。想起古书中所说的'足食足兵'的重要性和积贫积弱显然是导致横逆的原因,那么,富强似乎是当务之急"(以上均引自《往事偶记》)。祖国的忧患终于在青年陈岱孙的心中引发出以研究经济学为国家民族富强效力的志向。

《马萨诸塞州地方政府开支与人口密度的关系》是陈岱孙 1926 年向哈佛大学文理研究生院提交的作为完成哲学博士学位要求一部分的论文。这篇博士论文实际上是对他留学期间学习成果的一次总结,也是他日后走上漫长科学研究道路的一个新起点。它不仅显示出年轻作者在学术上已达到的高水平,而且体现了作者为文的若干特点。选题有相当难度;不仅问题本身繁难且无现成答案,而且有关资料也须付出巨大努力加以收集、整理和加工;何况选题所涉属于美国财政问题范畴,作这个题目,对一个异国学生来说并不是一件轻而易举的事。然而陈岱孙取得了成功。他在大量占有资料的基础上,对问题的各个方面作了深入细致和中肯的分析,对地方政府开支与人口密度关系这个重要问题提出了令人信服的独到见解,并据此澄清和辩驳了若干歧见。陈岱孙的这些见解即使在今天也没有失去其科学价值。还应指出,该论文处处以事实为根据,一切结论都是在对丰富资料的周密分析之后得出来的,内容充实,论点有力,层次清晰,英语表达规范流畅,堪称实证研究的一篇范文。

二

陈岱孙学成回国之时,正值国内时局剧变之日。假如任职于武汉国民革命政府的友人的约请得以实现,陈岱孙也许会从此走上从政道路,至少有此前景。但不久形势逆转,宁汉分裂,革命遭到挫折,切断了赴汉的可能。恰在此时他接到清华大学邀请,于是再次北上,于 1927 年 9 月就聘为清华大学经济系经济学教授,时年 27 岁。从此开始了迄今已逾 60 载的粉笔生涯,教育成了他的终生事业。这个选择对青年陈岱孙来说看似偶然实则必然,且富于远见。他具备了从教的一切条件,他在教育事业中是会有所作为的。事实很快就证明了这一点。他既是一位学识渊博、教学有术的优秀教师,又是一位注重效率、善于处事、精明能干的领导者。1928 年夏,时年 28 岁的陈岱孙教授开始担任清华大学经济系主任,1929 年起兼任清华大学法学院院长。他授课的内容广泛,涉及经济学原理、经济学说史和财政金融等,有时同时开设三四门课,他均能胜任愉快,应付裕如。他讲课语言精炼、思路清晰、逻辑性强，有强烈的吸引力和感染力。陈岱孙杰出的才干博得了同事、学生们的爱戴和尊敬。

抗日战争期间，陈岱孙随同清华大学辗转长沙、昆明等地，和西南联大的师生一起渡过了八年令人难忘的岁月。抗战胜利后，1945年11月，陈岱孙担任清华大学保管委员会主任，负责从日本投降者手中接管清华大学。

从1934年到1947年，陈岱孙在繁忙的公务和教学之余，发表了四十余篇文章，这是他在写作方面的第一个高潮期。在这些内容广泛的文章中，有关经济建设和抗战期间的经济问题的言论尤其引人注目，因为它不仅鲜明地反映了这位满怀爱国热情、追求社会进步的知识分子的政治态度，而且其中蕴含的许多思想和主张至今仍有重要借鉴意义。

发表于1936年初的《我们的经济运命》一文可以说是一篇带有纲领性的文章。针对中国面临沦为殖民地的危局，陈岱孙严厉批评了国民党当局在政治上借助外国力量、在经济上向列强"求恳乞怜"的亡国政策。他大声疾呼，"我们必须自己有决心、有能力，握住我们自己的经济运命。我们要知道，我们经济运命的决定，是我们神圣的责任和天然的权利。是责任，我们不能任意推诿，是权利，我们不能任意放弃……推诿责任，便是不忠；放弃权利，便是不智。"他接着明确指出，如不认清形势并采取有力措施对抗外国经济侵略，不建立自立经济，中国必陷入殖民地经济的"体型"。在此体型之下，虽有一部分人可以尝到一些余沥，可是整个国家的经济生命就此丧失。随着经济主权丧失，"国家的政治运命恐怕只有悲惨的结果"。①

20世纪30年代中期，国民党政府高唱"经济建设"，却没有一个通盘规划，交通虽有所发展，而工、农、林、矿等业仍旧踏步不前；有的地方政府大搞消费性建设，而对生产性建设不予理会；有的地方"百废俱兴"，最后落得"一事无成"。陈岱孙在《谈经济建设》(1936年)等文中对诸如此类的弊端进行了揭露和抨击，并提出了相应的建议。同一时期，拟创办所得、遗产税法的建议甚嚣尘上，政府人士倡言此举旨在改革原有税制不公的弊端。陈岱孙以其对中国传统积习的深刻了解，以一位财政专家独有的犀利眼光，站在一般民众的立场，直截了当地指出，欲达上述宗旨，必须在以上二税初举之时，即致力于打破前此"税不上大夫"的习惯，集中于增加大富、巨商、资本家和达官贵人的负担，这"不但是希望矫正人民负担不均的办法，也是扩大税源的途径"(《所得遗产二税的举办与人民的负担》)。

---

① 《陈岱孙文集》上卷，北京大学出版社1989年版，第257—260页。

抗战爆发后,陈岱孙在一系列文章(包括时评)中愤怒声讨了日寇的侵略行径,并着重论述了抗战条件下经济工作的各种问题,为支持抗战出谋划策。陈岱孙坚信抗战必胜,同时指出胜利之到来不仅仰赖于军事斗争,而且取决于后方的经济建设;他主张为适应战时需要必须采取计划与统制的经济政策;他认为应有一个符合应战需要、针对国情的通盘计划;而我国的国情之中最鲜明的特点即是"一切经济制度机构还是带着浓厚的中古色彩",与侵略国的现代化经济相比,显然落后;但我们也有自己的优势和长处,并非处处不如人;他反复指出,战时经济建设应当遵循若干原则,诸如(1)工业建设须与战事有密切关系,或为人民生活所需要;(2)工业建设须为现有人力财力所胜任;(3)新资源的开发应以供应前方需要,补助后方生产,维持一般人民生活为急务;(4)新资源开发还应注意本身与地方的适宜性;(5)农业的改造不可忽略,等等。除此以外,陈岱孙还就战时的交通、贸易、赋税、金融和币制等问题发表了许多富于建设性的意见。

抗战胜利后,中国面临着向何处去的问题。陈岱孙同当时中国多数知识分子一样,期望能有一个和平建国、政治民主和经济繁荣的前景。面对日益严重的内战危险,1945年秋,陈岱孙和西南联大的张奚若、闻一多、朱自清、钱端升等教授联名发表了《十教授的公开信》,要求停止内战,希望政治协商会议成功和中华民族独立解放。然而,随着时局发展,陈岱孙也像许多人一样,愈益看清了国民党反对派卖国、独裁的真面目。他在1947年7月发表的《经济自由与政治自由》一文中,在指出旧式的经济自由主义在世界上的衰落已成定势的同时,对"政治自由是否会随着经济自由之消失而消失,或者经济权力的国有可以仍不孕育政治的暴力"表示了深深的怀疑和关注。如果说,这是作者以一种理论的方式、比较婉转而隐蔽地表露了对中国前途的担忧的话,那么,第二年,当国民党行将崩溃,新中国即将诞生之时,陈岱孙毅然决定留在国内,迎接解放,就是在历史转折的紧要关头,以自己的实际行动,对中国应当向何处去的问题,坚定而明确地表明了自己的态度。

三

1949年北京解放后,陈岱孙继续担任清华大学经济系主任和法学院院长。1952年高等学校院系调整,陈岱孙任中央财政金融学院第一副院长,代理院长。1953年秋调到北京大学经济系任教授。1954年任北京大学经济系主任、校务委员会委员。1955年兼任国务院科学规划委员会委员、经济学组副组长。

建国初期,陈岱孙同我国广大知识分子一样,经历了以学习马列主义毛泽东思想和批判资产阶级思想为主要内容的思想改造运动。深谙人类社会以及思想发展史、本人又有丰富阅历的陈岱孙,通过学习进一步提高和加深了对马列主义毛泽东思想的认识,进一步坚定了中国只有在共产党领导下走社会主义道路才有前途的信念;迎接解放时不免喜忧参半的心情已被满怀希望和信心的心情所代替。他认真学习、努力工作,在教学和社会活动中发挥着引人注目的作用。

陈岱孙这时期在学术研究领域也取得了丰硕成果。在繁忙的教学和社会活动之余,他于20世纪50年代后期撰写了近四十万字的《经济学说史讲义》。上册从古希腊罗马的经济思想到19世纪上半期资产阶级经济学说和空想社会主义学说。中册从19世纪下半期资产阶级经济学到20世纪初的资产阶级各流派经济学。下册集中论述了马克思主义和列宁主义经济思想的发展。这全套讲义是我国学者在解放初期以马列主义为指导研究西方经济学以及研究马列主义经济思想发展的最初成果之一。西方经济学说原是作者的本行业务,现在有了新的认识;对马列主义经济思想的系统论述显系重新学习的成果;就所包含的范围、框架甚至基本论点来说,它实际上为其后几十年间我国经济学说史的教材勾勒了蓝图,奠定了基础。

遗憾的是,这套油印的讲义仅仅使用了两年,便在60年代初高等学校内"一次短命的政治运动"(陈岱孙语)中遭到批判的厄运,无缘问世了。但同作者后来的境遇相比,这不过是个开头而已。在"左"的路线支配下接踵而至的政治运动一次甚于一次地恶化了中国的政治和学术环境,陈岱孙身不由己地陷入了难以摆脱的困境。及至十年浩劫,他的处境更是每况愈下了。面对这种形势,作为一个正直的知识分子,假话不愿说,真话又不能说,陈岱孙沉默了。整整二十年,他没有发表一篇论文,没有作过一次学术演讲,结果就在他的著作史上留下了一段不小的空白。这岂止为陈岱孙一个人所独具,又何止是他一个人的遗憾和损失!所幸陈岱孙坚信乌云终将散去,光明必然到来,因而无论遭到什么怀疑和不公正对待,他始终处之泰然,经受住了严峻考验。

四

当中国革命和建设的航船重新走上航道的时候,陈岱孙已近耄耋之年了,但一个人的潜能往往不是单以年龄所能衡量的,对陈岱孙来说尤其如此。就在近十年内,陈岱孙先后发表了专著《从古典经济学派到马克思》(1979年),主编了两卷本《政治经济学史》(1981—1983年),并撰写了各类文章五十余篇,累计不下百万字,这还不包括他为许多作者审阅书稿、文稿所作的大量工作。与此同时,他还继续担任着繁忙公务和社会活动:1985年前他一直担任北京大学经济系主任,从1983年起任全国政协常委,还有其他许多社会和学术兼职。

对国家民族的热爱,对事业的不懈追求,欣逢盛世,终使陈岱孙在晚年重新焕发了科学的青春。他多次表示,尽管年事已高,仍愿本着为人民服务的宗旨,尽力作一些文字方面的工作、对社会主义经济建设和现代化事业作一点贡献,他实践了并继续实践着自己的诺言。

《从古典经济学派到马克思》问世后,受到学术界和广大读者的好评。像本书这样以专题形式所写的经济学说史专著,在当时已有的中文著作中尚不多见。作者学识渊博,视野开阔,论断精辟,读来常给人以高屋建瓴、融会贯通之感和理论上的满足。准确、凝练的语言更增添了阅读的兴味。最主要的是,本书对所涉及的主要经济学说的发展作出了马克思主义的说明,是一部集科学性和革命性为一体的论著。作者在有关各处提供了不少新材料,发表了许多富于启发性的新见解。即使对人们通常知晓的一些问题,由于作者从新的角度和深度上加以考察,也给人以耳目一新之感。本文集收入了该书的全文。

《政治经济学史》教科书尽管现在看来有待修定,但同以往的教材相比,具有范围较宽、材料较新、篇幅适中等特色,因而受到人们欢迎。陈岱孙在指导编写该书的同时,还亲自执笔撰写了有关重商主义、重农主义、李嘉图、西斯蒙第、19世纪上半期的经济学说以及英法社会主义的蜕变等章节。

强调经济学应是致用之学,认为经济学的教学与研究应当坚持为社会主义现代化事业服务、坚持理论联系实际的方针,提倡探讨、创新和百家争鸣,是陈岱孙的一贯思想和主张。对怎样正确对待西方经济学这个极富现实意义的问题,陈岱孙多次强调指出,既不应一概排斥,也不应全盘照搬,必须在弄懂西方经济学的基础上,结合我国国情,具体地加以分析,汲取其中于我有益或有借鉴作用的部分。1983年发表的《现代西方经济学的研究和我国的社会主义经济现代化》一文堪称这方面的一篇代表性作品。

针对我国改革开放过程中遇到的各种问题,陈岱孙发表了许多重要意见。他强调指出,在制定经济发展战略时,一定要从我国国情出发,切不可照搬西方发达资本主义国家的做法,尤其不可企图借助通货膨胀来刺激经济发展,否则会造成难以预料的严重后果。他对调整国民经济各部门的比例与结构,对把握微观搞活与宏观调控之间的关系,对货币金融理论及工作等,都有精辟的分析和建议。

高等教育,尤其经济院校的教育工作是陈岱孙始终关注的一个领域。他倡导发扬民主与科学的优良传统;主张加强学校的管理工作;论证在培养目标上切忌将专才和通才相对立;强调经济院校在注意定性分析的同时,还应加强数学训练,注重数量分析;在学科建设方面要注意加强应用性科目的创设和发展;等等。

对西方经济学的研究在这时期的论著中占有突出地位。除了前已提及的专著以外,陈岱孙在这十年发表的一系列文章和学术讲演中都论及到这方面课题。例如,他根据国外学者新发现的材料,对法国重农学派主要代表者魁奈的《经济表》的版本和模式作了详尽的考证和分析,并且指出,魁奈在《经济表》及有关文献中还很有针对性地分析了规模扩大或缩小的再生产的可能性,从而澄清和纠正了学术界认为《经济表》只分析了简单再生产的传统看法,深化了对重农学派的认识。

又如,经济自由主义和经济干预主义两种思潮的消长,是一个很有现实意义的课题,但由于涉及甚广,不易把握。陈岱孙依据他对西方经济思想史和经济政策演变过程的系统而深刻的理解,回顾和分析了这两种思潮及政策消长的主要阶段及其特点,论述了主要人物及其学说的地位及作用,阐明了消长的必然条件及其错综复杂的后果。最后,作者断定,经济干预主义在当前西方主要资本主义国家虽已受到来自经济自由主义思潮的猛烈攻击和挑战,在实践上也遇到种种困难,但在可预见的将来,它仍将是居主导地位的思潮和经济政策原则。

再如,实证经济学和规范经济学也是近年来人们感兴趣的一个课题。陈岱孙分析了这个问题的各方面,着重地提醒人们注意切不可将两者截然分开甚至对立起来。

最后,还要着重指出,陈岱孙近年来撰写的大量序文具有独立的学术价值。这些序文的内容涉及西方经济学说的源流、演变和评价,历史人物的地位及贡献,马列主义经典著作研究,著作版本,新课题和新科目的创立,当代中国和世界经济问题研究,汉译学术名著等等。陈岱孙为包括如此广泛内容的各种著作作序,能做到每篇都言之有物是十分不容易的。这些序文的写法也颇具特色:陈岱孙总是联系所序著作的某个方面,恰如其分地陈述他自己的看法,这些看法无论是对原著的发挥或补充,还是有所修正或保留,都会为原作增色。加之序文的思路新颖,语言洗练,文采飞扬,愈发增添了文章的吸引力和感染力。至于对所序著作的评价,则力求客观、公允、恰如其分和实事求是。对一切有价值的贡献,从资料收集到理论分析,总会得到陈岱孙的肯定和赞扬。对中青年学者的点滴成就,陈岱孙尤感欣慰与高兴,字里行间表露出提携后学的拳拳之情。

五

《陈岱孙文集》仿佛一幅历史长卷,真实地展现了作者迄今走过的漫长思想历程。读者不难发现,这一历程中有起伏、有中断,但它们绝非作者本人的过失所致,均为客观历史条件使然。就作者本人的政治观点和理论观念来说,固然有一个随着时代发展而不断进步和发展的过程,但是原则性的反复和曲折是不曾存在的。这是一种科学品格。在中国社会和思想界近百年来经历着惊涛骇浪的背景下,能具有这种品格是非常难能可贵的。本文集不仅显示了陈岱孙的这种品格,而且从若干侧面、在一定程度上也对他何以能具备这种品格作出了回答,编者以为,《陈岱孙文集》给予我们的最大启迪也许就在于此。

在这部文集问世之际,我们最大的心愿,莫过于祝福陈岱孙教授健康长寿,继续为我国高等教育和经济科学研究事业作出新的贡献。

在这部文集筹备过程中,得到我国学术界、教育界和出版界许多同志的热情关注、鼓励和帮助,特此致以深切的谢意。北京大学经济学院胡代光教授给予了有力的支持;北京大学出版社彭松建副编审作为本书的责任编辑,热心而负责地参与了筹备工作的全过程;北京大学经济学院资料室的严庆珍、郝国权等为收集和整理资料以及誊写文稿付出了辛勤劳动。作为本书编者,并允许我代本书作者,向所有关心和帮助本文集出版问世的同志们深表谢意,并欢迎读者对本书编选中很可能存在的缺点和不足批评指正。

陈岱孙著《从古典经济学派到马克思》评介*

陈岱孙教授的《从古典经济学派到马克思》问世以来，受到人们普遍的好评，这是很自然的。像本书这样以专题形式所写的经济学说史论著，在建国以来的有关中文著作中尚不多见。作者学识渊博，视野开阔，论断精辟，因而读来常给人以高屋建瓴、融会贯通之感。而准确和凝练的文字表述更增添了人们研读的兴味。当然，本书的价值，最主要的还是在于它有很高的科学水平，在于对所涉及的这一重要时期中的若干主要经济学说的发展作了马克思主义的说明，是一部革命性和科学性相统一的论著。作者在不少问题上发表了富于启发性的新见解；而对更多问题的论述，则无论在考察的角度、深度和广度上，都有某些独到之处。本文试图对这部专著的学术价值作一粗浅的评介。

（一）

同构成全书主体部分的各章相比，序论的篇幅不算很大，但它以编年史的形式，对从古典学派到马克思这一历史时期的经济学说发展史，作了一个总的鸟瞰，着重阐述了有关人物或学派的历史地位，因而起着笼罩全书、举纲张目的作用。它同主体部分经纬交织，共同构成了一幅幅引人入胜的历史画卷。

序论伊始，作者对英法早期资产阶级古典政治经济学派代表的评述，就显得与众不同。作者没有满足于指出配第和布阿吉尔贝尔在经济理论方面的奠基性作用，而是着重强调了以他们的理论为开端，古典派在研究方向上所实现的历史性转变。而对这一转变所达到的程度，也未限于指出从流通领域过渡到生产领域，而是更进一步地肯定，这一过渡必然以研究对象从交

---

* 原载《马克思主义来源研究论丛》，商务印书馆，1983年第3期。原文的引语页码标注文中，收入本书时保持原貌，引语页码皆指陈岱孙著：《从古典经济学派到马克思》，上海人民出版社1981年版的页码。

换关系过渡到生产关系为特征。这一特征,既为作者所援引的上述两人探求交换关系背后的"真正价值力"和"自然价格力"这一事实所证明,又因排除了商品拜物教的存在所可能引起的误解而得到了充分的肯定。作者还指出,古典学派并未完成研究方向上的这个转变过程,后来的庸俗经济学则越来越远地背离了这个方向,因此,实现和完成这个转变也就成为以后经济科学变革的一个关键。

马克思曾经指出,重农学派的重大功绩在于,他们在资产阶级视野以内对资本进行了分析。读过作者对以魁奈为代表的重农主义者的论述,对马克思的这一论断定会有具体而深切的领会。作者透过魁奈理论的独特形式,提炼出了他关于资本的地位和作用、社会资本的形成、收入再生产的规模、社会总生产的消长以及资本的代表者的观点。其中尤其令人感兴趣的有以下两点,首先,作者依据魁奈关于三种农业耕作技术的不同经济效率的分析,提醒读者注意,重农主义者虽然通常把"纯产品"归结为土地自然力的赐予,但这还只是一个外观,实际上他们不知不觉地把农业增产从而"纯产品"的有无与多寡同农业上的集约投资联系在一起;也就是说,"纯产品"不是自然赐予,而是农业资本收益。其次,作者依据对魁奈《经济表》的全面研究,在指出魁奈把土地所有者的消费抉择看做左右资本积累、决定再生产规模的力量时,特意说明,魁奈的分析没有限于人们通常所认为的简单再生产,而是涉及了扩大的和缩小的社会再生产。指出这一点,在现有的中文文献中还是第一次。第三章对此作了详尽的解说。

作者对斯密、李嘉图和西斯蒙第的评析也是富于新意、不落窠臼的。

通过对贯穿于斯密理论体系中的两根轴线及其对比关系的考察,作者把这一理论体系的资产阶级实质及其历史地位鲜明地呈现在读者面前。作者指出,斯密起初把劳动作为增加国民财富的首要因素,但在他进而考察资本时,却把推动劳动的资本视为增富的决定性因素;斯密在说明生产性劳动时,曾把劳动看做产生资本的前提,但在说明资本积累时,又把资本家的节俭视为资本积累的决定性因素,勤劳又退居于次要和间接的地位。作者又指出,斯密价值论和分配论上的二元论,正是在肯定劳动作用的同时,又强调资本作用这一观点的反映,这一观点还表现在,斯密把资本家首次作为一个社会基本阶级,肯定了资本家的重要地位;又把利润首次作为一个本源收入,确认了利润范畴的独立性。斯密虽不可能对利润范畴作出完全科学的解答,但他为此后的经济学家提出了这个课题。这正是斯密作为一个资产阶级经济理论家的历史贡献及其地位之所在。然而,斯密理论又带有阶级利益调和性和同封建地主阶级相妥协的一面，作者依据英国资产阶级革命不彻底性这一历史背景，对此作了说明。

李嘉图是英国古典经济学的完成者。他在科学上的主要贡献，在于以其社会收入分配论，公开地揭露了资本主义社会的阶级矛盾。作者不仅对构成这一贡献的各基本点作了阐述，而且着意于勾勒出这些理论之间的内在联系。此外，对于李嘉图的主要著作之所以要把分配问题置于中心这一事实的解释也是很有启发性的。作者指出，由于历史条件的不同，斯密先肯定劳动的作用而后又强调资本家的节俭对资本积累的作用，李嘉图则进一步从资本的开源方面来考察资本积累形成和扩大的最大可能性。

西斯蒙第在资产阶级古典经济学中处于一种特殊的地位。他从小资产阶级立场出发观察和批判资本主义社会，以对自身的怀疑这一方式结束了法国古典经济学，并为小资产阶级社会主义和经济浪漫主义奠定了基础。作者围绕着这一中心论点评介了西斯蒙第经济理论的各主要方面。

作者在序论第二部分概述马克思在政治经济学中所实行的革命转变时强调指出，同资产阶级古典经济学派相比，马克思的经济学说是在新的历史条件下，以无产阶级的立场、观点和方法，对资本主义生产方式所作的科学分析，它既是对前人优秀思想的批判和继承，又是崭新的科学成果。

（二）

第一章考察劳动价值学说的历史，概括而又重点突出地论述了从古希腊、罗马迄马克思时代为止，人类在认识商品经济的基本规律方面所经历的基本阶段以及所获得的科学成果。

资产阶级古典政治经济学奠定了劳动价值学说的基础，这个学说是他们的一个主要理论贡献。然而，与一般的著作不同，作者在这里不是直接从古典学派谈起，而是追溯了古典学派以前思想家对价值和劳动关系认识的历程。作者的研究表明，这个历程是漫长而曲折的，它不始于封建晚期的重商主义，甚至也不始于封建早期和盛期神学家的"公平价格"论，而是应当追溯到上古奴隶社会哲学家的"值"的概念。两千多年间，它大体经历了以下几个段落：提出问题并作了最初分析的尝试（如柏拉图和亚里士多德）；受到重视并且比较明确地肯定劳动与价值的关系（如奥古斯丁、马格努和亚奎纳）；被忽视而不被研究（重商主义）。

作者不但刻画了上述认识历程，而且着重指出了这一思想发展之"流"

同社会经济发展之"源"的内在联系，从理论与实践的结合上讲清楚了认识历程之所以漫长而曲折的根由。作者指出，"价值的认识和研究过程也就是商品经济发展过程的反映"（第41页，括弧内页码系指我们所评介的这本书的页码，下同），价值规律作为商品经济的基本规律，在简单商品生产和资本主义生产中是普遍存在的，而且随着商品生产的发展，它的作用是愈益扩大了。然而，最初以劳动为价值标准的常识到后来反而要重新被发现出来，其原因就在于有若干复杂的因素掩盖和模糊了价值自身的性质和作用。作者分析了这些复杂的政治和经济因素以后指出，"商品价值和劳动关系的认识不始于古典学派。古典学派的功绩在于这种认识为层层掩蔽因素长期湮没之后，重新予以发现和发展。"（第41页）作者在这里提出问题的方式以及对问题的解答都是很有启发性的。

在对古典学派价值学说的评述中，最引人注意的，莫过于作者对亚当·斯密价值论所作的独到而深刻的分析了。自从李嘉图指出亚当·斯密在价值源泉和价值尺度问题上存在着不一致的观点以来，认为斯密在决定价值的劳动概念上有着二元论的观点似乎已成定论，而耗费劳动和购买劳动又确似一对相应的概念。然而，作者对斯密有关价值论的完整分析表明，这种传统的看法是不妥的。作者指出，问题的关键，首先在于理解斯密在这里的分析是分为价值尺度和价值决定这两个层次进行的，并且是在提出"交换价值的真实尺度"以后，再进一步探索这尺度本身被什么因素所制约，即说明"商品的真实价格"由什么构成。其次，分析表明，斯密在说明尺度时，确曾把上述两个概念混同，即把耗费劳动也视为价值尺度；但在说明价值决定时，他又区别了这两个概念，从而区别开了耗费劳动和购买劳动，不认为购买劳动决定价值。斯密认为，决定价值的因素，在"原始社会"是生产商品所耗费的劳动，在"文明社会"，则是工资、利润和地租等收入。这表明，在价值决定问题上斯密的真正二元论在于耗费劳动论和收入决定论。作者还指出，斯密对价值规律在不同社会发展阶段上作用形式变化的误解有其深刻的阶级立场和世界观上的根源。

此外，作者对古典派学者在价值论上的发展所作的比较研究也是很有特色的。在读过本节以后，读者不难发现他们认识的历程。例如，配第在价格形式上探讨价值，富兰克林、斯密和李嘉图则进了一步，在交换价值形式上研究价值，但他们都未能抽象出独立的价值范畴。又例如，配第虽未能区分价值和价格，然而他在货币形式上对价值的考察，却为进而认识价值及其源泉的社会性质开辟了道路。布阿吉尔贝尔抛开货币探讨"真正价值"，固然较易发现价值与劳动的关系,但却导致了价值与使用价值的混同,模糊了价值的社会性质。再如,斯密和李嘉图由于阶级局限而造成的混同价值和生产价格的错误,使他们都不能科学地说明价值规律及其转化形式,结果导致富于历史感但理论上不一贯的斯密提出了二元价值论,又使理论上坚定的李嘉图宣布价值规律的变形为价值规律的例外,使其价值论在解释利润时必然陷入不可解脱的矛盾。

作者全面论述了马克思在劳动价值学说上所实现的科学变革,阐述了马克思如何在批判继承古典派的基础上,发展并完成了根本不同于古典派理论的劳动价值学说。同一般的说法不同,作者在这里没有局限于价值范畴的确立、劳动二重性理论的首创,价值形式理论以及商品拜物教这几个方面,而是把价值的转化形式的理论也包括在内,视为马克思价值理论的发展和完成。这显然是从新的高度所作的新概括。作者认为,马克思的价值转化形式理论,首先体现在发现了劳动力商品这一范畴,为揭破资本主义剥削的秘密开辟了道路。其次体现在创立了生产价格理论,论证了价值规律在资本主义自由竞争条件下发生作用的形式,证明生产价格不过是价值规律的变态。"变态没有否定规律,相反的,却更进一步论证了规律。这就突破了前此劳动价值论所不能逾越的界限,完成了科学的劳动价值学说。"(第89页)

(三)

第二章考察剩余价值学说发展史。作者首先指出,"科学的剩余价值理论的建立是马克思的功绩。"(第91页)古典学派从未抽象出一般的剩余价值范畴,仅研究了它的具体形式,又局限于其数量方面,从未研究它的起源与本质。可是,他们在某些具体形式下"所考察的确是剩余价值,而且他们的分析也是沿着剩余劳动产物的占有和分割的路子进行的,所以我们才说他们的理论是剩余价值学说的初期形态,是剩余价值学说发展史的一部分。"(第91页)在这样确认了古典派在剩余价值学说史上的先驱者地位之后,作者又指出,反映产业资本统治以前封建主义末期的特定历史条件下的商业资本利益的重商主义有关商业利润的论述,对古典派剩余价值理论的创立,也起着先驱者的作用。

作者说明了商业资本的历史地位与作用,商业利润的来源与性质所发生的历史性变化,指出重商主义者是在商业利润,更准确地说是在国际贸易利润形式上考察剩余价值的。"在当时流通支配着生产的历史条件下,利润被看做是流通的结果;它只是在买卖中产生的剩余价值……只是商业资本的'让渡收入'。"(第95页)不过,作者提醒读者注意,不应将这里的"让渡利润"理解为一般所谓买贱卖贵的结果,"而只是由于商品的价格高于商品的实际价值的卖贵的结果。"(第96页)因为在重商主义者看来,"买贱"所带来的利润无论在国内或国际贸易场合均不能增加国富,惟有价格超过价值即"卖贵"所带来的利润,才造成财富的增加。因此,重商主义才认为必须区分国内贸易和国际贸易,并认定只有后者才是财富的源泉。

作者认为,"古典学派在经济科学上的主要功绩之一是在不同程度上研究了剩余价值的各种表现形式。他们把关于剩余价值的理论考察从流通领域转入生产领域,从而为分析资本主义生产奠定了基础。"(第98页)在扼要论述了使古典学派得以作出上述功绩的社会历史条件之后,作者依次考察了配第、魁奈、斯密和李嘉图等人的有关理论。这个考察着重从以下几方面进行,首先,指明了古典派学者究竟是在哪些具体形式上研究剩余价值的,显示了他们的认识发展的进程。其次,论述了古典派学者对他们所理解的剩余价值来源的说明,这个说明同各自的价值论直接有关。作者在论及李嘉图时特别指出,李嘉图虽以其利润与工资成反比例变动的规律,"突出地指出了利润是一个余额"(第121页),但却也暴露了"他只考虑剩余价值的量而忽略了剩余价值的质和起源"(第121页)的缺点。他没有说明"产出"的商品价值何以会多于"投入"的工资价值,而只是确认这一现实并从此出发。再次,作者强调指出,由于历史条件的变化,剩余价值的分割问题成为李嘉图理论体系的核心问题。作者通过对李嘉图地租论的解析,使读者更清楚地理解了李嘉图如何以其分配论论证了地主阶级利益同资本家阶级和全社会利益的对立。

在上述分析中,作者既指出了古典派学者的历史功绩,又指出了他们的缺点和错误。同时,对产生其功与过的社会经济状况及阶级斗争条件都作了适当的说明。

作者对马克思所创立的剩余价值学说的论述,具有两方面显著的特点。首先,不以马克思在《资本论》第一卷中所阐述的剩余价值的产生、实质、后果和历史趋势为限,而是把第二、三卷的内容也包括在内,从而完整地分析了作为无产阶级政治经济学基石的剩余价值学说。这个分析不以详尽叙述这一学说内容为目标,而着意于提炼出构成剩余价值学说理论结构的骨骼和关节,即指明这一理论的基本点及其内在联系。在这个分析中,作者以

"剩余价值的实现、转化和分割"来概括这里所涉及的《资本论》后两卷的有关内容,又依据马克思的论述,把它们明确地概括为关于剩余价值的五个阶段的转化运动。这五个阶段依次是:剩余价值转化为利润,一般利润转化为平均利润,剩余价值转化为商业利润,工商业平均利润转化为利息和企业主收入以及超额利润转化为地租。

其次,作者很注意把马克思的剩余价值学说同古典派的有关论述加以对照,从而有力地说明了马克思的学说是怎样在批判和继承前人有关理论的基础上建立起来的。例如,同古典派从来只在剩余价值的特殊形式上论析剩余价值相比,马克思的一大贡献就在于"确立了剩余价值作为这(指原预付价值的)超过额的一般形式和独立范畴,从而揭露了以剥削劳动为基础的资本主义生产方式的对抗性的实质"(第133页)。又如,古典派由于未能区分劳动和劳动力,把工资视为劳动的价值,造成了价值规律同利润存在之间的矛盾,而马克思则作出了这一区分,解决了这个矛盾,在价值规律基础上阐明了剩余价值的产生。再如,古典派从来把资本理解为物,从未从资本增值角度划分资本,而马克思则指出,资本实质上是在物的外壳掩盖之下的生产关系,并把资本划分为不变的和可变的两部分。这"是马克思的一个伟大功绩"(第137页),具有重大意义,等等。

(四)

第三章考察社会总资本的再生产和流通学说的历史发展。在这个问题上,主要由于"斯密教条"的影响,使斯密及其后继者没有作出任何发展。"而魁奈《经济表》所作的初步而有创见性的尝试,反而完全被遗忘和湮没了。恰是马克思才第一次真正地提出了这个问题。马克思在肯定和深刻地批判魁奈的贡献和缺点之后,创立了一个完整的社会资本再生产和流通学说。"(第181页)所以,作者以较少笔墨述及斯密、李嘉图和西斯蒙第的"退步",而用了大量篇幅全面而深入地阐述了魁奈的天才尝试以及马克思的伟大功绩。这一章包含着许多新鲜的内容和深刻的论断,也包含着首次向我国读者介绍的关于魁奈《经济表》版本与模式情况的历史资料,并提出,在再生产规模问题上,《经济表》已涉及了扩大、缩小再生产的论证,从而增进和扩大了人们通常对此问题了解的范围和深度。这使该章成为全书最富有启发性的部分之一。

作者从形式和内容两方面介绍了魁奈的《经济表》。作者指出,魁奈《经济表》的形式前后有所变动。起初采取的是曲折连接线的复杂图式,随后是简化的提要图式,最后发展为一个新的"算学范式"。在这些不同形式的表中,"算学范式表"(1766年)是一个最能体现作者意图而又简明扼要的基本形式。

作者又指出,"在内容上,《经济表》的第一、二、三版和《经济表分析》中各表所描绘的是一个处于简单再生产均衡状态的情况。而《人类之友》、《农村哲学》、《第一经济问题》和《第二经济问题》中的各表则着意于说明从这个简单再生产的均衡转化为均衡各变态的运动的原因。后者实际上意味着魁奈已经从简单再生产转向扩大和缩小再生产的考察。"(第153页)

作者在论述了魁奈对简单再生产的分析以后,向读者介绍了魁奈以其独特形式所探讨的扩大或缩小再生产的问题。"问题的关键在于年预付"(第160页)。因为依照魁奈理论,农业年预付的增减是再生产规模扩大或缩小的前提条件。这个条件,依照魁奈对法国当时经济状况和经济政策的分析,确是可以变化的。社会消费在生产支出(农业)和不生产支出(工业)上的比例大于或小于一半对一半时,再生产将会发生扩大或缩小的变化。[①]这是引起年预付变动从而再生产规模变动的最重要原因。此外,谷物价格的变动以及赋税政策也是影响农业家收益从而影响再生产规模的原因。"综上三例,可以看到魁奈已把分析的焦点集中到租地农业家再投资的规模和'纯产品'的再生产的关系上。这就为资本再生产的深入分析提出了命题。"(第164页)[②]

介绍了《经济表》以后,作者对魁奈的再生产学说作了全面和深入的评价,涉及魁奈研究的角度、起点和条件等内容。读者从这个评价中,会汲取到许多深刻而富于教益的思想。

作者在论述马克思的再生产和流通学说时,强调应对这一理论作完整的理解,即不以《资本论》第二卷的内容为限,而应将第一、三卷的内容也考虑在内,"完整的学说是各组成部分的综合"。(第183页)由此出发,作者首先概述了马克思对资本运动的全过程的研究,指出《资本论》"第一卷的分

---

① 作者近日指出,说明这一点时所举例证的数字计算有误(见第162页),应予更正。实际上,在非生产支出增加1/6,收入的再生产将会从600利佛尔跌至500利佛尔的情况下,农产品对工业的消费支出比例将会从50%对50%变为41.67%对58.33%。同样,在生产支出增加1/6,收入从600利佛尔增加到700利佛尔的情况下,上述消费支出比例将变为58.33%对41.67%。

② 作者于1979第11月5日在北京大学经济系所作的《魁奈〈经济表〉中再生产规模的问题》的学术报告中,较详细地论述了《经济表》所涉及的再生产规模问题。该报告的记录稿载于北大经济系资料室编印出版的《经济资料》1980年第5期。

析,实际上是资本再生产的组成部分"(第184页),它"论证了资本如何在生产过程中,通过价值的增值为其本身的生产和再生产提供了基础"(第184页),论证了资本的生产和再生产,不但表现为生产力的生产和再生产,而且表现为生产关系的生产和再生产。第二卷研究的正是第一卷所假定的东西,论证资本在流通领域中所经过的价值形式和实物形式的补偿和更替的条件。如果说,第一卷着重于研究资本生产和再生产过程的实质,那么,"第二卷则在明确了实质的基础上,对资本的再生产的形式变化进行研究"(第186页),两者合起来,才全面地勾画出资本再生产的过程。第三卷的分析,"是对第二卷在资本再生产和流通问题的解答的应有补充"(第185页)。当然,作者肯定第二卷是对再生产的本题的研究,是构成马克思再生产和流通学说的主要内容。

其次,作者论述了马克思关于社会总资本的研究的出发点:单个资本的循环和周转。并且指出,马克思正是从社会资本同单个资本的有机联系中导引出社会资本分析的,因为社会资本是单个资本的总和,但又不是简单的总和,而是有机的整体。这个有机整体的运动必然会要求存在一定的不同于单个资本运动的条件,这便引出了社会资本的分析,并且决定了必须以商品资本的循环作为再生产分析的基础。

作者在这样廓清了马克思分析的各种前提条件和预备性步骤之后,才转而论述马克思关于简单再生产和扩大再生产条件的分析,指出了这一分析的重大意义。如同其他各章一样,作者在这里并不想详尽叙述这一学说的内容,而着意于阐明其中的基本点及其内在联系,帮助读者完整而深刻地把握马克思这一重要理论的精神。

在强调马克思的再生产理论是"一个对资本主义全面运动的分析的最完整的理论"(第182页)的同时,作者在有关各处也指出了马克思理论同前人理论的批判继承关系。这种关系主要反映在:马克思认为资本运动全过程,既非重商主义只注意的流通,也非重农学派只注意的生产,而是两者即生产和流通的统一;马克思在阐述资本的三种形式及其循环时,揭露了重商主义只限于研究货币资本及其循环,而古典学派却又只限于研究生产资本循环的局限性;马克思说明了单个资本与社会资本的区别与联系,解决了古典学派所不能解答的关于什么是社会资本的问题,并在正确区分社会资本的实物构成和价值构成的基础上,全面阐明了社会资本再生产和流通的条件;在前面评价魁奈再生产学说时,作者还曾指出,就以社会资本为对象,把无数的单个资本的流通行为从一开始就联合为具有社会性质的广泛运动这个意义来说,马克思的分析同魁奈的《经济表》有一定的批判继承关系;此外,就以使用价值的不同和具体劳动性质的差别来划分社会生产部类这一方面来说,也有这种关系。至于马克思对斯密有关问题的论述,则主要是批判了他的把价值都分解为三种收入的错误的有害的教条。

(五)

第四章论述迄马克思为止的经济危机学说史。作者指出,资本主义经济危机的典型形式是以1825年英国危机为开端的周期性的普遍的商品生产过剩。不过,作者又指出,在这以前约四十年间英国产业革命过程中,已有过几次非周期性的局部的工业生产过剩危机;产业革命前,已偶然发生过商业和货币信用危机。作者概述了包括这一段"前史"在内的危机史和理论史,然后转入对1825年前后开始的危机论的重点论述。

在这个论述中,作者对资产阶级经济学有关理论的分类,是首先应予注意的一点。和前面谈价值论、剩余价值论等时,分为古典派和庸俗学派不同,在经济危机理论上,作者把它们划分为"否认普遍生产过剩危机的传统"以及"和传统对立的,承认普遍生产过剩可能性或必然性的消费不足论"。这样划分,既着眼于此后资产阶级经济危机论的发展,又符合这一段历史的真实。

作者追溯了否认普遍生产过剩危机这一传统形成的历史过程,这是应予注意的另一点。作者指出,亚当·斯密以前的古典派为了反对重商主义而提出的"产品以产品来购买"的论点为此后的无危机论提供了一个理论支点;詹·穆勒和萨伊把这一论点引申为生产过剩不可能的理论(萨伊接过穆勒的思想并加以发挥);而李嘉图则因袭这两人的理论,"使否认普遍生产过剩经济危机的庸俗观点成为此后资产阶级经济学的传统"。(第219页)作者还指出,除了因袭,"李嘉图的无危机论还有其特点"(第222页)。第一,他把生产过剩不可能和资本过剩不可能当做一回事,而没有臆造两者的差别。第二,他比前人"更明确地提出了储蓄和投资一致的原理,并且把它和生产不可能过剩的论点联系起来"。(第224页)这一原理成为此后资产阶级经济学的信条。作者对所有这些观点都作了详细的分析和批判。

消费不足论的突出代表是西斯蒙第和马尔萨斯,但是,除了将危机归结为消费不足这一点以外,他们的全部理论分析、实际结论和阶级倾向都是截然不同的。作者对他们的理论分别地作了剖析,结论是,"在西斯蒙第的理论中,存在着一定的积极因素,而在马尔萨斯的理论中,我们所能看到的只是极为反动的观点。"(第 226 页)此外,作者还对消费不足论的先驱者作了探索。

作者强调对马克思的经济危机学说应作完整和准确的理解。作者指出,马克思虽没有把经济危机作为一个题目集中在某一专章中加以论述,但他在对资本主义的总的理论分析中所阐明的有关危机学说的各个方面,仍然构成了一个系统的学说。作者主要根据《资本论》和《剩余价值理论》的有关内容,分述了马克思关于经济危机的表现和实质、危机的根源、信用在危机中的作用等问题。在危机根源问题上,作者除了论述马克思将它归结为资本主义制度的基本矛盾以外,还论述了马克思关于生产各部类比例失调和利润率下降同经济危机的关系问题的论点,作者着重指出这些都是马克思危机理论的不可分割的部分。另一方面,作者在阐述上述各问题时,既很注意指出马克思同前人的不同之处,也很注意排除和澄清后人对马克思危机理论的某些曲解,这会有助于读者准确地把握马克思的危机学说的实质。

由于本书是在专题讲座的基础上编写的,因而也存在一些与此有关的缺点。对此,作者已经指出来了,主要表现在仍残留着讲座格局的若干痕迹,一些论点在各处不免有些重复,各章之间前后未能一贯;还表现在编写时仍为当初讲座需要的考虑所囿,所以各章中若干论述仍有畸轻畸重之处。此外,有的问题,例如政治经济学的对象与方法,虽有所涉及,但未辟专章论述,显得美中不足。不过,瑕不掩瑜,这些缺点并未降低本书的学术价值。

陈岱孙学术精要之解读(节选)

陈岱孙教授于1997年7月27日逝世。此后不久,福建人民出版社编辑曹希莎女士来京,同岱老的亲属唐斯复女士和我一起商定,为陈岱孙教授出版一套书,名为《中国经济学一代宗师陈岱孙系列丛书》,其中之一便是《陈岱孙学术精要与解读》。该书当初是在岱老指导下由我执笔编撰的,在岱老住进北京医院前已经编写大半,住院期间还在编写中,并向岱老汇报了编写进度,可惜岱老没能看到该书问世。岱老过世后不久我最终完成了该书编撰,翌年10月出版。我为该书写了一篇《前言》,还为其中选辑的岱老著述写了注释和说明,内容所及,包括写作背景和意义、论述重点和特点、著述风格与思想影响等,一定程度地反映了我对陈岱孙教授学术思想的认识、体会和评价。这里节选的内容偏重于对陈岱孙学术研究成果的解读,其他方面内容从略。

关于"向哈佛大学提交的博士论文"

《马萨诸塞州地方政府开支和人口密度的关系》(1926年)是陈岱孙早年留学美国哈佛大学时获得博士学位的论文。这篇论文是迄今所能见到的陈岱孙教授最早的作品,它标志着陈岱孙教授漫长学术生涯的开端。这篇论文虽已年过"古稀",但作者当时所提的问题和得出的新结论即使在今天看来还有现实意义,他所提出的理论分析和统计分析至今仍有很高的学术价值。该论文研究的是美国的问题,这对一位年方26岁的中国青年来说无疑有相当的难度,然而作者取得了成功。这篇论文论述周密,分析精当,英文流畅,表述凝练,足可见青年陈岱孙的学术功底。

地方政府开支和人口密度的关系,不仅在当时而且在今天都是一个重

---

* 选自《陈岱孙学术精要与解读》,福建人民出版社1998年版,收入本书时有删节。该文中引语皆出自《陈岱孙学术精要与解读》,由于发表时为该书前言,故未标明出处页码,收入本书时保持原貌。

要问题。人口增加了,地方政府的开支会作何变动? 当时美国学术界和政界的认识是不一致的。但无论哪种观点都只限于理论的论证,缺乏经验的证明。青年陈岱孙的这篇论文,依据美国马萨诸塞州市镇人口和开支的丰富统计材料,从理论与实际的结合上回答了这个问题,得出了一系列令人耳目一新的结论,从而填补了理论研究和政策研究的一项空白,澄清了流行的各种观点。

论文正文共计13章,逐一分析了各项开支的变动同人口变动的关系。汇集于文末附录的是每章的统计材料,它们是正文分析的依据和验证,两者互为补充,缺一不可。

对经济学分析方法变化趋势的预见

陈岱孙教授的论文《"均衡"概念与动态经济》发表于1935年10月。该文对流行于西方经济学的"均衡"概念作了系统考察和分析,并对经济学分析方法的发展趋势提出了富于创见的论断。作者说:"本文拟先阐明'均衡'概念在经济学中之重要性,次讨论'均衡'概念与动态经济之关系,与其困难之焦点,而试探其可能进展之途径。"

"均衡"概念在西方经济学源远流长,几经演变,至今仍是一个重要课题,它事实上构成了西方经济学的一个基本观念,研究它具有十分重要的意义。重读六十多年前的这篇论文,使人对20世纪30年代中期前,西方经济学的基本概念和方法的发展演变有一个系统和透彻的理解,这对人们深入了解西方经济学的现状也会是很有益处的。

全文分为六节。作者在第一节对"均衡"概念在经济学中的重要性提出了一个看似"言过其实",其实恰如其分的说明。他指出:"'均衡'概念为多数科学所共有,然其地位之重要,与其问题之繁琐,则以在所谓纯粹理论经济中为最著……经济学家以'均衡'为一切经济问题之自然倾向,一切经济动力与外界影响之分析与讨论,亦莫不以其与此'均衡'之关系为依归。简言之,在某一范围之内,近代经济学各种原则之探求,无不以此'均衡'概念之一假定为前提,而一切经济原则之成立,亦无不以证明'均衡'关系为归宿。或谓'均衡'概念取消,则经济学立即失其中心,所余者不过为断片之事实与零乱之思想。此虽不免言之过甚,而亦不无相当之理由。盖至少在分析上,'均衡'概念向为经济理论之主要工具。而在今日经济学发展过程中,舍此之外欲求一满意方法以替代之,实为一难题。"

然而,诚如作者所说,随着环境变迁和经济思想的演化,"均衡"理论的缺陷也逐渐暴露出来,这主要就是指其应用范围很有限。"考'均衡'概念在各派经济学,其含意义广狭颇不相同。然其主要原则,大致不外简化一切经济问题为数主要动力,去其外来之影响,推求在此'他物如故'环境之下,此各种动力之相互关系、相互影响,以及其所产生结果之如何。简言之,则过去'均衡'概念之应用,大都偏重于所谓静态状况。因之所得之经济理论之原则,亦只限于静态原则矣。然经济问题,本为社会问题之一部。人类社会,无时无刻不在演化过程中,则一切问题必须就其动的方面研讨,然后所得之结论,方能符合现实之状况。"总之,除非将"均衡"理论从所谓静态扩大到也包括动态,否则"均衡"概念之效用,将大受限制。

作者在第二节回顾了"均衡"概念和理论演化的过程,着重指出了这一概念在不同阶段的不同背景和含义。18世纪法国重农学派被认为是"均衡"概念的萌芽,其领袖魁奈的《经济表》在说明生产和消费的关系时,以其完全平衡的形态为自然法则之实现。"然重农派所持生产消费平衡之顺序,为一理想社会之情形……不能肯定其必能实现。则其所含括之经济'均衡'一概念,不但非现实之事物,且亦非学理上之一种假说。"这与后来古典派经济学家的"均衡"概念显然不同。

这不同之处在于"均衡"概念已经作为一种假定和分析工具,但在不同时期,其分析背景和含义又有很大差别。被陈岱孙称为"旧派的"古典经济学家亚当·斯密和李嘉图等人,总是把它同"自然原则"联系在一起,而这个所谓"自然原则"又含有固定不变的意义。就是说,"盖必在一'固定社会'中,然后人口之多寡,资本之数量,方能固定不变。人口、资本等等固定不变,然后物价、工资、利率,方可固定不变。而所谓'均衡'者,必将成立于此种'固定社会'之内,方为一自然之'均衡',而在现实社会中,一切经济之变动,莫不以此自然'均衡'为趋归。"总之,他们的学说以"固定社会"为"均衡"之背景,为"均衡"趋势发展之自然结果。被作者称为"后期的"经济学者,如克拉克,则放弃了固定自然法则下之"均衡"意义,"不以'均衡'为一可能固定社会之状况,而为一假定'静态社会'之状况",承认这静态社会是一种假设幻想。就是说,以此静态社会为经济"均衡"的条件,而经济"均衡"为此假定静态社会之常规。其用意在于设定一种不变的环境,作者称为"经济真空",以便得出一般的法则。问题在于,从这样的真空所得出的理论能有多少实际意义呢?"苟所谓'均衡'者只能于极简单状况之下,极幻想环境之中,说明某种经济动力变动之趋向与归宿,则此概念不但在实际上一无所用,即在纯粹经济方法之效用上亦正自有限。"所以后来经济学家们致力于动态经济分析。

作者在论文第三节对此作了回顾。他指出,约翰·穆勒最早注意到动态经济分析的重要,但他没有作进一步研究。克拉克虽然明确区分了静态和动态经济学,但他的分析事实上几乎完全限于静态分析。"近代经济学家对于动态经济之研究渐加注意。然一般纯粹理论系统中之基本原则,仍因袭过去'经济均衡'之概念。其所谓'均衡'者,仍以'静态社会'为背景,及'均衡'概念成立之后,乃以是为现实经济之基本原则,举凡一切动态社会之变化纳之于偶然'扰乱因素'之列。"边际效用学说的价值论和数学派之经济学家(如帕累托)的理论莫不如此。作者对此评论道:静态分析固然有其科学意义,但"以偶然扰乱因素一语,轻轻抹杀一切动态社会中种种变动,而谓其足以尽解释现实经济现象之能事,则为现代经济所不应置信。'均衡'概念若能维持其在纯粹理论经济中之地位,必须打破过去'经济真空'之环境,在动态社会中重新创立其基础然后可。"

在回顾了上述历史之后,作者在第四节对静态经济分析的缺点作了一个总结。他指出,静态经济分析基于"固定均势"、"决定此均势各因素之固定关系"以及"固定之停息倾向"等三项基本假定之上。而"近代新经济事实之增加与发现,使经济学者不能不怀疑于此基本固定现象之可靠,而下列观点之变更,实为引起此问题之主因。"这变更在于,第一,传统经济学立足于个人,一切的经济分析皆以个人为出发点和归宿点,但近代经济生活却渐渐变此个人立足点为集体立足点,因为整个经济系统生活成为经济问题的中心;第二,传统学说忽略时间因素(上述三个基本假定皆缺乏时间性),而实际的经济生活莫不随时间的变更而变更。事实上,经济生活既不能是个人行为之简单的总和,也不能是片段时间的简单总和,这就意味着静态分析的失据。

第五节指出美国经济学家密契尔对"均衡"概念的异议。密契尔认为,"均衡"概念至少对商业循环的研究来说是不能成立的,因为商业循环的问题同静态经济正好相反。在这个领域,"各项因素既无固定之关系,而各项因素之推荡,复无终达均势之倾向。其所谓'均衡'者,不过各项事实之一分类胪列表而已。"但作者也并不赞成完全放弃"均衡"概念的主张,因为"'均衡'概念之保留实于方法工具上有莫大之补助"。

第六节是对全文的总结。作者指出,"均衡"概念中的静态经济分析有其明显的缺陷,动态经济分析有其明显的优点,尤其经济学家们对经济事实之注意(收集材料、研究整体的经济变动问题)是现代经济学最有希望之发展。然而此项发展并不意味着应当以数量研究代替质量的分析,否则即使运用动态经济分析,也难于对问题作出科学说明。作者提出应建立有机均衡的概念,此种均衡应当是质与量两方面的均衡。

结论是:"经济问题之研究,必以事实为前提。而所谓变素者亦莫不有其量的方面。动态经济必不能只依据少数之抽象假定,以为研讨之资,而必综集多数复杂之事实者甚明。近年经济学者对于经济事实数量上之侧重,实为动态经济理论发展之第一步。然断片之事实,纵能详于个别因素变动之剧缓,而不能以其互加之总量,作为全部经济系统之结果。有机经济,虽在字面上,似有侧重于质的方面之嫌疑,而实则不过于量的均衡上,加以质的研讨。综合已得之事实,去其独立之性质,而使成为生长陈谢过程之状态。简言之,则侧重于量的方面者,注意于因素之变动。而侧重于质的方面,注意于因素变动之过程。所谓有机均衡者,必须两者并重,而上文所述之群之动力,与连续时间性之二元素,尤为整个经济系统演进关键之所在也。"

通货膨胀是一种"坏税"

1936年4月陈岱孙教授发表了《通货膨胀与岁计》的长篇论文。该文全面系统地分析和论述了通货膨胀的性质、成因、后果及其与岁计的关系,提出了通货膨胀是一种变相的赋税,而且是一种对一部分人实行剥夺的"坏税"的著名论断。这篇论文是针对当时严重的通货膨胀形势而发的,其基本原理迄今仍然具有现实意义。1940年陈岱孙先生又发表了《通货膨胀性质的一斑》,着重从学理上澄清通货膨胀与公债的关系问题上的误解,简要重申和论述了通货膨胀可被视为一种变相的赋税的观点,这可以看做是对上文的补充。

纵论政治与经济的发展潮流

陈岱孙教授在一般人眼里是一位纯粹的学者,但是读过前面的文章,就会对此印象有所更正;如果再读以下两篇,相信就会进一步看出,他其实是一位胸有全局和极富政治判断力的思想家。这里刊发的两篇就是其中的代表作,一篇是《政治经济化》(1940年1月7日),另一篇是《经济自由和政治自由》(1947年7月16日)。这些论文表明,早在1940年和1947年,亦即二战后期和战后,陈岱孙教授已经明确看出战后资本主义国家以至于整个世界政治经济发展的主要潮流和倾向,预见到经济自由主义的衰落和国家干预主义的兴起。前文着重于提出判断,后文则是对两者关系的进一步剖析。这些文章事实上已经包含了近40年后他在更广阔背景下论述经济自由主义和国家干预主义两思潮消长的一些重要思想。

《经济学说史》讲义的命运和价值

我面前摆着四本旧讲义,纸张本来就差,如今早已泛黄,但一笔一画刻写工整的蝇头小字仍十分清晰,记载着当年署名"安"的刻写者的辛勤劳作。它们就是陈岱孙教授近40年前撰写的西方经济学发展史讲义,其中三本是《经济学说史》,约40万字,1959年由北京大学经济系刻印,还有一本是《19世纪末20世纪初资产阶级庸俗经济学》,10万字,1960年由北京大学经济系刻印。这些讲义本来要发给北大经济系学生,但在当时"一场短命的批判运动"(陈岱孙语)中,这些讲义,像其他许多教材一样,遭到了严厉指责和批评,这些指责和批评虽然荒谬,但却足以扼杀任何科学成果。这就使得陈岱孙的这几本教材出世不久就被束之高阁,无人再敢问津了。为数甚少的油印本分散在一些人手中,难得重见天日,更遑论发挥作用了。久而久之,逐渐被人们遗忘了。

这些作品的学术价值和历史意义应当得到充分肯定和公正评价。陈岱孙撰写这些讲义之时,正是经济学说史学科初创之日。解放前完全照搬西方大学教材的做法显然不应也不能再继续为之,我们自己的教材还没有形成,学习苏联则是当时不可抗拒的潮流。陈岱孙作为一名资深教授对西方经济学早已烂熟于胸,而对马克思主义学说还在学习之中。这些讲义就是在这种历史条件下出现的,它是新中国自己的教授执笔撰写的第一部经济学说史讲义,是作者在新历史条件下研习马克思主义经济学的一份成果。这份讲义虽然被长期淹没,但其所包含的研究成果和学术思想通过其他途径和著作逐渐扩散开来,多年间实际上成为我国经济学说史教材编写的一个范本……把20世纪80年代末之前我国出版的许多经济学说史教材同这份教材稍加对比就不难发现,从内容到结构,从章节安排到对众多经济学家的评论,这份教材都可称为后来者的先声。

……

就内容来说,关于 19 世纪上半期以前的资产阶级经济学的划分和评论,完全依照马克思在《资本论》和《剩余价值学说史》中的论述;关于马克思主义经济学发展史的论述,明显吸收了当时苏联学术界的研究成果;关于 19 世纪末和 20 世纪初的论述则更多地带有作者本人研究的成分和色彩。毋庸讳言,今天看来这份讲义已经明显滞后,可是它在当时却是新中国经济学说史研究新开端的标志,也是作者学术思想发展的标志。

陈岱孙教授对自己过往学术观点的局限性是早有意识的,而且从不隐讳。20 世纪 80 年代初他曾牵头主编过一套教材《政治经济学史》(两卷本,吉林人民出版社 1983 年版),这套教材在清除"文革"劫难,恢复经济学史教学研究方面,发挥过重要推动作用,被许多高校所采用。然而随着形势发展和学术研究进展,这套教材的缺点也愈益明显地反映出来,陈岱孙看到了这一点并多次明确表示了修改意向。虽然由于他年事渐高,诸事烦冗,以致未能如愿,但他力求"与时俱进"的精神值得肯定。

指出下面这一点也许不是没有意义的。在上述讲义中更带作者自己特色的那部分,即对 19 世纪末 20 世纪初西方经济学的论述,不仅是那个时期最系统的论述,而且比那时我们所能看到的其他任何著述的内容都更加充实,更富有科学性,所以能够具有长久生命力,虽然其中也不乏需要修改之处……即使某些观点和论断已经显得陈旧了,我们还是要说,陈岱孙教授对所涉及的那么多人物的学说本身内容的概括和叙述,至今仍是可靠和实事求是的。作者在当时的历史环境下,能够做到如实叙述所评论的经济学家的观点,特别是那些非马克思主义经济学家的观点,这本身就是科学精神的体现,非常难能可贵……

魁奈《经济表》研究的最新成果

陈岱孙教授在 1979 年 11 月 5 日向北大经济系的教师们曾就魁奈《经济表》作过一次专题学术报告。当时正值"文化大革命"浩劫结束不久,经济学作为一个重灾区被"四人帮"糟蹋得不成样子,学术园地可以说是一片荒芜,毒草和杂草亟待清除,而清除的最有力和最有效的办法,莫过于拿出真正科学的成果去占领阵地。陈岱孙这场高水准的学术报告正是在这种时候,起了示范和带头的作用。因而《魁奈〈经济表〉中再生产规模的问题》一文作为报告的录音整理稿一经发表就引起学界的关注和高度评价,尽管人们一开始还需要一个消化和思考的过程。

陈岱孙教授这篇学术论文的学术价值是多方面的，其中最引人注目者莫过于对魁奈《经济表》深刻内涵的层层辨析，以及基于这种辨析而对若干流行久远的误解的澄清。长期以来人们总是认为，魁奈《经济表》所研究的只是简单再生产，没有也不可能研究扩大再生产，据说后一任务直到马克思才被提出。这个观点长期支配我国经济学界和经济学说史界，而且据说这个判断是基于马克思对魁奈《经济表》的看法，这就使得这种观点更显得无可置疑。然而，陈岱孙教授指出，其实不然。不错，马克思的确认为魁奈的分析是以简单再生产为前提的，而且认为在分析再生产方面，最主要的困难正是在于分析简单再生产。但是，陈岱孙接着指出，这并不意味着马克思认为魁奈只分析了简单再生产，马克思并没有作出这样的判断。陈岱孙指出，上述观点其实来自后来的学者，例如苏联学者卢森贝（见其广为流传的《政治经济学史》），遗憾的是这种不妥当的论断渗透进了我们的教科书。

对这种观点的澄清，一方面有赖于文献的完备，另一方面也有赖于对全部文献的深入把握和理解。作者依据多年来尤其20世纪60年代以来国外学术界（特别是东德经济学家库钦斯基夫人和英国著名经济学家米克）关于魁奈《经济表》的新发现和最新研究成果，介绍和概述了魁奈《经济表》各版本的发现和研究的历史经过，其中尤其重要的是对《经济表》第三版的发现。这里包含了对漫长岁月研究进程的扼要叙述，对丰富历史资料的提示和说明，读来津津有味之余，不免使人对学术研究之艰辛感慨万千，对一百多年来众多学者为《经济表》的研究所做出的努力感到钦佩。如岱老所说，终于在人们已经知道《经济表》的第一、二版之后近两百年，搞清楚了还有第三版，这些发现为人们进一步认识《经济表》提供了重要的文献依据。

依据对《经济表》1758—1759年间全部版本的了解，当然还有后来的已为人知的各种版本，陈岱孙对《经济表》的模式做出了新概括。他把它们归结为三种模式：曲折连接线式、提要式和算学范式。前后两者是主要的，中间一种是不成熟的过渡形式。结合模式的说明，岱老顺便指出了笼统地认为《经济表》是宏观分析的先驱是不妥当的，因为在最初的曲折连接线式中，分析的对象并不是宏观，而是微观；只有到了后来的算学范式才可以说分析的是宏观经济现象。

接下来就是《经济表》所研究的再生产规模的问题了。依据上述全部文献和一系列新的判断，陈岱孙进而对这个长期以来的传统看法提出了有力的挑战。他以不可辩驳的论据证明，魁奈《经济表》所分析的绝不限于简单再生产。他指出，《经济表》的若干基本观点在此前的其他文章中已经提出了,后来(始于 1758 年末)又做出图表,本意是对已有的观点加以注解;但一经提出,它就不再是单纯的注解,而是理论分析的重要工具;作为分析工具,《经济表》也就随着分析问题的不同而有所变化。在这些变化中包含着对再生产规模可能变动的各种分析,分析的中心思想在于指出法国当时经济衰败的主要原因是对农业的忽视和损害。

依据《经济表》分析再生产的思路,作者指出了魁奈分析再生产问题的一个关键和三个基本方面。他指出"年预付是再生产规模大小的关键",因为依照魁奈独特的理论,只有农业才生产"纯产品",从而是生产的;手工业只从事财富的"相加"而不是"增加",因而是非生产的;土地所有者则是"纯产品"的享用者和占有者。这样,生产和再生产的规模就必然取决于土地所有者如何去使用这"纯产品"了。也就是说,生产和再生产的规模取决于"纯产品"究竟依照多大的比例分别用于农业和手工业。

然后,陈岱孙逐一分析了影响再生产规模的三种情况或条件。第一,依照上述原理,"社会消费倾向是《经济表》中'年预付'增减的最重要因素,从而也是简单再生产变为缩小或扩大再生产最重要的一例。"他指出:在第一、二、三版的"曲折线接线式"表和见于《经济表的分析》的"算学范式"表中,所谈的必然是简单再生产,因为这些表假定了纯产品和年预付的比例为100%,社会消费倾向的比例是 50% 对 50%。"但在《经济表》第三版所附载的'解释'和'絮利的经济准则',以及《农村哲学》的说明中,魁奈都指出,如果社会各阶级——最主要的当然是土地所有者阶级——对于农工业产品的消费支出倾向结构从 50% 对 50% 变为小于或大于这个比例,则在这个支出倾向变动的存在和持续期内,社会的再生产也将发生和持续发生缩小或扩大的变化。"

"第二,农产品市场政策引起谷物价格的变动和对'年预付'及再生产规模的影响。"这个问题是在《农村哲学》和《第一经济问题》中提出来的,陈岱孙就此顺便指出,过去曾把价格不变和封闭经济作为《经济表》中简单再生产以外的另外两个假定,但实际上这两个假定也被推翻了。法国当时的情况是,对农业产品的出口是间歇性的,就是说,只有在大丰收的年份才允许,在正常年份则不允许出口,因而在正常年份谷物价格是较低的。这同法国以牺牲农业为特征的重商主义政策有关,重农主义反对这种政策,他们认为谷贱伤农,主张谷物自由贸易,以便提高谷物价格。他们还指出,谷物价格提高了,在土地租约期(当时一般为 9 年),会使归于农业家的收入有所增加,使其生产扩大。同样,如果农业品的价格降低了,在租约期内纯产品的减价也要由农业家负担,使其年预付减少和生产缩小。"在租约期满,重订新租约时,'纯产品'的超额价格会变为地租增额。但由于过去几年'年预付'的增额,'纯产品'已经增加了。新租约定后,即使消费支出倾向不变,用于农业的消费支出的实际数也会超过实行自由贸易前的实际数。租地农业家的'年预付'增加了,再生产也扩大了。"

"第三,赋税政策引起租地农业家收益的变动,从而影响到年预付和再生产规模"。这个问题是在《农村哲学》和《第二经济问题》中提出来的。在一些情况下,魁奈抽象了税收的影响,但是,在这些文章中,他分析了向农业家增加税收的结果,那就是使他们收入减少,从而减少再生产。作者在这里具体讨论了魁奈分析的各种情形。

陈岱孙教授最后得出结论:"综合三例,我们可看到简单再生产确是魁奈对再生产分析的出发点,但魁奈的分析又确不以简单再生产为限。在他的尤其是后期的分析中,他放弃了作为出发点的若干假设,提出消费支出倾向、农产品价格、赋税政策等三项的变动,把分析的焦点集中到三者变动对于租地农业家的'年预付'的规模和后者与'纯产品'的再生产关系上。虽然魁奈没有由之进一步确立资本主义积累和剩余价值资本化的关系,指出扩大再生产是资本主义生产的正常模式,但他已将分析集中到租地农业家再投资(即逐年的年预付)规模的变量与'纯产品'的再生产的关系上,这就为资本主义再生产的深入分析提出了课题。"

对经济学的致用性的精辟论述

陈岱孙教授历来强调理论联系实际。1979年即改革开放之初,他即发表了题为《经济科学研究要为四个现代化服务》的重要论文,指出应把对社会主义经济问题的研究提到首位,并具体分析了经济理论、经济史、经济思想史等各个分支的重要作用。他还要求把国际经济问题的研究摆在重要地位,提出并论述了对不同国家和制度进行比较研究的意义,以及在经济学研究中加强数学分析的必要性等。20年过去了,实践已经并将继续证明这些具有原则指导意义的意见是非常正确的。

1981年11月2日陈岱孙教授又发表了《经济学是致用之学》的重要论文。该文从学理和古往今来经济思想发展的史实两方面雄辩地证明,"经济学是致用之学"是无可置疑的通例。然后他笔锋一转,深刻地剖析和旗帜鲜明地批评了国内外学术界某些与此相背的不良倾向。例如借口理论经济学和应用经济学的划分而将两者对立起来,致使理论经济学沦为脱离实际的空洞抽象,使应用经济学成为失去理论依据的单纯操作工具;又如不适当地夸大数学在经济学中的应用,削弱了经济学的学理性,成了无意义的数学游戏;再如在注重实证研究方法的口实下,企图把经济学搞成一种超越任何价值判断的"纯粹的科学"等等。他强调指出:"经济学应该是致用之学。我们反对任何不切实际的空谈……也反对……只谈技术、操作而取消一切学理的相反极端"。

关于正确对待西方经济学的问题

众所周知,这是一个重要问题,也是多年来学术界的一个热门话题,而且人们在这个问题上的认识不尽一致。陈岱孙教授自20世纪80年代初以来就此问题多次发表意见,对帮助人们正确认识西方经济学,克服和防止曾经存在和可能出现的偏差,起到了至关重要的指导作用,人们公认他的观点具有权威性。

陈岱孙对待西方经济学的态度和立场是坚定、明确和始终一贯的,这体现在他的一系列著述和许多场合的演讲中,已经成为他学术思想的一个重要组成部分,而且同他坚定地一贯地拥护和支持我国改革开放路线的态度完全结合在一起;他希望看到社会主义市场经济改革取得成功,也不时为改革中出现的问题感到担忧;他渴望了解现实生活和学术界更多的情况,也愿意为使自己的看法更符合实际而做出调整,因而对他的观点的任何曲解,或者把他有关西方经济学的某些判断同我国改革目标对立起来的做法,都是违背他的意愿,是他不愿意接受和认同的。

不过我们还是可以说,如何对待西方经济学,有一个认识问题和学术层面的问题,正是问题的这个方面,有许多地方亟待澄清,或者说,随着形势的发展和变化还需要不断地加深认识,陈岱孙教授多年来在这方面作了许多解释工作,而他的研究和论述具有高度的学术价值和认识价值。与此相关,我们可以看到他在谈论这些问题时,总是要联系西方经济学说的发展,并结合其与当时社会经济文化等背景条件,揭示其社会经济的阶级的涵义和作用,也就是说,在他的分析中始终体现着历史的、阶级的分析方法以及具体问题具体分析的辩证法;也许更重要的一点是,陈岱孙在对待西方经济学的问题上,始终坚持着结合中国实际、从中国国情出发、为中国经济现代化服务这样一个根本原则。我们还要说,陈岱孙对西方经济学的看法是一贯和坚定的,但是在如何估计社会上和学术界在对待该问题上的倾向这一点上,他的看法还在发展,他从不认为自己这方面的估计是固定的、不可更改的。

在如何对待西方经济学的问题上,陈岱孙的著作和演讲很多,其中有两篇最具代表性,影响也最大。这两篇都发表于20世纪80年代初期,也就是我国改革开放不久,一篇是《规范经济学、实证经济学和西方资产阶级经济学说的发展》(以下简称《发展》,1981年5月),那是结合如何认识所谓"规范经济学"和"实证经济学"的问题展开的,这在当时是一个亟待澄清的论题;另一篇是《现代西方经济学的研究和我国社会主义经济现代化》(以下简称《研究》,1983年),该文最初刊载于《北京大学学报》,不久就在《人民日报》转载,产生了广泛影响,被人们看做是一篇具有纲领性的论文。随后,他还在《关于当代西方经济学评价的几个问题》(1987年)等文章中论及这一话题。

陈岱孙为什么要关注这个问题呢?他在上述《发展》一文开头对此有一段言简意赅的说明。他指出:"长期的闭关自守,益以十年动乱,使国内经济科学工作者对于国外经济情况和经济学说发展的动向,处于隔绝的状态。无知造成了自满。其表现形式就是采取不值一顾的无视态度。"他接着说:"闭关局面打开之后,陌生的一切又使得我们有目眩五色之感。物极必反,自满很容易变为自怯。"同样的思想,在《研究》一文中不仅展开了,而且被提到如何更好地为实现我国四个现代化服务的高度。他认为,党的关于实现四个现代化的任务,"对于从事社会科学(尤其是从事经济科学)研究的中国人来说,这是一个具有挑战性的问题……对于从事经济科学的人们来说,一个具体的问题是现代西方经济学对于中国社会主义的现代化经济建设到底有否用处,在哪些方面我们可以在取舍间做出抉择。"

关于如何看待这个问题的性质,他在《发展》一文指出:"这既是思想上的问题又是认识上的问题。也许这是一个不可避免的过渡的现象。但有必要尽快地排除这现象。"这一点在后来的《研究》一文中作了更全面的阐述。他回顾了我们在实现现代化道路上的经验教训,确定了我们思考这个问题时应当采取的立场和态度。他指出,我们所说的现代化是社会主义的现代化,而不是资本主义的现代化,这就是说,"在若干基本前提下,西方经济学同我们存在着不可调和的枘凿"。另一方面,这个问题无论在实践上和理论上都是新问题,缺乏完备的实践经验和理论诠释,而且我们也像其他社会主义国家一样有过经验教训,而我们的经验教训又有我们的特征。我们建国之初全面学习苏联,后来中苏交恶,他们对我们实行学术和技术封锁,而我们也感到他们的一套"未必都契合我们的实际,甚至他们若干经济理论依据的正确性也值得怀疑";"对于西方经济学,情形又有所不同。从50年代初起,我们和西方的经济学几乎处于隔绝状态。一方面,这状态是由于以美国为首的西方国家,从朝鲜战争起,对我们进行了长达20多年的包括学术技术交流方面的全面封锁而产生的……另一方面,在主观上,我们也采取了自我封闭的态度,拒绝了对西方国家一切经济学的任何注意……70年代末期,情形变了。闭关的局面打开了,对外交流的渠道多了,对于外国经济学的观感、态度也开始变了。"

在这样的历史背景和现实任务面前,我们究竟应当如何对待西方经济学呢?陈岱孙认为,对待西方经济学,"同对待引进生产技术一样,不能采取绝对化的态度,要作具体分析。"(《发展》)又说,对外国经济学的取舍,"既涉及本质问题,又涉及技术问题。根本的原则应该是,以我为主,以符合国情为主。"关于国情,除了自然条件之外,最主要的是社会经济制度,而社会经济制度在经济学甚至在整个社会科学中都是一个恒定的前提;企图把实证经济学和规范经济学完全分开是不可能的;现代西方经济学是新兴资产阶级的意识形态,"从亚当·斯密以次,西方现代经济学家基本上以促进国民财富为经济目的,而它的基础是生产资料私有制。个人主义伦理观和自由主义经济观成为这个社会经济制度和反映这个制度的经济学的两个基本信条……社会主义经济有着不同的社会价值标准。集体主义和计划性的经济干预主义是这一经济制度的基本原理,而生产资料公有制则是这一制度的基础。社会主义经济所关心者不只是国民财富的生产和增长的问题,而是建立社会上人与人平等的生产关系和随之而存在的社会所创造的财富在国民中公平分配的问题。简言之,它首先关切的是对人剥削人制度的解放……因此,从整个体系的本质来说,资本主义国家的经济发展的途径不能成为我们国家的经济模式,而现代资产阶级经济学说不能成为发展我们国民经济的指导思想。由于制度上的根本差异,甚至在一些具体的、技术的政策问题上我们也不能搬套西方的某些经济政策或措施……",但是"却不等于说当代西方经济学中没有什么值得我们参考、借镜、利用的地方。把国外经济学都目为无用的,或者反动的,避之惟恐或晚的想法,至少有片面性之讥;当然,相反的,由于某些方面有可资借镜利用之处,便盲目地全盘接受,或者食洋不化,对于纵然有用的技术手段采取生搬硬套的办法更是有害的。"

陈岱孙分析论列了西方经济学中可以借镜和参考的方面:企业、事业的经济经营与管理的研究;以"投入产出分析"为例的国民经济综合计划管理;微观经济学中对于商品的需求和供给、价格和售量、竞争和垄断等有关市场机制的分析;广泛应用数学方法,从定性分析发展到定量分析以及他们对现实经济生活各种缺陷和问题的揭露和分析,对我们不无参考意义。

"总之,在对待西方经济学对于我们经济现代化的作用上,我们既要认识到,这些国家的经济制度和我们的社会经济制度根本不同,从而,现代西方经济学作为一个整个体系,不能成为我们国民经济发展的指导理论。同时,我们又要认识到,在若干具体经济问题的分析方面,它确有可供我们参考、借镜之处。"这就是陈岱孙的结论。

应当如何看待岱老上述观点的意义和地位呢? 我以为应当也像岱老分析别人的观点或理论时那样采取实事求是的态度。对于一位世纪老人来说,当中国经济体制尚处在起步阶段之时,他的思想就能前进到这一步,我以为是十分难能可贵的。要知道,他的上述结论提出时,很多人难以理解,甚至不表赞同;但后来大家普遍接受了,因为中国经济改革发展的进程表明了上述看法的正确。即使在今天,当我们的改革又向前推进一步,前进到以建立社会主义市场经济体制为目标的阶段时,岱老的观点也没有失去其真理的光彩;岱老得出上述结论也许同他当时对中国改革目标应是"计划经济为主,市场条件为辅"这一判断有关,这是他提出有关西方经济学一系列论断的一个基本立足点和出发点。如果他健在,相信他会继续研究这方面的问题并结合新形势发表新的见解。

对西方经济学两思潮消长的深刻洞察

经济自由主义和国家干预主义两思潮的消长,是西方近代经济学演变和发展中的一个基本事实。注意到这个事实并对之加以研究和论述者,此前在国内经济学界罕见,但在国外经济学界不乏其人。然而,据我所知,包括国内外学者在内,还没有哪一位的研究能同陈岱孙教授的《西方经济学中经济自由主义和国家干预主义两思潮的消长》(1984年8月)这篇论文相提并论。这不仅因为岱老的论述十分集中、系统和深刻,其中包含着一系列新颖的独到之见,给人以理论上的满足和启迪,而且联想到西方经济学发展的历史和现状,结合中国正在进行的经济体制改革,人们会顿感作者洞察历史的穿透力、估量现状的冷静客观以及对未来的预见之科学性。这篇论文在中国经济思想界和经济改革的实践中已经并将会继续发挥重要的深远的影响。

论文旨在揭示两思潮消长的来龙去脉和前后左右的内在联系,着意于阐述其消长的背景和条件,指出其中所涉及的各派各家或其代表者的最主要观点和理论倾向,因而属于一种全景式的扫描和提纲挈领式的勾勒,这是阅读时要注意的。

论文开头的序言就很引人注意,因为在对两思潮的定义和规范中,岱老特别指出了经济自由主义和国家干预主义的对立是表面的,而同在是本质的,它们都是资产阶级的意识形态,是为对付不同的历史条件所做出的不同反应和对策;另一方面,岱老又指出,经济自由主义并不就是无政府主义,而国家干预主义也绝不能与社会主义相等同。

对重商主义的论述的独到之处在于,岱老对"重商主义是商人资本的意识形态"这个人们习以为常的传统说法提出了质疑并给出了确切的回答,对重商主义作了更准确的历史定位。他是这样提出问题的:重商主义,作为新兴的资产阶级前驱和代表,其历史的任务应当是摧毁中世纪的封建制度,为资本主义发展铺平道路;其具体的行为就是消除中世纪制度中阻碍资本主义方式自由发展的一切障碍。"由此推论,在本质上,反封建的重商主义,本来不应该推崇政治权威,更不应主张对私人经济横加干预。这固有的历史任务的要求和实际的经济政策的矛盾应如何解释呢?"他的回答是:应当注意到在商人资本内部所发生的分化。只有那些从事国外贸易的大的垄断商业资本,才要求国家的干预和优待(特许)。结论是:"在商业资本中,垄断商业资本在一个时期确实是处于压倒一切的地位,但它们不代表全部商业资本。在他们之外还存在着中小的商人。后者并不受到国家的优待,不拥有各种垄断权利,也不是干预主义的拥护者。因此,严格地说,不能笼统地说重商主义是这个时期的商业资本的意识形态,而只能说,它是在当时特定历史条件下,在整体的商人资本中分化出来的垄断商业资本的意识形态。而国家干预主义也就只是这特殊商人资本家所具有的经济思想和经济政策。"

陈岱孙教授对古典经济学派的论述是经典性的,除了对古典派形成和发展的历史环境和条件作了简明扼要的说明以外,最值得称道者,是对经济自由主义的学说本身所作的令人耳目一新的概括。他提出经济自由主义在"完全自由竞争"的假定下,逐步形成了四个理论支柱,这些支柱的中心思想是论证自由竞争的市场经济制度的优越性。这四个理论支柱是:第一,公私利益的协调性。它主要体现在亚当·斯密关于自由竞争市场机制是一只"看不见的手"的论证中。第二,市场的自动调节性。其主要的论据,一是所谓萨伊定理,认为供给总会为自己创造需求,不会出现普遍的生产过剩;二是李嘉图所笃信的投资等于储蓄的信条,不存在投资不足和生产萎缩的可能性。第三,生产的合理性。价格由市场的供求关系调节和决定,因而它会像一根指挥棒,"指引不同产品的相对生产数量和生产因素在产品生产中的最适度分配和天然资源的最有效利用"。这理论在亚当·斯密的自然价格论中初见端倪,在后来的边际主义理论中得到了进一步的发挥。第四,分配的公平性。萨伊的生产三要素论是一个初步的尝试,后来者提出的成本价值论对此作了引申。相比之下,这最后一个支柱最不牢固,成为后来边际主义努力探索的目标。

在论述了德国历史主义形成和发展的历史背景和先驱者及其主要思想和政策主张,简要说明了美国制度学派同德国历史主义的内在联系之后,作者进而勾勒了边际主义的发展进程,这里尤其值得注意的是他对边际革命的定位。国内外学者一般比较强调边际主义同古典派的对立,陈岱孙却指出:"诚然,在价值问题上,边际主义是反古典派的;在探讨经济问题上,它是从主观分析来反对古典派的客观分析的。但是,实际上,边际主义的内容并不限于价值的分析,而从其整体的理论的立场来说,与其说它是古典派理论的对立者,不如说它是古典派理论的补裰者。在它的理论发展过程中,它在西方经济学的'工具箱'中增加了一些分析工具,而这些分析工具的应用,恰在于论证古典学派基本理论哲学的正确性。所以与其说它是对古典经济学的革命,不如说它是要在加强其理论哲学基础上重建古典经济学。也因此,它才在 19 世纪末马歇尔的体系中综合合流于古典经济学。"陈岱孙指出,这种补裰主要体现在瓦尔拉斯的通过自由交换可以实现个人效用和社会福利的"最大化"理论、帕累托的"最适度"论,以及后来的克拉克的边际生产力分配论上。特别是克拉克的边际生产力分配理论,成为边际主义的标准分配论,它在很大程度上强化了古典派关于自由竞争市场经济可以导致公平分配的理论支柱。

陈岱孙关于马歇尔和后马歇尔的"新古典派"的说明,同样提纲挈领,简明扼要,不在于描述学说的细节,而着意于确定其发展演变的主要环节和基本点,从而为各个主要人物或学说予以定位。针对学术界对马歇尔的不同提法,他指出:"我们毋宁认为马歇尔的经济学说是综合 19 世纪上半期英、法两国古典经济学的理论和 19 世纪中期以后新出现经济学新说的一个折衷的理论体系。这个体系的基本观点仍然是以完全竞争的自由市场为条件的、传统的经济自由主义……但他又的确在某些场合表示出相当的,虽然还是有限的,接受某些社会集体干预行为的倾向。"马歇尔对国家或集体干预方面,大多是点到为止,引而不发,而把进一步的探讨留给了他的门徒。而他的门徒的理论却出现了一些相反的倾向。首先是在霍布森、主要是在庇古的福利经济分析中,对自由市场经济能否达到社会福利的最大化提出了怀疑;随后是张伯仑和罗宾逊夫人以其垄断竞争论和不完全竞争论,对历来的完全自由竞争这个分析的前提条件提出了质疑。这个质疑实际上揭穿了自由市场现实性的神话。虽然他们没有进而以之否定经济自由主义,也没有由之对另一个长期信条(经济均衡)发生怀疑,但是他们已经对经济自由主义提出了疑问,也为国家干预的可能性和必要性打开了一个缺口。

接下来该国家干预主义出场了,问题只在于历史发展的危机和契机。1929年的经济危机和随之而来的空前的长期的经济大萧条,终于彻底地摧毁了放任自由经济下的市场神话,导致了经济自由主义濒于破产,而为国家干预主义,在严格的经济行为的领域中,树立了百余年来前所未有的权威地位。陈岱孙进而对凯恩斯和后凯恩斯主义作了精辟说明。

作者指出,凯恩斯《就业、利息和货币通论》的核心是就业不足均衡论,就是说,古典派一直信奉的充分就业均衡只是一种特例,而就业不足均衡才是通则。这显然是迫于1929—1933年经济危机和经济大衰退而提出的新论断。凯恩斯对于资本主义市场不具有达到充分就业均衡的调节能力的论证,集中于他的有效需求分析。凯恩斯借助于他所提出的三个基本心理规律,否定了经济自由主义的两个信条:萨伊定理和储蓄等于投资,从而论证了有效需求不足是资本主义失业的症结所在。由于他假定社会消费倾向较为稳定,而且社会越富裕,消费越不足,所以充分就业所需要的有效需求的大部分要靠社会投资来填补。而由于通过提高资本边际效率来刺激私人投资的办法不多,于是他强调国家的干预,要求国家随时准备用公共投资计划来弥补私人投资的不足。这就是凯恩斯为医治失业所开的处方。陈岱孙指出,战后三十多年是凯恩斯主义的鼎盛时期,它成为西方资本主义国家的统治的经济思想和经济政策指针。

接着,陈岱孙对凯恩斯之后在西方经济学界出现的"资本争论"作了概括。指出该争论的核心问题是边际生产力论,由此又涉及资本的性质。新剑桥学派在争论中显然占了上风。"这一辩论,实际上,是对于经济自由主义的另一个重要打击;虽然辩论双方都没有把争论引到自由主义和干预主义的对立的问题上。"

论文的最后一部分是对当代新经济自由主义的论述。岱老指出了经济自由主义思想即使在凯恩斯主义盛行的年代也没有销声匿迹,而且在若干问题上有所发展,但仍然不引人注意。进入20世纪70年代以后,特别是出现了所谓"滞胀",以凯恩斯主义为基础的经济政策遭到了挫折,从而出现了对凯恩斯主义的怀疑和各种新自由主义的思想和主张。其中主要的是以哈耶克为代表的新奥地利学派、弗莱堡学派和以弗里德曼为代表的货币主义,以及红极一时的供给学派等。"上述新自由主义各亚派都假70年代滞胀的机会,或明或暗地,以反凯恩斯主义为突破口,企望为经济自由主义创造卷土重来的业绩。但是经过了70年代至80年代,西方经济理论实处于低潮的时期之后,应该说,这些新自由主义者虽然当时都做出努力,但事与愿违,他们并不能夺取国家干预主义之席,恢复其过去在西方经济学中一度占据统治思想的地位,虽然凯恩斯主义作为近代西方国家干预主义经济学大天使的形象到今日还没有从70年代初以后所受到的严重的损害中恢复过来。问题的关键在于百余年来的实践和探索终于导致'完善自由市场'神话的破灭,使经济自由主义成为不切实际的理想。于是国家干预主义就可以稳定地和它处于分庭抗礼的地位了。"

这就是十几年前,正值新自由主义思潮兴盛之时,陈岱孙对西方经济思潮未来发展所作的预见,这个预见已经被过往的历史所证实,而且还会被继续证实。

对"亚当·斯密矛盾"的解析

怎样看待西方近代经济学的鼻祖亚当·斯密的两部代表作的关系,是一个持久不衰的历史话题,又是一个远远超出亚当·斯密本人国度的国际课题。这就是亚当·斯密的伦理学专著《道德情操论》(1759年初版)和划时代的经济学专著《国富论》(1776年初版)之间的关系问题。国外自由主义经济思想家历来一味强调经济利己主义是《国富论》的哲学基础和灵魂,而德国历史学派的思想家们则乐于谈论《道德情操论》中的利他主义人性论,借以证明《国富论》和《道德情操论》之间存在矛盾。国内有人由此而受到启发,似乎可以从中为搞市场经济就必须提倡利己主义找到理论的依据,因而这问题的澄清不仅有其历史的学术的意义,而且还具有一定的现实意义。陈岱孙教授的研究则胜人一筹,他指出,亚当·斯密上述两部著作的矛盾只是表面的非本质的现象,而他们之间的共通和一致才是基本的事实,他从两书在亚当·斯密思想体系中的地位,从亚当·斯密哲学思想的来源和发展以及两书内容上的比较,令人信服地论证了这个观点,无形中对于企图借亚当·斯密《国富论》来论证和鼓吹利己主义的倾向发出了一个有根有据的疑问。此文发表于1990年年初。

批判与借鉴[*]

——读《陈岱孙文集》

适逢陈岱孙教授 90 寿诞、从事学术活动 65 周年之际，凝集着作者大半世纪思想学术成果的《陈岱孙文集》(上下卷，以下简称《文集》)问世了，并立即引起了各方关注和重视。人们期望从中对这位令人尊敬的杰出老一辈经济学家和教育家的生平、思想和著述有更多了解，期待从中对一系列理论、历史或现实问题获得启发与教益。我有幸参与《文集》的编辑与整理工作，深感上述期盼定会得到满足，如何看待当代西方经济学即是一例。

众所周知，这个问题在我国存在已久，而且随着形势的发展以不同形式时有起伏地呈现出来。由于一系列国际国内、主观客观方面的原因，我国教育界和学术界(就其指导思想和占支配地位的态度与做法而言)曾在一段长时期内对西方当代经济学采取一概排斥、全盘否定的态度；及至实行改革开放以后，在相当一段时间内，在做了许多有益工作和取得显著成绩的同时，也无可否认地发生了盲目引进西方当代经济学(及其政策主张)的偏向，一时之间大有铺天盖地、席卷讲坛论坛之势；眼下，当我国强调全面理解和贯彻"一个中心，两个基本点"的根本方针，并针对前段存在的某些偏向，更多地强调坚持四项基本原则和批判资产阶级自由化时，似乎又有了若干恢复一概排斥和全盘否定的迹象。在这种时候重温一下陈岱孙教授这位深谙西方经济学又身历中国社会大半世纪风云变幻的老学者的见解，相信不无好处。

近年来陈岱孙教授在各种场合就如何看待西方当代经济学及其与我国社会主义现代化的关系问题发表过许多重要与中肯的意见，仅从收入《文集》中直接或集中论及该问题的文章来说，从 1981 年到 1989 年就不下 7 篇(包括序文)，其中，发表于 1983 年的《现代西方经济学的研究和我国社会主义经济现代化》(《文集》下卷第 874—882 页)一文，可以说是一篇带有纲领

---

[*] 原载《群言》1990 年第 6 期。原文中引语页码直接在文中标出，收入本书时保持原貌。

性的文章。当时正值"引进"热潮不断升温之时,陈教授的文章不失为一服清醒剂。1987年发表的《关于当代西方经济学评价的几个问题》(《文集》下卷第838—849页)是对此问题更深入更概括的论证,其宗旨亦在于以冷静和客观的观察,提醒人们切勿重犯片面性的毛病。人们不难发现陈岱孙的观点是始终一贯和毫不含糊的。他认为西方经济学既有辩护性的一面,又有实用性的一面,这是由社会历史条件和阶级斗争发展决定的。另一方面,中国的国情有自己的特点,因此研究西方经济学与中国现代化关系时必须要充分和深刻地把握我国的国情。基于这些考虑,陈岱孙始终强调对西方当代经济学应抱批判与借鉴相结合的态度,两者不可偏废,否则于国于民绝无利。他说:"在对待西方经济学对于我们经济现代化的作用上,我们既要认识到,这些国家的经济制度和我们的社会经济制度根本不同,从而,现代西方经济学作为一个整个体系,不能成为我们国民经济发展的指导理论。同时,我们又要认识到,在若干具体经济问题的分析方面,它确有可供我们参考、借鉴之处。"(《文集》下卷,第882页)究竟哪些方面或哪些地方应予批判和摒弃,哪些方面或地方可予借鉴和参考,他均有具体的阐述与说明,这里不需赘述。使人更感兴趣,也许更有启发的是,陈教授不仅明确地提出了上述原则和主张,而且在与西方当代经济学相关联的一系列理论或实践问题的分析上,身体力行地贯彻和体现了这些原则或主张。

"通货膨胀无害论"在前几年我国舆论界有一定市场,论者往往还引用西方当代经济学之经典以为根据,说凯恩斯就是主张以通货膨胀刺激经济发展实现充分就业的等等。陈教授则多次明确表示此意绝不可取,其根本缘由即在于国情不同。通货膨胀的做法在西方发达资本主义国家也许有其在一定时期存在的必然性甚至可能性,但在我国则断不可倡其为指导方针,我们作为社会主义国家自不应抱此损害民众危害国家根本利益的动机,作为一个处于初级阶段的发展中社会主义国家也缺乏承受其后果的能力。何况,陈教授顺便还澄清了一点事实,即凯恩斯并不像一些人所说的那样主张通货膨胀。

崇尚"实证"而鄙视"规范"之风在一段时间内相当流行。陈教授早在1981年此风初起之秋即敏锐觉察出其中值得注意的社会阶级含义和意识形态倾向,并及时作出了分析和回答。他指出在西方经济学发展过程中确可看出存在着一个把他们所谓的实证经济学和规范经济学分开的过程,不否认有一部分经济学家回避了规范问题,而只致力于经济事物间相互关系规律的探讨,甚至也不排斥他们这些分析在某些方面具有一定的科学性。

但是,陈教授强调说:"把规范和实证完全地割裂开是不可能的。经济学作为一门社会科学……在考虑分析经济现象的时候,不能不关切到作为这些现象基础的人和社会,从而不能不受到存在于不同社会中的不同道德伦理的观念的影响和制约。就这一点来说,不会存在着一个真正超脱于社会价值判断的所谓实证经济学。"(《文集》下卷第787页)

如果说以上两例偏重于批判和排除西方当代经济学中不适于我国或蔑视科学的东西,那么在对边际主义学说和数学方法的分析上则鲜明反映出作者主张对其又批判又借鉴的立场。他强调说,边际主义的应用和发展具有甚大的复杂性,标签式的批判不解决问题,应当肯定边际主义理论既有规范性又有实证性,应当区别其带有意识形态偏见和阶级辩解性的应用的一面,与不带有这种偏见和辩解性的概念和方法本身的一面。陈教授的这个科学论断对于廓清长期以来我国学术界对边际主义学说盲目排斥和完全否定的态度有着指导性意义。

陈岱孙教授一贯重视数学在经济学中的应用,多次指出在高等经济院校的课程中,应适当增设着重数量分析的内容,但是,他对某些西方经济学家中追求纯数学的倾向从来不表苟同,并谆谆告诫我国青年学生对此应有清醒认识。他指出从概念到概念的文字游戏不可取,从公式到公式,从数字到数字的公式或数字游戏也不可取,因为它们都是理论脱离实际,不过形式不同罢了。他主张在正确理论指导下适当地利用数学这种分析工具,但绝不能以后者冲淡或代替前者。

陈岱孙教授对西方当代经济学的论述是多方面的,内容丰富,论断深刻。以上所说远不足以概其全貌;是否完整准确地把握了其观点实质也不敢说。但可以肯定地说,陈岱孙教授无论在怎样的气氛下都坚持应对西方当代经济学采取全面的分析的态度,主张结合我国国情加以取舍,力戒走极端,避免片面性,我相信这样的态度在今天甚至今后仍然具有重要指导意义。

深切怀念陈岱孙教授*

哭岱老①

　　陈岱孙先生一年多以来身体状况不太稳定,今年入夏以来更是令人担忧地日见衰弱,但我们还是不能接受他这样早就离开我们而去的无可挽回的现实。我们深知,他是多么眷恋着他所挚爱的祖国和人民,多么希望能继续为教育事业、为他热爱的青年学生再做一些事情。

　　在这令人深切悲痛的日子里,想起岱老堪称楷模、为世人称道的道德和文章,心潮难平,夜不能寐,往事一幕幕涌上心头,愿以此短文呈现于老师遗像前,借以表达学生发自内心的怀念之情。

　　40年前我进北大时就知道系主任陈岱孙先生的鼎鼎大名了,但在他亲自为我们讲课之前,我和其他低年级同学一样,对于这位大学者总是多半限于怀着敬重之情注视他那矫健的身影。经济学说史课程在三年级的开设,为我们直接聆听他的教诲提供了难得的机会,而且从一开始他就给我们留下了极为深刻和鲜明的印象,至今不能忘怀。作为20世纪的同龄人,陈老师当时已年届六旬,但他的容貌、身板、气质和风度,比他的实际年龄要年轻得多;而最令同学们惊羡不已的,还是他渊博的学识和高超的教学艺术。陈老师的讲课向来从容不迫、深入浅出、内容充实、条理清晰、言简意赅,在对以色彩凝重为特点的经济理论史的讲述中,既有浓彩重墨的强调,也不乏幽默与诙谐的穿插,总是洋溢着科学与智慧的光彩,每每给人以理论的满足和思想的启迪。老师对课堂讲授时间的掌握恰到好处,他的结束语和下课铃声几乎总是同时响起,不禁令人拍案叫绝。及至我后来从教之后,才愈益深切地体会到,若无精深的学识、真诚的态度以及长期教学实践的锤炼,要想达到陈老师如此炉火纯青的境界是难以想像的。

　　我很幸运,大学毕业之时,即考取了陈岱孙老师的研究生,得以在他的

---

* 1997年7月27日陈岱孙教授逝世后,我撰写和发表了数篇怀念文章,这里选登其中三篇。
① 原载《人民日报》1997年8月10日。

直接指导和关怀下,攻读西方经济学及其历史。三年有余的耳提面命,不仅使我在业务上获益匪浅,而且对老师的人品、学识和作风有了深切的了解与感受。学期初他总要指导我选课和制定学习计划;学期末他总要就我的学习进展和成绩作出评定。他亲自为我单独开设专业课,并指导我阅读了马克思主义经济学和西方经济学的一系列原著,包括马克思《资本论》和《剩余价值学说史》、亚当·斯密《国富论》、李嘉图《政治经济学与赋税原理》、约翰·穆勒《政治经济学原理》和马歇尔《经济学原理》等,还要求我选修了有关的哲学课程。在老师亲自指导下进行的这一段空前密集和系统的学习,为我在基本理论和思想方法的训练方面打下了深厚和坚实的基础,其影响是深远的。

岱老教学极为认真,从来一丝不苟。记得那时是在他家上课,每周或隔周一次,除非公出,他从不随意更改;每次上课都准时开始,从不提前,更不推后,我如提前几分钟来到,先生则常以聊几句闲话作为过渡,桌上的小时钟敲打三下,立即开讲。先生治学极为严谨,常以言必有据、言之有物相要求,讲解原著时以务求把握作者真意和其精神实质为目标;他要求我认真读书,而我亲身体会到,先生正是这样做的典范,在他读过的那些外文书,尤其那些精读的书上所写的许多批注和为数众多的圈圈点点就是明证。岱老一贯主张研究生应以培养独立研究能力为主要目标,而不是单纯地接受已有的知识。这种思想体现在教学方面,就是注重启发和培养学生的自学能力,提高学生对问题的理解力和思想方法的锻炼,所以在他为我开设的经济学原著研读课中,他每每以我先谈预先阅读的感受相要求,然后针对我的困惑或疑问之处加以解释,如果我能谈点什么见解,哪怕很不成熟,先生都喜形于色,予以鼓励。先生是有名的学问家和教育家,但又极具谦逊的品德,尤其不屑于浅薄和浮躁:先生诲人不倦,但从不强加于人,在我们这些后辈面前也不例外。所有这些,都是我在研究生期间从老师身上感受到的宝贵精神财富,也可以说是最为重要的收获。我是怀着对陈岱孙老师的深切感激之情结束研究生学业并走上教学工作岗位的,希望能以所学报效祖国,也不辜负老师对我的关怀和期望。

不料,一场史无前例的"文革"浩劫将我心中的希望和设想击得粉碎,作为一名从旧社会过来的高级知识分子,陈岱孙老师同其他许多人一样,也是厄运难逃。但我要说,这逆境又使我得以进一步认识了自己老师的正直和坚毅,看到了他处变不惊、对国家民族的未来所抱的坚定态度。面对空前的冲击和无端的怀疑和打击,他泰然处之,坚信真相终将大白;被贬去劳动,他便每天按时上下班,认真完成交给他的任务;一有讲课的机会,他照例宣讲他所深信的科学原理和知识,而不愿随波逐流,人云亦云;其实,早在"文革"之前,他就在力所能及的范围内,对于遭受不公正待遇和身处逆境的同志毫不犹豫地伸出援手,令这些同志至今谈起都不免动容。就这样,他终于在文革和文革前几十年的风风雨雨中走了过来,经受住了严峻的考验。在他看来,没有什么能比获得党和人民的信任、能为国家和人民服务更重要的了。所以,一旦拨乱反正,形势好转,国家发展步入轨道,已进耄耋之年的岱老就焕发了科学的青春,迸发出了空前的创作力。

这十多年来,岱老以饱满的热情和过人的精力,积极从事经济学的研究和教学工作,撰写和发表的论述不下百万字,这还不包括他在许多场合发表的演讲、谈话和其他文字成果;他还参加了大量社会活动。他坚定地支持和拥护十一届三中以来党的改革开放政策和四项基本原则,赞成和高度评价邓小平建设有中国特色社会主义理论,并以自己卓越的研究成果为党的路线的制定、宣传与贯彻作出了宝贵贡献。作为一位光荣的爱国主义者和杰出的社会科学家、教育家,岱老的丰功伟绩将永载我国教育和科学的史册,为世人所景仰。

怀念恩师陈岱孙教授[①]

陈岱孙老师是我国老一辈著名的经济学家和教育家,经济学界一代宗师。他的逝世是我国教育界和经济学界的重大损失,对我来说,更是失去了一位相识相交几十年的恩师。岱老以97岁高龄辞世,可谓长寿,但想到他的身体过去向来很好,去年春天曾有一次劳累致病,很快也就好转;看到他"挣扎着不肯服老",直到去世前不久还孜孜不倦地学习、思考和工作的情形,我们真不愿意相信他这样快就辞世而去,离开了他所挚爱的教育事业和青年学生。在这令人悲痛的日子里,想起岱老堪称楷模、为世人称道的道德和文章,想起岱老对我和许多晚辈的关怀、提携和帮助,心绪难平,夜不能寐,惟愿以此文寄托我对老师的怀念之情。

岱老是一位光荣的爱国主义者,他把毕生的精力无私地奉献给了祖国和人民。他虽出身于清末一个书香门第和中落的封建家庭,但自他迈出家门,走上社会之后,半封建半殖民地的严酷现实,国家积贫积弱而招致横逆

---

① 原载《光明日报》1997年8月20日。

的悲惨遭遇,以至于亲眼目睹上海黄埔滩公园前竖立的"华人与狗不得入内"牌子所受的刻骨铭心的打击,都给了他极其现实而又痛苦的教育,促使他萌发了明确的爱国救国思想。适逢伟大的"五四"反帝爱国运动爆发,刚进清华园、年仅19岁的陈岱孙便和同学们一道参加了游行、请愿和宣传,经受了一次革命风暴的洗礼。随后他怀抱科学救国的理想远涉重洋,赴美留学;在不到六年的时间内,先后以优异成绩获得威斯康星大学学士(1922年)、哈佛大学研究院硕士(1924年)和博士(1926年)学位。他在接着游学英法等国多半年后,回到阔别已久的祖国,次年应聘母校清华大学任教,从此开始了整整70年的教学生涯。

在这漫长和历经磨难的岁月中,岱老以教育事业为本,在为国家培养一代又一代人才的同时,从没有忘记以经济学为武器服务于民族解放和国家富强的伟大事业。在抗战前和八年抗战期间,岱老针对当时的时局和经济问题,发表了许多文章,或揭露和痛斥日寇侵华的罪恶行径,或抨击国民党当局的亡国政策,指出如不坚持抗战,中国必亡,在经济上沦为殖民地的可悲境地;或积极为抗战出谋划策,为使经济体制、交通、贸易、税收、金融和币制转入支持抗战、为抗战服务的轨道,提出了他的看法和建议。抗战胜利后,在时局危急之时,岱老同张奚若、闻一多等著名民主人士和社会活动家们一起,发表宣言,呼吁停止内战、反对独裁、要求和平建国。他还著文揭露和抨击国民党当局横施暴力、镇压民主人士的倒行逆施,郑重指出中国当时所面临的政治独裁、经济崩溃和民不聊生的危局。随着形势的发展,陈岱孙日益看清了国民党卖国求荣、贪污腐败的本质及其穷途末路,因而在解放前夕毅然谢绝了友人邀其离开大陆的劝告,决定留下来迎接解放。新中国的成立和取得的巨大成就,令陈岱孙欢欣鼓舞;虽然接踵而至的接连不断的"左"的运动,特别是十年"文革"浩劫,曾使他身陷困境,感到痛苦和不解,但他坚信阴霾终将过去,前途必会光明。

党的十一届三中全会开辟了我国历史的新时代,也焕发了陈岱孙的学术青春。他以耄耋之年,奋发努力,发表学术专著和论文,为学界同仁和后辈的著作撰写序言,牵头并亲自编写教材,主持大型经济科学辞书的编写和国外辞书的翻译出版等,他自己这些著述不下百万字。这还不包括他多次发表的学术演讲、为众多相识和不相识的作者的著作所写的评阅意见等。这对一位高龄老人来说该是多么不易啊。他通过各种形式表达了对党的改革开放路线和四项基本原则的拥护和支持,表达了对改革开放过程中可能遇到的各项重大理论问题和实践问题的关注和见解。岱老的见解明确而坚定,深刻而易于为众人所了解,并且往往都有前瞻性,这使得人们在经历了实践的反复检验之后,愈发感到岱老思想的深邃和可贵。这是岱老作为一个一生追求科学真理的学者对我们国家和民族的宝贵贡献。

在改革开放新形势下,如何对待西方经济学,是一个重大的理论问题和迫切的现实问题。早在1983年岱老就发表了题为《现代西方经济学的研究与我国社会主义经济现代化》的著名论文,提出了为人们所称道的著名结论。就是说,对待西方经济学,不应一概排斥,也不应全盘照搬,应当结合我国国情加以具体分析,而后决定取舍。或者说对它既要重视,又要分析,不要陷于盲目性。需要指出的是,岱老的这个基本见解是明确的和始终一贯的,也是同他坚定地支持党的改革开放路线和四项基本原则的态度结合在一起的;他希望看到社会主义市场经济的实践取得成功,也不时为改革中出现的问题感到担忧;他渴望了解现实生活和学术界更多的情况,也愿意为使自己的看法更符合实际而作出调整,因而对他的观点的任何曲解,或者把他的观点同社会主义市场经济的改革目标对立起来的做法,都有背于岱老的意愿,是他不愿意接受和认同的。

如何认识和把握我国经济改革的总体取向与经济运行规律,是又一个重大的理论和实践问题。现实生活迫切要求理论家们作出回答,而人们的意见有明显的分歧。早在20世纪80年代初期,岱老就深入研究了四百多年来西方经济学中经济自由主义和国家干预主义两思潮的消长,在洞察其来龙去脉和内在规律的基础上,对其未来的动向作出了深刻的令人信服的科学预见。在经济自由主义思潮甚嚣尘上之时,他却冷静地指出,国家干预主义学说虽然屡遭批评而陷于困境,但它绝没有寿终正寝,在可以预见的未来,经济自由主义和国家干预主义的继续结合必是西方国家无可避免的选择,尽管结合的形式和彼此的比重会随形势变化而有所不同。这个结论对澄清某些模糊认识和确定我国改革的取向的参考价值是不言而喻的。岱老多次论及我国发展经济的总体取向这重大问题,他历来主张,我国经济发展不能走现代西方国家以凯恩斯主义为理论基础的扩张性财政与货币政策之路,而必须从发展生产力着眼,不断提高劳动生产力,创造出丰富的生产成果,增加总供给。岱老一再强调指出,在发挥市场调节作用的同时,一定要注意加强市场经济条件下的宏观调节,以保持总量平衡,实现各主要部门的按比例协调发展,力求避免经济出现大的波动。岱老对我国经济生活中一再出现的"过热"现象,以及作为其突出表现的严重通货膨胀,深表忧虑和关切,多次重申他早在1936年提出的通货膨胀实际上是一种对一部分人实行剥夺的"坏税"的论断,他早在1988年初就对后来发生的严重通货膨胀形势提出过警告,后来又就这一问题多次提出意见和对策,表现了岱老对改革事业的高度责任感。

岱老对西方经济学和马克思主义经济学及其历史均有精湛的研究和高深的造诣。早在20世纪50年代他就尝试着以马克思主义的立场观点和方法,重新撰写了包括西方经济学和马克思列宁主义经济学在内的经济学说史教材(约40万字),那是他系统学习马列主义之后,在政治思想和学术思想上实现了飞跃的一个标志和可贵成果。20世纪70年代末出版的《从古典经济学派到马克思》是岱老的一部代表作,这部以专题形式撰写的经济学说史专著,在建国以来的经济学中文文献中尚不多见。作者学识渊博、视野开阔、论断精辟,读来常给人高屋建瓴、融会贯通之感。准确和凝练的文字表述更增添了研读的兴趣。当然,这本书的价值最主要的还是其高度的科学水平和深厚的学术底蕴。本书对从古典经济学派到马克思这一重要时期的主要学说(价值论、剩余价值论、社会总资本的再生产和流通论、经济危机论等)的发展,作了系统的马克思主义的解说,因而是一部科学性和革命性相结合的专著。岱老在不少问题上发表了具有创见性的见解,即使是对人们比较了解的一些问题,他的论述无论在广度和深度上也与众多有不同。本书问世后受到学界的一致好评,多次重印,成为研究经济学的一本必读之书。

岱老是扬名海内外的老教育家,他在教育理论和实践方面均有重要建树和引人注目的成就。他几十年如一日坚持在教学第一线,以其渊博的学识、精湛的教学艺术和严谨求实的学风,教育、培养和影响了一代又一代的青年,真可谓桃李满天下。对岱老来说,教书育人早已不仅是一种职业和责任,而且是人生的最大乐趣了。没有什么能比看到青年人成长起来,在各个岗位上建功立业,更让岱老感到欣慰的了。岱老长期担任高等教育领域的各种行政和学术的领导工作,尤其对清华、西南联大和北大的经济学科的发展和建设倾注了大量心血,作出了巨大贡献。人们对他作为一个领导者的讲究效率、言行一致、严于律己、宽以待人、以至于翩翩的风度和魅力,一直抱有鲜明印象和高度评价。岱老多年来对我国高度教育的一系列重要问题发表了具有指导性的意见。他一贯倡导学生应德、智、体全面发展;他认为应将"专才"和"通才"的培养统一起来,希望师生的知识结构应像金字塔,而不要像独秀峰;他强调经济学的教学与研究,要始终坚持理论联系实际,要实行基础理论和应用性学科的结合,还要提倡不同学术观点的争鸣以及对新现象和新问题的探讨等。岱老自己在所有这些方面都为我们树立了榜样。多少年来，无论是作学问还是为人，他总以求真求实为准绳，不随波逐流，不人云亦云；知之为知之，不知为不知，一旦发现认识有误，立即改正，从不掩饰；对待青年学生，从来都以诚相待，十分宽厚，诲人不倦，从不以权威自居；而他对自己，则是学而不厌，永不停歇，力戒自满和浅薄，以至于像他自己所说，老之将至而不知，知后而"不甘心"，还要"挣扎着不肯服老"。这其实就是一种坚忍不拔、永不停歇地追求真理和自我完善的精神。

　　岱老是我的恩师。我有幸在大学本科时聆听他的授课，对他渊博的学识和高超的教学艺术印象深刻。后来我更有幸考取为他的研究生，在他的直接指导下攻读西方经济学及其历史。三年有余的耳提面命，不仅使我在专业知识的学习和科学方法的训练方面获益匪浅，而且对老师的师德风范有了切身的感受。我1965年研究生毕业留校至今，一直在岱老身边工作，仍然继续不断地得到他及时、有效、真诚的指导、关怀和帮助，他成为我的终生导师。记得1980年我家刚刚搬进新居，尚未收拾停当，第一个登上五楼来看望我家的就是80高龄、拄着拐杖的陈岱孙老师，他为我们住房条件的改善感到高兴；也就在这次晤谈中，岱老向我提出了研究经济学中的边际主义的新课题。从那以后的七八年中，岱老为我完成《经济学中的边际主义》这个课题，从收集资料、写作初稿到完成专著，他都倾注了大量心血。光是为我的初稿、二稿和三稿所写的评语和意见就有数千言之多，从主题思想、基本框架、论点评析，以至于标点符号等，他都为我想到了。我的《经济学中的边际主义》于1987年出版时，他又写了长篇的极富学术价值的序言，极大地加强和提高了本书的品位。我的这本书就是献给他的。在后来我继续研究和写作《亚当·斯密以前的经济学》（1996年）、《古典经济学》（1997年）及将要问世的《边际革命和新古典经济学》的系列专著时，又得到岱老的支持和指导，他还为这几本书写了一篇分量很重的序言，对我在该领域所进行的探索和成果给予了充分和有力的肯定。这对我无疑是极大的鼓舞和鞭策，但他未能目睹后两部书的面世，令人非常遗憾和痛心。岱老这些年对我的关怀无微不至。1984年为我初次出国进修，他帮我联系学校、设家宴送行，在出国期间又不断收到他的来信，他还致信友人对我多加关照；1991年我去德国研修的前夕，岱老又亲手送给我一套崭新的西装和一件新的风衣，那是一位国外朋友送给他的，他说你拿上这个也许有用。现在看到这套西装和几年来我一直穿用的这件风衣，岱老当时亲切的话语和音容就浮现在眼前，好像他老人家就在我们面前。

岱老走了,但他终生爱国、追求完美与卓越的道德风范将永存人间。

人伦典范　　学界泰斗[①]

陈岱孙先生是我国老一辈著名经济学家和教育家,经济学界一代宗师,又是我相识相交四十年的恩师。近年来他的身体状况不太稳定,去春曾因劳累、脑供血不足而休克,后虽经抢救和治疗得以初步康复,但毕竟年迈,难以复元;碰到今夏空前酷暑,岱老更是令人担忧地日见衰弱、终于不治病殁。但是我们还是不能接受他这样早就离开我们而去的现实,我们深知,他是多么眷恋着他所挚爱的祖国和人民,多么希望能继续为教育事业、为他热爱的青年再做一些事情。

岱老的逝世在世人心中引起深切悲恸和广泛反响,人们以各种形式向他表达了内心的敬意和爱戴,充分显示出这位世纪老人在世人心目中的崇高地位。这不禁使人想起,从1980年为岱老祝贺80寿辰开始,每隔五年为他开会祝寿的盛况,那些聚会无一例外地成了学界的盛事。如今这都已成为历史,但人们永远铭记着他的功德和教诲,也不会忘记1990年李先念同志在给岱老90寿辰的贺信中,对他作为一位光荣的爱国主义者的称赞,对他为我国教育事业所作宝贵贡献的肯定;不会忘记1995年朱镕基同志亲笔致信,对岱老作为一代宗师的重大贡献所作的高度评价和情真意切、十分感人的生日祝贺。

作为岱老的学生,我对他老人家的逝世感到无比的哀恸。我1957年考入北京大学经济学系,当时的系主任就是陈岱孙先生;在很长一段时间里,我们同这位有名的大学者无缘交往,及至大学三年级时他给我们讲授西方经济学说史,我们才对他有了直接的了解和感受。先生渊博的学识和炉火纯青的教学艺术,是当时留给我们的极为突出的印象。大学本科毕业时我有幸考取为他的研究生,得以在先生的直接指导下攻读西方经济学说及其历史,三年有余的耳提面命,不仅使我在业务方面获益匪浅,而且对先生的学识和师德有了切身的体验和感受。1965年研究生毕业留校任教至今,我一直在岱老身边工作,他仍然是我的老师。几十年的亲承传授与合作共事,使我们师生结下了忘年之交和深厚友情。我要说,吾爱吾师。他年高德劭,学贯中西,授业育人,几十年如一日,一代宗师,堪称桃李满天下;他一生淡

[①] 原载《中国工商时报》1997年8月7日。

泊名利,与世无争,惟孜孜无私奉献于国家民族、教育事业和青年学生;他终生追求卓越和完美,远离浅薄与自满,始终随时代、人民与科学一同进步。他的品德与精神值得后来者学习和怀念。

两年前,在北大祝贺岱老95寿辰大会上,老寿星本人发表了讲话,这篇讲话不长、但内容十分丰富和凝重。这是岱老在公众场合的最后一次重要讲话,可谓先生对自己一生的某种总结,今天读来尤其令人感佩。岱老在讲话中说:"看到这么多同志拨冗前来参加今天的会,听到同志们热情鼓励的发言,我首先要对同志们的厚谊隆情表示由衷的感谢;同时,我又感到不安和惭愧,因为同大家对我的期望和鼓励相比,我所作的工作实在太少了。时光流逝,一晃大半个世纪过去了。在过去这几十年中,我只作了一件事,就是一直在学校教书。几十年来,我有一个深刻的感受,就是看到一年年毕业同学走上工作岗位,为国家、社会服务,作出成绩,感到无限的欣慰;体会到古人所说的'得天下英才而教育之一乐也'的情趣。"

岱老接着说:"这'一乐也'当然有个人感受的一方面。但更重要的是基于和国运有关的方面。我出生于我们国家民族积贫和积弱,备受列强国家欺凌掠夺的年代。救国富民,独立自强是我们那一代青年的理想和追求。但在当时,这希望是渺茫的。因此,在建国之后,看到中国人民在中国共产党领导之下站起来了,推倒三座大山,赢得民族独立;看到我们在建设中取得一个又一个成就;特别是看到自改革开放以来,我国各方面的发展,我内心的感佩是无以形容的。诚然,在我们前进的道路上有过很大的曲折,遭受过损失。但重要的是,我们依靠自己的力量,摆脱了其所造成的危局,走上了一条康庄大道。今天的中国,比任何时候都更有希望。最近的十四届五中全会通过了《中共中央关于制定国民经济和社会发展'九五'计划和2000年远景目标的建议》这一历史性文献,展示了在将来两世纪之交的几十年中实现国家富强,民族振兴,社会长治久安的光辉前景。全国人民都要为实现这一纲领而努力,而对于青年同志,这更是一种空前的挑战。需才之亟、之众就更突出,而'一乐也'就具有更广阔的含义了。"

岱老最后说:"五年前(即指北大祝贺岱老90寿辰的大会上),我曾说过,个人年华,如逝水一般,于不知不觉中迅速地流失。不可否认我已经垂垂老矣。但我也要承认我还挣扎着不肯服老,总想还能做些力所能及的工作。这就是,把我在治学过程中走过的弯路,犯过的错误和得到的教训,提供给今日的青年,以免他们重蹈覆辙。五年后的今天,我仍然这样想。这想法是否有当,尚祈同志们教正。"岱老讲话的余音犹在,他却离开我们而去了;但透过这篇最后的讲话,我们仿佛比过去更清晰地聆听到了这位世纪老人的心声,更真切地领悟到他的人生追求和虚怀若谷、谦虚谨慎的道德风范。

岱老的爱国主义情怀贯穿一生,而且随时代的发展不断前进。出于对国家积贫积弱、屡遭列强欺凌现状的义愤和朦胧的救国富民的理想,他1919年加入到反帝反封建的"五四"运动的行列;同样,基于国人的强烈民族感情和爱国主义思想,抗战时期他拿起了经济学的武器,声讨日寇侵华,为抗战出谋划策;抗战胜利后,他又明确发出了要求和平建国和反对独裁的呼声;解放前夕,他谢绝了友人邀他离开大陆的安排,毅然决定留下来迎接解放。事后岱老说:国民党的反动和腐败完全无救,希望在于中国共产党。自此他的爱国主义上升到一个新的阶段和层次,前此的爱国主义发展到热爱中国共产党领导之下的社会主义事业。他在这个方面的信念是坚定的和一贯的,即使在历史出现曲折、甚至个人遭受不公正待遇的年月也未曾动摇。由此人们也就不难理解,岱老为什么能够在他人生的最后20年,焕发出学术的青春,使晚年成为他一生中学术成果最为丰硕、生活最为光彩的阶段。

他在耄耋之年本可远离尘世,颐养天年,也不是没有这样的条件,但他没有去享"清福",而是以继续服务于国家改革开放的事业为乐。就像他说的,总想为国家为教育再做一些力所能及的事情。记得20世纪70年代末,岱老在外国的友人即邀请他赴美生活,连路费都给他寄来了,但他没有去,反而把美元又寄回去了。当时刚刚开放,银行的同志以为岱老原款寄回是不了解国家允许个人持有外汇的规定,特地来人向岱老作了解释。交谈之下才知完全不是那么回事,看来他们对岱老有所不知。我也曾经问及岱老为什么不去国外生活,特别是在许多人求之不得,而他又有方便条件的情况下。岱老回答说,身体还可以,乘坐远程飞机也没有问题,但年纪毕竟大了,去了做不了很多事,反而给友人增加麻烦;他觉得国内有许多事可做。在一些场合,他也常以为人民服务作为对人们询问他工作和生活态度的回答。而他晚年的实践则以事实为他的回答作了最好的注解,正是在这20年间,岱老以过人的精力和空前的热忱投入到改革开放的事业之中,他不仅长期坚持在教学第一线,亲自著书立说百万字,还参加了大量的学术与社会活动。但另一方面,他又十分乐意看到并尽力相助青年同志出国进修,为他们推荐,指导他们选择学校或单位,还不时地同身在国外的青年和老师们通信,给予精神上的关怀和工作业务上的指点。当然他希望青年人学成回国,报效国家，他常说他们早年出国，根本没有过一去不想回的问题，去就是为了回来。从这个意义上，他反而指出对当时的科学救国、实业救国一类理想不应苛求，有其可取之处。他在自己的回忆文章中说过，外国再好，是人家的，中国人在他们眼里总是二等公民，这是最不能接受和容忍的。此话出自世纪老人之口绝非偶然。

岱老在教育事业上的卓越成就是同他热爱祖国与人民的思想直接联系在一起的，同时也是他一生对国家的最大贡献，这种贡献包括教育实践和理论两方面。他教书育人，几十年如一日，为国家培养了众多的人才，作为岱老的学生，无论是白发苍苍的老教授，肩负重任的中年同志，还是风华正茂的青年，无不铭记岱老的教诲，以他为榜样，以他为师。岱老深厚的学术功底、勤奋求实的学风、长期的教学实践，使他的教学达到了很高的境界，以至于使人感到听他的讲课，在汲取知识营养的同时，简直就是一种精神的享受。这是他的一代又一代的学生共同的深刻的感受。我在一篇文章中说过，岱老的讲课向来从容不迫，深入浅出，内容充实，条理清晰，言简意赅，在对以色彩凝重为特点的西方经济学史的论述中，既有浓彩重墨的强调，也不乏幽默与诙谐的穿插，总是洋溢着科学与智慧的光彩，每每给人以理论上的满足和思想上的启迪，让人久久不能忘怀。当然，给学生们留下美好印象的，还有他翩翩的风度和略显严肃而庄重的形象。

岱老视传道、授业、解惑为师道之天职，在几十年的教学生涯中始终诲人不倦。我至今记得三十多年前岱老作为导师，指导我攻读西方经济学及其历史的情形。在研究生三年多期间，他始终关心着我的学业，不仅在每学期开始要指导我制定听课计划，提出应当必修和选修的课程，而且特地为我开设专业课，指导我学习英文。到学期末又要作一回顾，提出下一学期准备要学的课程。他的授课非常认真，总要在我简要汇报上一次预习的情况之后，按教学计划进行讲解，并注意针对我的疑问加以解释。在岱老的指导下我认真研读了西方的和马克思主义经济学的主要经典著作，还在他的要求之下选修了哲学方面的课程。他还亲手指点和批改我的英文翻译作业。研究生三年多紧张密集的学习为我日后从事教学和研究打下了良好基础，每念及此，都不免激起对岱老的感激之情。

1965年秋我毕业留校至今，又一直得到他无微不至的关怀、指导和帮助。这里举几个小事例。有一天回家接到岱老一封来信，感到很突然，因为前几天我刚刚见到过他，莫不是有什么意外或紧急之事？满心疑惑地打开信一看，原来是岱老告诉我，根据他多年经验体会，应当如何研读马歇尔的

《经济学原理》的英文原著,他指出该书的结构、层次和各部分的联系,以及阅读的先后次序等。这时我猛然想起,几天前我同他一齐乘车外出时,他曾问及我在阅读什么书,我提到在马歇尔这本书的阅读中碰到一些困难,未曾想他居然放在心上了。此时我内心的感动是无法形容的,妻子的插话道出了我的心情:"你真有福气,有这样一位好老师!"我在别处提到过,有一段时间我家的住房条件甚差,直接影响我的工作和生活,1980 年终于有了改善。记得我们刚刚搬进新居,东西尚未收拾停当,岱老就来看望了。第一次我们没有在家,未曾想没过两天,还没等我去向他致谢,他又来看我们了。打开门看到是年已 80 高龄、拄着拐杖的岱老时,一股巨大的暖流不禁涌上心间。也就在这一次的晤谈中,他向我提出了进行经济学中的边际主义课题的研究的任务。说他过去曾经想深入研究这个课题,也作了一些工作,但未能如愿,现在年纪大了,精力不济,希望我能把这方面的课题接过来,做下去。此后的六七年间,他为我从事这个问题的研究付出了大量的心血。看到有什么新的外文资料,他立即告诉我;我在几年间先后就该课题多次请教岱老,他都耐心予以解答和指点。我先后写出初稿、二稿和三稿,岱老都一一认真看过,提出详细意见,大到框架结构、理论观点,小到错别字和标点符号,他都想到了。这些审阅意见总共有数千言之多。他的及时、有效和无以替代的指导,有力地推动和指导了我的研究工作。到课题基本完成,专著即将问世时,他又为该专著撰写了一篇高质量的学术论文式的序言。虽然本书的文责自负,但我仍然要说他是本书的指导者和促成者,因而我把这本书理所当然地献给我的老师陈岱孙。最近这些年我又从事西方经济学史系列著作的写作与研究,同样得到岱老大力的支持和帮助。除去平时多次的指点之外,在专著陆续问世之际,91 岁高龄的岱老又亲自动笔为该书撰写了极富力度和深度的序言,对我的学术探索加以鼓励、支持和肯定。可惜他未能看到这套三卷书的全部问世。也许应当补充的是,许多同志都能举出多年来从岱老那里得到的切切实实的帮助和恩惠,有同志事后多年忆及岱老在困难之时伸出援手事例仍为之动容。大家说他就像一棵能给人荫凉的大树,又如一座能遮风避雨的港湾,还是我们经济学界的大师和权威。

岱老长期从事高等教育,担任过高等教育领域的各种行政和学术的领导工作,尤其对清华、西南联大和北大的经济学学科的发展和建设作出了巨大贡献。人们对他作为一个领导者的讲究效率、言行一致、严于律己、宽以待人、以至于翩翩的风度和魅力,一直抱有鲜明的印象和高度的评价。多年来,结合教育实践和理论,岱老对我国高度教育的一系列重要问题发表了非常中肯的具有原则意义的意见。他一贯倡导学生应德、智、体全面发展；他认为应将"专才"和"通才"的培养统一起来，希望师生的知识结构应像金字塔，而不要像独秀峰；他强调经济学的教学与研究，要始终坚持理论联系实际，要实行基础理论和应用性学科的并重和结合，还要提倡不同学术观点的争鸣以及对新现象和新问题的探讨等。岱老自己在所有这些方面都为我们树立了榜样。

作为一代宗师，岱老极具谦逊的品格，从来不以权威自居，始终保持着一颗平常心。记得1980年大家要为他贺寿，他以国家不提倡贺寿为由不表同意；后来虽顺从了众意，却执意要从发言稿中删去所谓溢美之词。后来的几次祝贺他的寿辰之举，也都是在同志们的力主之下办成的，他无论哪一次都是"拒绝不如从命"，不得已而应允，然后就是要求尽量简单，不要铺张。给他出文集的事也是因为他不表同意而一拖再拖，他还是那句自己一生平凡，没有什么值得称道的成绩和著作的老话。岱老一生奉献，不求索取。他给别人作了那么多好事，他都觉得是应当的，不足挂齿；别人如果给他作一点事，他就老记在心上，感谢不尽。还有一点，"闻过则喜"。这里有一个小例。一位外地青年人给他来信，指出他的《从古典经济学派到马克思》有一处计算的数据有误，他非常高兴，立即去信致谢，并嘱出版社再版时予以更正。岱老从不以权威自居还表现在他恪守"知之为知之，不知为不知"的诚实态度。别人请他参与之事，他如感觉不在行，是不会随便应允的，更与虚图其名、沽名钓誉之类的庸俗习气绝缘。平常向他请教问题，他的回答总是实实在在，确实不知便说不知，或者告诉来者可到什么地方去找答案，所以大家觉得从岱老那里得到的回答总是可靠的。这些年来，鉴于他年事已高，我们屡次提出为他分担一些学术方面的事务，例如看稿、复信、作序和出席论文答辩等等，他感谢大家的好意，但总怕增加我们的负担，也不愿违逆希求者的盛意，结果是我们大家在这方面几乎给他帮不上什么忙，而他虽屡感劳累，但从未停息。

岱老说他看了一辈子书，除了抗战和文革之外，几乎没有中断过。他对看书似乎有一种特别的专注和爱好，在他精读的一些外文经济学书籍上，留下了许多点点圈圈，不时地还能看到他的批注。他读书的范围很广泛，除了经济学专业之外，古今中外，政治、历史、哲学、文学等等，他都有所涉猎。他很注意了解和掌握学术信息，包括新书以及杂志方面的最新动态。就我所知，世界知名的权威性的《帕尔格雷夫经济学大辞典》，岱老不仅早在我读研究生时就推荐过(那时只有世纪之交的旧版)，而且在20世纪80年代初就注意到该书新版的编撰信息,并适时地向学界和出版界郑重提出该书翻译出版的任务。该巨型辞典新版四大卷于1987问世,经过紧张而繁重的准备工作,1992年中文译本得以问世,这项巨大的工程能在短短几年内圆满完成,岱老起了巨大作用,而且他早在1989年3月就为该巨著的中译本撰写了序言。长期认真刻苦的学习和积累,使他具有了渊博的学识、开阔的视野和丰厚的学术功底,这些在他的文章和著作中都有所表露。可岱老说他自己只能算是半个文人,因为年轻时爱好各项体育活动,高尔夫、桥牌、足球、爬山、游泳、溜冰等等,但对琴棋书画却一窍不通。

岱老同许多老一代知识分子一样,属于那种满腹经纶、然而却不是著作等身之人,这固然由于他一贯谨慎严谨、惜墨如金,但主要还是客观条件的限制使然,否则就难以理解他在80高龄之后何以能够撰述逾百万。岱老在谈及他读书生涯的中断时,不无遗憾地说过,抗战期间和"文革"浩劫,"一下子就去掉了两个十年";20世纪30年代他已花费大量心血撰写和准备的《比较预算制度》一书的材料和稿件,毁于日寇侵华战火,此事给了他极大打击和无法弥补的损失,以致几十年后仍耿耿于怀。"文革"及此前不正常的气候也使他的学术活动不得不中断20年之久。这样以来岱老留给后人的著述就很有限了;它们基本上都被收入了《陈岱孙文集》(两卷,1989年)和《陈岱孙学术论著自选集》(1994年)中。岱老为数不多的著述却包含着很高的学术价值和社会意义。如果以他1926年哈佛大学的博士论文作为他学术生涯的起点,他后来的学术著述则大体可划分为三个阶段:抗战前后、解放初期、改革开放以来。最后这个阶段是最主要的时期,也是最值得称道的时期,其成果之丰、水平之高和影响之大都是空前的。

在抗战前和八年抗战期问,岱老针对当时的时局和经济问题,发表了许多文章,或抨击国民党当局的亡国政策,指出如不坚持抗战,中国必亡,在经济上沦为殖民地的可悲境地;或积极为抗战出谋划策,为使经济体制、交通、贸易、税收、金融和币制转入支持抗战、为抗战服务的轨道,提出了他的看法和建议。抗战胜利后,在时局危急之时,岱老同张奚若、闻一多等著名民主人士和社会活动家们一起,发表宣言,呼吁停止内战、反对独裁、要求和平建国。他还著文揭露和抨击国民党当局横施暴力、镇压民主人士的倒行逆施,郑重指出中国当时所面临的政治独裁、经济崩溃和民不聊生的危局。

在新中国成立初期的那些令人难忘的日子里,岱老顺利地适应了从旧中国到新中国的过渡,他认真学习马克思主义,力求以辩证唯物主义和历史唯物主义武装头脑,以之观察和分析问题,从而在政治思想和学术思想上实现了质的飞跃和提高。他在这个时期编写的40万字的《经济学说史》教材,是新中国成立后中国学者以马克思列宁主义观点和方法,重新研究经济学说史的首次成功的尝试,具有其历史的科学的价值。但20世纪50年代后期开始出现的不正常的政治环境却不允许岱老的这些成果得以出版,这不能不说是一大憾事。随后接踵而至的"左"的政治运动、尤其是十年"文革"浩劫,更使岱老身不由己地陷入了空前的困境,迫使他在近二十年间几乎完全中止了学术活动。

改革开放以来,岱老虽已是耄耋之年,但就精神面貌之振奋、学术思想之活跃、著述成果之丰富来说,都是空前的。直到前不久他还亲自培养研究生,一直坚持参加社会和学术活动,同时,还陆续发表了包括专著、教材、论文、回忆录以及随笔等各类题材的学术成果,总计不下百万字,这还不包括他在各种场合就国内国际经济问题和教育问题等所发表的多次谈话,为学术界多位同仁的各类著作所写的几十篇序文。这些序文大多具有独立的学术价值,是岱老劳动成果中极有特色的一部分。这些序文涉及的范围十分广泛,包括西方经济学的源流、演变及评价;马列主义经典著作研究;历史人物的生平及贡献;经济学新课题或新科目的创立;当代中国及世界经济问题以及汉译世界名著等。为内容如此广泛的各类著作作序,而且言之有物,充分显示了岱老博大精深的学术功力。这些序文的写法也极有特色,岱老总是联系所序著作或其某个方面,恰如其分地陈述自己的看法,这些看法对原作无论是有所补充或发挥,或是有所修正或保留,都会给原著增添色彩。加上岱老思路新颖,语言干练,文采飞扬,更增强了序文的吸引力和感染力,至于对后辈作者所取得的点滴成果的热情肯定和欣喜之情,更是渗透在字里行间。

研究我国改革开放以来经济生活与经济理论中的重大问题,很有针对性地提出自己的看法和意见,是这个时期岱老学术活动的一个突出特点。在岱老的这些见解中,有对历史经验的深刻总结,对现实生活的深入洞察,对各种分歧观点的比较权衡,还有对基本理论的审视和反思,因而一经提出,往往就引起各方的关注和重视,尤其是经受了曲折发展的改革实践和现实生活的检验,被证明是正确之后,愈发让人们感到他的思想和见解的深邃和可贵,以下是其中特别值得重视的几个方面:

在改革开放新形势下,如何对待西方经济学,是一个重大的理论问题和迫切的现实问题。岱老对这问题的态度是始终一贯的、毫不含糊的,而且早在1983年就发表了题为《现代西方经济学的研究与我国社会主义经济现代化》的著名论文。对待西方经济学,他历来不赞成一概排斥,也不赞成全盘照搬,他认为应当结合我国国情,对之加以具体分析,而后决定取舍。既要重视,又要分析,不要陷于盲目性。他认为由于国情的不同,西方经济学不能作为我们的指导思想,但在某些具体问题和方面,西方经济学又确有值得我们借鉴之处。应当指出,岱老的这些看法同他坚定地拥护和支持改革开放和四项基本原则的立场是完全一致和结为一体的;他希望看到社会主义市场经济的实践取得成功,也不时为改革中出现的问题感到担忧;他渴望了解现实生活和学术界更多的情况,也愿意为使自己的看法更符合实际而作出调整;因而对他的观点的任何曲解,或者把他的观点同社会主义市场经济的改革目标对立起来的做法,都有背于岱老的意愿,是他不愿意接受和认同的。

如何认识和把握我国经济生活的现状和规律,在总体上应当怎样确定我国经济政策的取向,是改革开放以来我国面临的一个重大问题。现实生活迫切要求理论家们作出回答,而人们的意见有明显的分歧。岱老历来主张,我国经济发展不能走现代西方国家以凯恩斯主义为理论基础的扩张性需求管理政策之路,而必须从发展生产力着眼,不断提高劳动生产力,创造出丰富的生产成果,增加总供给。岱老一再强调指出,在微观搞活的同时,一定要注意加强市场经济条件下的宏观调节,以保持总量平衡,实现各主要部门的按比例协调发展,力求避免经济出现大的波动。岱老对我国经济生活中一再出现的"过热"现象,以及作为其突出表现的严重通货膨胀,深表忧虑和关切,他多次重申他早在1936年就提出的通货膨胀实际上是一种对一部分人实行剥夺的"坏税"的论断,他早在1988年初就对后来发生的严重通货膨胀形势提出过警告,后来又就这一问题多次提出意见和对策,表现了岱老对改革事业的高度责任感。

岱老对西方经济学,包括一般理论及历史、财政金融理论和政策等,均有精深的研究,对马克思主义经济学,包括它的理论和历史,同样有很深的造诣。20世纪70年代末出版的《从古典经济学派到马克思》是岱老在学说史方面的一部代表作,这是大家都知道的。近些年来,他仍然在这些领域不停地耕作,不断地有新产品问世。在岱老的这些研究中,有一些课题完全是他自己新提出来并且进行了深入的探讨,作出了超出人们以往认识的阐述和概括。例如,经济自由和国家干预是近年来的一个热门话题,特别是在1994年初我国经济改革进入整体推进的阶段之后,更是人们急于了解的问题,然而,早在20世纪80年代初,岱老对这方面的问题已经作了深入的研究,并在1984年发表了关于《西方经济学中经济自由主义和国家干预主义两思潮的消长》的长篇的、堪称经典性的学术演讲和论文。另一方面,岱老还对人们似乎熟悉的某些课题和见解,进行了新的探讨,提出了令人信服的新论断。例如,依据国外学者关于法国重农主义创始人魁奈的著名《经济表》所发现的新材料,岱老对于这部具有历史价值的重要文献所涉及的分析方法、经济表的模式以及该表所分析的再生产的规模等问题,提出了一系列新的论断和看法,大大地丰富和部分地修正了传统的看法。就我所知,岱老在16年前作出的这份成果,迄今在我国还是惟一的。

岱老一生平凡而杰出。作为一个坚定的爱国主义者,他把自己的一生无私地奉献给了他所热爱的祖国人民,在中华民族近百年的奋斗历程中,他都留下了值得世人称道的足迹;作为一代宗师,他的学术成就和道德风范,为我们国家的思想和文化宝库增添了新的财富和光彩;作为享有崇高威望的导师、青年们信赖的良师益友、深邃、睿智又虚怀若谷的学者,岱老将永远铭记在我们心中。